我们一起解决问题

U0734494

穿透估值

读懂估值中的共识与博弈

邹佩轩◎著

人民邮电出版社
北京

图书在版编目（CIP）数据

穿透估值 ： 读懂估值中的共识与博弈 / 邹佩轩著.
北京 ： 人民邮电出版社，2024. 8. -- ISBN 978-7-115
-64635-4

Ⅰ. F830.59

中国国家版本馆 CIP 数据核字第 2024LN9076 号

内容提要

在投资中，我们时常听到这么一句话：找到优质企业，然后陪伴它成长。这句话中的关键词不是“优质”，而是“找到”。能否“找到”，考验的便是投资者看透估值的能力。有鉴于此，本书尝试搭建一个既有学院派理论基础又能落地应用的估值体系，将源头的理论模型与实战中常用的经验公式整合起来，并融入对交易行为和规则制度的思考，以有助于读者找到优质企业。

作者在书中基于逻辑推理搭建框架，用现实案例验证了框架的准确性。全书内容分为四章：第 1 章从理论化的学院派模型讲起，为估值体系的演化提供了框架；第 2 章重点讨论实战中常用的模型，包括 DCF 模型的几种变体及各种估值法；第 3 章进一步推进估值实战化，分析动态的投资过程及人性博弈；第 4 章沿着前三章的框架，进行经典案例的复盘，透过行业差异，寻找规律。本书作者意在通过大量的图表、翔实的案例、生动的语言，手把手地带领读者读懂估值中的共识与博弈。

本书适合广大投资者，尤其是二级市场从业者阅读和参考。

◆ 著 邹佩轩
责任编辑 贾淑艳
责任印制 彭志环

◆人民邮电出版社出版发行 北京市丰台区成寿寺路 11 号
邮编 100164 电子邮件 315@ptpress.com.cn
网址 https://www.ptpress.com.cn
北京捷迅佳彩印刷有限公司印刷

◆开本：720×960 1/16
印张：19 2024 年 8 月第 1 版
字数：268 千字 2025 年 7 月北京第 4 次印刷

定 价：79.00 元

读者服务热线：（010）81055656 印装质量热线：（010）81055316
反盗版热线：（010）81055315

推荐序一

估值是价值投资的基础

感谢佩轩邀请我为本书作序。佩轩是一位颇具才气的年轻从业者，之前撰写并出版的《穿透财务》一书获得了好评，曾为我们公司投研部门做过比较系统的财务培训，他对会计底层原理、投研实战应用的独到理解给我留下了深刻的印象。如果说财务分析是做好投资的必备技能，那么估值分析则是构建定价能力的内功心法。价值投资的核心是具有定价能力，能够对拟投资的公司进行比较准确的定价，避免以过高的价格买入。可喜的是，佩轩在估值体系方面又进行了积极探索，撰写了此书。相比其他众多的估值类书籍，此书在估值与财务分析的结合性、对国内股票市场分析的实战性及可读性三方面打动了我，故欣为此序。

作为一个从事投研工作二十多年的投资管理人，我深刻地理解客户的需求是多重的，特别是机构客户。首先要获得绝对收益，实现资产的增值；其次还要有好的相对排名（同业排名组）；最后，尽量做到较小的业绩波动。此外，对于大多数管理人，每年都会进行当年业绩考核（虽然累计业绩也重要）。如何满足客户的多重需求呢？就是要建立一套稳定、正确的投研方法论体系，核心是以基本面研究为基础、以估值定价为抓手，进而获得持续、稳健、长期领先的投资业绩，让客户省心、放心。

如何进行估值呢？ A 股市场的估值体系似乎每过一段时间就会有一次

大的变化，有时强调市盈率，有时流行 PEG，有时看重 PB/ROE，2023 年以来更聚焦股息率和现金流贴现。一种投资策略往往会因为共识的形成而在短时间内变得过于有效，转瞬间又会因为预期差的消失、交易的拥挤而变得无效，如果追逐流行的投资策略而忽视背后的逻辑，找对节奏的投资者固然可以赚得盆满钵满，但是很多投资者不得不忍受追高的痛苦，导致业绩的大幅波动。

我们急需找到一种能够跨越周期、“笑到最后”的投资方法，也就是大家常说的价值投资。那么，到底什么才是价值投资？一个基本的共识是，价值投资一定是长期投资。不过，这里的长期并不一定是持股周期，而是纳入估值模型计算的现金流周期，将未来的现金流进行贴现。虽然 A 股市场估值体系的变化之快常常令人应接不暇，但是我们仍然可以隐约看到其中的主线，即投资者的视野正在变得越来越长，更加注重有现金流的盈利，更加注重对风险的定价。而以上几点恰恰是经典金融学理论的基础性推论，随着市场越来越有效，证券投资最终会是比拼定价能力，以及权衡“收益 - 风险比”的资产配置过程，而不是在高波动个股中做“冲浪式”博弈。

难得的是，本书对估值体系的来龙去脉做出了非常详细的展开，将很多离散的知识点串联起来。相比可以直接落地应用的短平快结论，作者更倾向于对论证过程及方法论的探讨，引出了很多开放性问题，同时提出了自己的见解。

例如，作者在第 1 章中着重梳理了学术界对估值方法的研究脉络，明确了一些关键定义，并对各类模型的前提假设适用性进行了讨论，不仅探讨了个股的估值，还探讨了著名的 CAPM 及组合管理理论。这些研究对投资者而言很有价值，引导我们在枯燥的学术模型中，探索估值体系变化背后的逻辑，帮助我们比较系统地了解估值方法的演变，更重要的是，了解估值背后的前提假设和约束因素，如此才能在定价时进行灵活正确的选择。这些研究具有很强的实战意义，虽然随着我国宏观环境的变化、投资者结构的变化，这些假设的合理性也在发生变化，但背后的核心逻辑是不变的。只有深刻理解股价背后的核心驱动因素，才能建立以基本面研究及估值为核心的投资研究体系，基于核心假设的变与不变，对股价的变化做出更加前瞻和准确的判断，在纷繁的市场噪声中保持定力。

第 2 章则从实战的角度，进一步讨论了市面上常用的相对估值经验公式，介绍了每一种相对估值方法的逻辑，不过更多的是质疑和扬弃。作者利用自己娴熟的会计知识优势，以会计报表举例，分析了每一种估值方法的常见陷阱。A 股市场是一个非常年轻的市场，30 年间不同的相对估值方法都曾有大显身手的“舞台”，然而，正如作者指出的，每种经验公式都有着独特的诞生背景，自洽于当时的经济环境和产业趋势，有着严格的适用范围。作者从第一性原理出发，对很多被投资者奉为圭臬的“金科玉律”进行了逐一检验。我认为这部分很有意义，可以直接指导实战，帮助投资者避免错误归因与逻辑谬误，只知其然而不知其所以然。

第 3 章是更加有趣的一章，作者融入了交易思维，分析了交易和博弈在股价形成中的作用。股价归根结底是交易的结果，了解交易过程及价格形成机制，可以让我们更好地理解股价波动的内在逻辑。真实的投资者是有限理性的，有时推动市场的非理性繁荣。作者认为，可以不排斥策略博弈，但要坚持价值投资为主，特别要避免频繁的追涨杀跌。

第 4 章也是最后一章，作者对一些经典案例进行了复盘，也是对前三章理论适用性的检验，形成了从理论到实战的闭环。将光伏、煤炭和水电行业分别作为成长股、周期股和稳定价值股的代表，可以看出，作者希望打通行业壁垒，探索更加统一的规律，寻找变化时代中不变的东西。从三个行业股价走势的复盘看，A股其实大部分时间都是有效的，业绩超预期是股价上涨的核心驱动力，DCF估值在A股历次大行情中，其实非常有效，特别是在水电行业的估值中得到越来越普遍的应用。因此，作者认为，投资者要想获得超额收益，应该做好研究，深耕产业，买在无人问津处，卖在人声鼎沸时。

站在2024年的时间点，比较确定的是，随着机构投资者占比的不断增加及业绩考核周期的拉长，A股市场未来一定会变得更加有效，会更加立足于长期价值投资。在这个过程中，如何把握估值的核心驱动，用价值的尺子衡量公司的内在价值，保持定力，坚守纪律，获得长期稳健的收益，对每家投资机构、每位投资者都是持续的考验，也会带来相应的回报。

周传根

平安养老保险股份有限公司副总经理兼首席投资官

专业立身　致敬市场

甲辰龙年春节之际，收到《穿透估值》的手稿，应佩轩邀请，为本书作序。

佩轩目前已加盟华源证券研究所，发力布局研究业务是华源证券2023年做出的重大战略决策，旨在更好地助力业务协同经营，服务实体经济发展，致力于成为“产业研究智库”“资本市场顾问”。相信此书的出版，也将在华源研究的起步发展阶段留下浓墨重彩的一笔。

2023年10月召开的中央金融工作会议提出了加快建设金融强国的战略目标，2024年1月，习近平总书记在省部级主要领导干部推动金融高质量发展专题研讨班开班式上发表重要讲话，深刻阐释了金融强国的丰富内涵，并明确了坚定不移走中国特色金融发展之路的方向。作为金融强国的重要组成部分，以A股市场为代表的证券行业已经步入“而立”之年。然而，就在这短短的30年发展历程中，A股市场的估值方法论经历了数轮变革，完全可以用“激荡30年”来形容。

毋庸讳言，2024年年初的A股市场正在经历一段波动加剧的时刻，原有的估值体系迅速瓦解，新的估值体系则仿佛黎明尚未破晓。不过，从更长的时间维度来看，每一轮周期都是一个大浪淘沙的过程，只有那些能够穿越牛熊的公司才能引领全社会阔步向前。而且，随着制度的逐步完善，投资者中的理性力量也在持续壮大，低谷未尝不是机遇。

资本市场具有服务实体的重要作用。投资者进入市场固然是为了获得回报，实现资产的保值增值，但是需要指出的是，资本市场除了传统的投融资功能外，还有一个重要的功能是定价，即通过市场化的价格信号，对企业投融资决策的合理性做出反馈，从而带动存量资产运营效率的提升。在这个过程中，每个投资者都是参与者，价格信号可以视为交易行为产生的“外部性”。因此，投资者对具体公司的估值，不仅会影响自身的投资回报率，还会以价格信号的形式向全市场实时“广播”，从而产生企业实体层面的影响。

毫无疑问，价格信号的“外部性”对投资者提出了更高的要求，一个成熟的资本市场不仅需要制度层面的完善，更重要的是参与者本身的成熟。参与者通过自身的专业能力，不断挖掘被市场低估的公司，在价格回归合理的过程中实现收益。因此，成熟的资本市场一定是投资者与上市公司共赢的市场，在投资端与融资端形成一个正向循环。

而确保两者形成正向循环的，就是投资者的专业性，或者说估值方法的科学性。情绪化炒作、脱离基本面的追涨杀跌带来的不只是投资者自身的亏损，更是给全社会传递错误的价格信号，不仅违背了金融服务实体的初衷，还放大了经济周期的自然波动。

因此，从更全局的视角来看，资本市场可能很难出现零和博弈，要么双赢，要么双输。作为专业的金融机构及从业人员，努力使结果向双赢的方向演进，是我们义不容辞的使命。说来简单，无非是一个如何定价的问题，但是细拆来看，如何定价考验的是对价值的理解，甚至是对价值的定义，是跨期现金流的比较及机会成本的取舍，值得我们用一生的时间去钻研精进。

然而，对于市场而言，投资者既是一个个分散的个体，又是一个统一的整体，个体的专业性决定了能否获得超额收益，整体的专业性则决定了市场的有效程度，进而决定了市场的效率。在有效市场的基础假设下，我们一方面要敬畏市场给出的结果，市场在绝大多数时候都是对的；另一方面也要时刻牢记，绝大多数不等于所有，市场也会不时犯错误，这时候就需要投资者为市场注入新的知识，帮助市场迭代升级。

这也许是一个有趣的悖论，如果在一个市场中可以轻松获得超额收益，那么这个市场一定是不够有效的，资源配置效率有着极大的提升空间；相反，在高度有效的市场中，超额收益一定是可遇不可求的。很显然，从市场的客观规律来看，未来我国资本市场一定会变得越来越有效，而且相信这一天会加速到来，因为这也是金融服务实体的时代要求。

新使命、新征程，在宏观经济进入新常态、新一轮科技革命红日初升的大背景下，我国亟须建立一个更强大、更有效的资本市场，准确定价是实现投融资共赢的基础，提升市场有效性需要所有市场参与者的共同努力，让我们一起见证这个变革的时代。

未来已来，专业立身，与君共勉。

梅林

武汉金融控股集团党委书记、董事长兼华源证券党委书记、董事长

前言

读懂财报可以少亏钱，看透估值才能多赚钱

这是笔者写的第二本书，着重介绍估值方法与估值体系，大家可以将本书看作《穿透财报：读懂财报中的逻辑与陷阱（新准则解读版）》（以下简称《穿透财报》）的姊妹篇。在写上一本书的过程中，笔者一直在思考一个问题：虽然我们每个人都无法否认财报分析对股票投资的作用，但是这个作用究竟有多大？

尤其对于竞争越来越激烈、研究越来越前瞻的A股市场，超额收益需要增量信息来支撑。按照“一分耕耘，一分收获”的朴素原则，增量信息的有效程度，应该大致和获取该项信息的成本成正比，相比产业链调研、专家访谈及长年积累形成的对某个行业的独特理解，坐在电脑前看财报就显得成本太低了。虽然从投入产出比的角度看还不错，但是想获得足够多的超额收益，只钻研财报显然是远远不够的。

获取超额收益是一项赛跑，考核标准不是自己能跑多快，而是比别人跑得快多少，游戏规则就注定了，至少有一半的资金跑不赢另一半。在竞争螺旋式强化的大背景下，三个月披露一次的财报只能作为一个滞后的信息，来帮助我们验证已有的结论，前瞻性研究需要着眼于对产业发展趋势的理解。近年来，各大公募、保险机构招人标准“水涨船高”也从侧面印

证了这一点。各路理工科博士纷纷下场“降维打击”，甚至有人戏称“陆家嘴办公楼里学集成电路的人比张江的都多”。

如果要理顺两者的关系，笔者认为财报分析更多的是帮助我们提高一笔投资的下限，通俗地讲就是，万一看错了可以少亏点钱；对产业发展趋势的理解则决定了这笔投资的上限。然而，提高上限并不意味着一定能形成正确的决策，中间还需要一个关键的环节，即对估值的理解。

在具体展开分析之前，我们还要讨论更基础的问题：所谓的“财报分析”，到底在分析什么；所谓的“估值分析”，又是在分析什么；两者的核心差别在哪里？

可以说，从底层的方法论上，两者就分道扬镳了。财报的核心要义是可靠性，在确保可靠性的同时，兼顾前瞻性。因此，财报是不允许上市公司自由发挥的，会计规则、审计制度、交易所指南等都是监管机构为了提高财报可靠性而做出努力的结果。估值则恰恰相反，其核心要义是前瞻性，在确保前瞻性的同时，兼顾可靠性。估值是没有标准答案的，是非常主观的。

以资产的定义为例，在会计准则中，资产是指“企业过去的交易或事项形成的、由企业拥有或者控制的、预期会给企业带来经济利益的资源”，在具体确认条件上，还需要“成本或价值能够可靠计量”，只有满足以上全部条件，才可被确认为资产，在财报中核算。但是对估值而言，资产的定义就要宽得多，只需要满足一条即可——能够给企业带来经济利益，至于其是怎么形成的、能不能可靠计量，都不重要。

进一步地，为了减少操纵空间，在财报中，资产的入账价值一般以历史成本计量为主，以公允价值计量为辅。由此导致了资产的账面价值与企业的合理估值存在两大核心偏差。

其一是对于财报中已经列示的资产，账面价值不等于当前的公允价值，公允价值是未来现金流的折现；其二是财报对资产的定义太窄，很多对企业发展壮大、构建护城河至关重要的资源，并没有体现在财报上。例如，企业家的卓越眼光、企业长期以来形成的品牌价值，甚至是赤水河畔的神秘微生物等，对外部投资者而言，获取这些资源都是要支付对价的。

找到并计算这两项偏差，是估值的核心要务，不然一家企业的市净率（PB）严格来说就等于 1 倍了。尤其是“其二”中对企业发展壮大、构建护城河至关重要的资源，估值的时候可能主要就是在估它们。

为了更形象地理解上述过程，可以以非同一控制下股权合并的会计处理为例。假设出价 60 亿元收购一家账面净资产只有 30 亿元的公司 100% 的股权，我们可以将 60 亿元视为标的公司的公允价值，在合并财报中按照 60 亿元入账。但是在会计处理上分为两步，第一步是对标的公司的可辨认净资产进行公允价值重估，假设重估结果为 40 亿元，在合并财报中按照 40 亿元入账，由此消除了第一个偏差。

第二步，将公司整体的公允价值与可辨认净资产的公允价值差值 20 亿元记为商誉，视为标的公司不可辨认资产的对价，如企业家能力、品牌价值、贸易渠道等，从而消除了第二个偏差。需要强调的是，在该案例中，假设对价是公允的，那么标的公司被收购前的合理 PB 是 2（60 ÷ 30）倍；被收购后，从子公司财报看，合理 PB 变成了 1.5（60 ÷ 40，不考虑商誉）倍，从合并财报来看，PB 就只有 1（60 ÷ 60，考虑商誉）倍了。

PB 与 1 的差值，体现的就是上述两个偏差，当可辨认净资产按照公允价值重估后，第一个偏差就没有了，考虑商誉后，第二个偏差也没有了。从这个角度看，高 PB 的本质并不是公司净资产盈利能力超群，而是净资产账面价值失真，很多真正有价值的资源，并没有体现在财报中。这也就同时解释了，为什么财报分析的主要作用是提高投资的下限，而对提高收益率上限相对乏力。

由此进一步引申，无论是实体企业还是二级市场股权投资，超额收益都是资源的变现，本质都是“分母失真”，无偿占有了某种资源却没付钱，公允定价的资产是不会产生超额收益的。例如，实体企业的发展需要企业家的眼光和资源整合能力，企业家无偿拥有这些却不用支付对价，其贡献了收益率的分子（净利润）却不用贡献分母（净资产），净资产收益率自然就变高了。

但是对于外部投资者，其在进行股权投资时，是需要对这些不可辨认资产支付对价的，按照支付的对价调整分母。因此，无论一家企业多么优质，我们都不能从“优质”本身获得超额收益，支付对价的过程就把所有企业层面的超额收益抹平了。股权投资的超额收益源于预期差带来的错误定价，本质是分母没有调整到位。而寻找这样的标的，考察的是投资者的眼光和研究能力，投资者无偿拥有这些却不用付出对价。

继续向下嵌套，假设另一个投资者要来投资这个投资机构（比如成为伯克希尔－哈撒韦公司的股东），他需要再对投资机构的研究能力支付对价，股权投资层面的超额收益就又被抹平了。如果他还有超额收益，就只能说明他挑选投资机构的眼光不一般，这是他的能力。

所以，每个人都只能赚自己能力圈之内的钱。我们经常听到一句话，即“找到优质企业，然后陪伴它成长”。笔者认为很多人误解了这句话，对投资而言，这句话的关键词不是“优质”，而是“找到”，感叹一家企业有多优质是没有用的，因为促使它成为优质企业的原因不属于你，不属于你的东西是不能为你带来超额收益的。

因此，“把自己想象成管理层，用做生意的思维来做投资”这句话也是值得商榷的，做生意和做投资考察的能力完全不同，前者的本质是“价值创造”，实现公司从无到有、从小到大；后者的本质是“价值发现”，考察的是公司基本面（实际上是投资者自己的预期）与估值（市场的预期）的匹配程度，两者绝对不能混淆。

除了能力圈概念外，实体投资和股票投资的另一大差别在于流动性，流动性深刻影响着企业估值与投资行为。股票价格归根结底是交易的结果，在短期内，决定股价涨跌的往往不是“事实怎样”，而是“市场形成了新的预期”，新的预期并不一定就更靠近事实，还可能相反。我们常说的“敬畏市场”，是指不仅要敬畏市场的力量，还要敬畏市场的非理性行为。泡沫带来的收益也是收益，超跌带来的损失也是损失，当然盈亏同源，反之亦然。

靠市场的非理性行为赚钱，本质上是赚投资者之间博弈的钱，注定是很难且难以持续的，谁都不比谁更聪明。有人说投资是一半科学、一半艺术，这句话其实蕴含着很多无奈。投资中的艺术成分可能源自人类难以克服的天性、市场中天然存在的噪声或者是交易中的制度性摩擦，但是从近几十年的学术界研究及笔者的观察来看，其中相当一部分却是有规律可循的，艺术是以另一种形式存在的科学。至于博弈行为，可以不参与，但是不能不知道。

我们还要接受一个现实：投资确实是需要运气的，我们都希望自己能有个好运气，但是不要把运气当成能力。如果我们赚到了能力圈之外的钱，成为那个幸存者，要感恩时代的红利，“珍惜苍天赐给我的金色的华年”；而不是从幸存者偏差中提炼成功经验，进行下一次冒险。很多时候我们认为的能力，可能真的只是时代的红利，在时代的大潮面前，个人的力量非常渺小，大多数所谓的 alpha，都是没拆清楚的 beta。

基于以上思考，笔者将第二本书命名为《穿透估值：读懂估值中的共识与博弈》，在书中尝试搭建一个既有学院派理论基础又能落地应用的估值体系，将源头的理论模型与实战中常用的经验公式整合起来，并融入对交易行为和规则制度的思考。

在行文思路上，笔者非常不认同从有限的案例中总结经验、提炼规律的方法。因为我们能够看到的案例，无论是正面的还是反面的，都可能存在着巨大的幸存者偏差。而且很多时候，一个现象可以有很多种解释，如果样本数量不够大，所得结论一定面临着遗漏变量、反向因果、内生性、时间序列不平稳等一系列计量经济学常见问题。

因此，笔者沿用《穿透财报》的思路，基于逻辑推理搭建框架，用现实案例验证框架的准确性。

全书内容具体分为四章。第 1 章从理论化的学院派模型讲起。说到学院派模型，无论是 DCF 模型（现金流折现模型）还是 CAPM（资本资产定价模型），都面临着讲起理论头头是道，一到实战就捉襟见肘的问题，以至于市面上的“课本无用论”经久不衰。毫无疑问，学院派模型的逻辑是严谨的，不然也不会写在课本上，然而这些模型结论的成立需要很多假设，至少在当前阶段的 A 股市场，很多假设是值得商榷的，所以无法落地并不让人意外。

我们日常实战中用的估值方法往往都是经验公式，每种经验公式都有特定的应用场景，一旦边界条件发生了变化，经验公式可能就失效了。在这种时候，学院派模型就发挥了作用，它描述了一种理想状态下，当市场机制健全、所有人都是理性人的时候，世界应该怎样，从而为估值体系的演化提供了框架。因此，对于学院派模型，我们在平时可以不用（确实也比较难用），但是不能不知道，正确的打开方式是：重视框架，淡化结果，而不是相反。

第 2 章重点讨论实战中常用的模型，包括 DCF 模型的几种变体及各种估值法。学院派模型往往过于追求逻辑的严谨性，但是在实战中，模型的稳定性才是最重要的，不稳定的模型是无法用于实战的。所谓稳定性，就是我们对各个参数的估计是一定有误差的，如果估值结果对参数误差过于敏感，那么模型的稳定性就很差。

绝对估值法的各种变体及纷繁复杂的相对估值法，本质都是为了追求稳定性，是对原始 DCF 模型在特定条件下的简化。但是需要注意的是，简化不仅带来了便利，同时也带来了局限性。笔者将在第 2 章依次讨论市面上常用的经验公式，审视每种简化模型的适用条件，以及其引入的新的假设，讨论这些假设是如何演绎的。当然，了解适用条件很重要，了解不适用条件更重要。

第 3 章进一步推进估值实战化，讨论动态的投资过程及人性博弈。前两章的讨论都是静态的，尝试计算一家公司应该值多少钱。但是，如果承认市场是有效的（至少是弱有效的），那么所谓的应该就已经反映在当前股价里了，一切超额收益都来自预期差。因此，投资其实是一个对各种假设动态修正的过程，每一次修正都会带来估值的变化。

在每一个时间点上，投资者都不是全知全能的，我们需要承认世界是存在随机性的，因此每一种所谓的假设，其实都是一个概率分布，遵循贝叶斯条件概率的演化过程，需要我们每时每刻根据已经产生的信号，去迭代一个假设未来的发生概率。股价之所以会有不同的表现，是因为修正不同类型的预期差所需要的时间及催化剂不同。

从这种意义上来说，根本不存在“赚业绩的钱”这一说，我们赚的其实都是“估值的钱”，如果没有假设的修正，投资收益率将严格等于折现率。二级市场投资研究工作的目的，就是寻找预期差，持续的超额收益需要持续的预期差来支撑。

如果进一步考虑游戏规则与人性的博弈，"实然"与"应然"还可能相去甚远。在投资决策中，仅仅了解股价应该怎样演化是远远不够的。股价归根结底是投资者之间交易的结果，投资者并不都是理性的，市场也并不是永远有效的。投资中莫大的痛苦就是"收获了智慧，失去了财富"，敬畏市场，要求我们有足够的风险意识。不过，反过来看，非理性繁荣也是一种繁荣。

交易规则、制度性摩擦、投资者结构与行为金融学都会深刻影响估值结果、股价走势，进而影响投资决策，塑造市场生态。所有的研究都要落实到交易，交易需要理解游戏规则与人性博弈，其中包含了大量的非理性因素，非理性因素并非纯粹的艺术，而是另一种形式的科学。当然，这些讨论势必会引起分歧，赚博弈的钱很难持续，也不是笔者所欣赏的投资风格（因为没有创造社会价值）。但是还是那句话：可以不参与，但是不能不知道。

第 4 章沿着前三章的框架，进行经典案例的复盘，透过行业差异，寻找规律。笔者选取光伏、煤炭和水电行业，分别作为成长股、周期股和稳定价值股的代表，复盘相关行业龙头公司成长过程中，每个阶段股价走势的特点及估值范式。笔者在这一章中坚持第一性原理，尝试用一个统一的框架，将不同类型的股票和估值经验公式整合起来，作为前三章的应用与补充。

本书四章的结构及思维导图如图 1 所示。

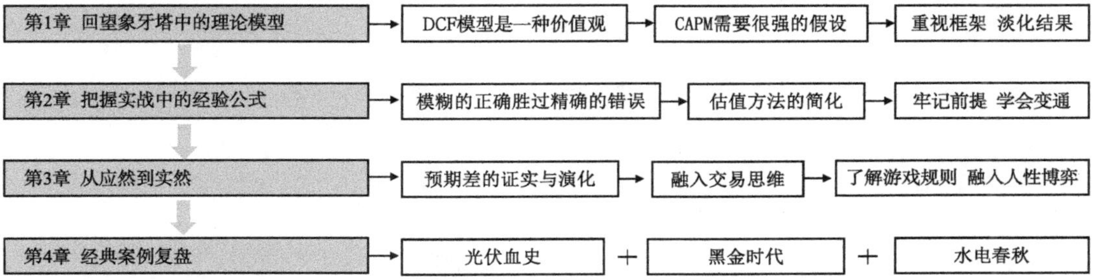

图 1　本书四章的结构及思维导图

笔者希望本书能为广大投资者，尤其是看到此书的二级市场从业者带来帮助。

特别声明：本书的撰写、出版等均系个人行为，与笔者的任职单位无关，不涉及任何职务范畴的行为。本书涉及的上市公司等客观信息仅为举例，信息来源合法合规，不涉及对上市公司投资的预测、建议、推荐等。本人承诺对撰写、出版本书的个人行为全权负责，并独立承担一切后果。

目录

第 4 章 经典案例复盘：透过行业差异，寻找统一规律

第 1 章

回望象牙塔中的理论模型：重视框架，淡化结果

教科书上的估值模型的逻辑是严谨的，DCF 模型和 CAPM 堪称现代金融学的根基，但是都面临着难以落地的窘境。究其原因，学院派模型描述的是一种理想状态下，当市场机制健全、所有人都是理性人的时候，世界应该怎样，很多假设在现阶段确实值得商榷。

然而，市面上经久不衰的“课本无用论”显然走向了另一个极端，实战中更常用的估值方法往往都是经验公式，而学院派模型为经验公式的演化提供了框架。作为本书的第 1 章，笔者计划用最通俗的语言简述 DCF 模型的实质、投资组合理论、CAPM 推导过程。面对学院派模型，正确的打开方式应该是：重视框架，淡化结果。

1.1　为教科书正名：找到理论模型的正确打开方式

在以赚钱为根本目的的资本市场上，大谈课本模型是容易被嘲笑的。理论归理论，现实归现实，会写美拉德反应的化学方程式，不代表就能煎好牛排；菜谱上写的该放多少糖多少盐和茴香豆的四种写法没有根本区别，真正的五星级酒店大厨一般只会告诉你：适量。

回到估值，课本模型毫无疑问在逻辑上是严谨的。现金流折现（Discounted Cash Flow，DCF）模型、投资组合理论、资本资产定价模型（Capital Asset Pricing Model，CAPM）、有效市场假说等，任何一本金融教科书都不可能绕开这些内容，但是很少有投资者会主动精确计算不同股票之间的协方差，然后根据有效边界优化组合。

无论是研究还是投资，我们在绝大多数情况下，都是对个股负责，保障我们推荐的或购买的具体股票能涨，且最多是在定性的层面考虑一定程度的对冲，用来控制回撤、降低风险。

究其根源，以投资组合理论为例，离开课本语境后，至少在主动投资领域，其很难在定量层面指导投资。简单来说（详细介绍及模型启示见 1.3 节），投资组合理论建立在两个假设基础上。第一，世界是存在不确定性的，因此每只股票的实际收益率都是一种概率分布。分布的中点称为预期收益率，分布的离散程度用方差来表示，方差越大意味着收益率越不稳定，偏离预期收益率的可能性就越大。

第二，如果存在多只股票，不同股票之间的收益率偏差是存在相关性的，但是通常不会是 100% 相关，而是一定程度的相关，相关系数可正可负，也可以是零。因此，只要我们知道每只股票的预期收益率、收益率的方差及两只股票收益率之间的协方差，我们就可以构建一个组合，实现在方差不变的情况下提高收益率，或者在收益率不变的情况下减小方差，并且还存在一个最小方差组合，可以用解方程的方法算出来。

整个推导过程中，除了两个核心假设外，剩下的都是纯粹的数学推导，逻辑上是没有问题的。两个核心假设也没什么问题，实际收益率确实存在波动性，不同股票之间的波动方向确实不是线性正相关的，一只股票的突发利空，可能是另一只股票的利好，或者两只股票完全独立。假设合理，推导正确，结论自然就是正确的。

然而问题是，如何定量计算一家公司的股票的收益率方差，乃至不同股票之间的协方差呢？例如，隆基股份和保利协鑫①的收益率相关系数到底是正的还是负的，可再生能源补贴对两者都是利好，欧美光伏“双反”（反倾销、反补贴）对两者都是利空，只有单晶与多晶的相对效率变化对两者是一个利好一个利空。

如果更严谨一点，甚至连最后一个都不一定，站在 2013 年这个时间点上看，就算看准了单晶硅片这一路线胜出，谁又能保证最终胜出的一定是隆基股份？就像站在 2009 年这个时间点上看，也很少有人能看准，取代尚

① 隆基股份（现更名为隆基绿能）和保利协鑫（现更名为协鑫科技）都是我国光伏产业的重要奠基者。晶硅光伏有多晶硅片和单晶硅片两条主要技术路线，其中保利协鑫是多晶硅片的领导者，隆基股份是单晶硅片的领导者。2013—2015 年是两条技术路线市场份额的分水岭，最终单晶硅片凭借更高的转换效率及性价比，战胜了多晶硅片成为主流产品。同时也带来了隆基股份与保利协鑫股价巨大的“X”形走势，保利协鑫市值从最高 1 500 亿元跌到最低不足 50 亿元，隆基股份市值从不足 50 亿元，涨到了最高 4 000 亿元。对这段历史及相应的基本面情况、估值范式变化，本书在 4.2 节有详细介绍。

德电力地位的，是保利协鑫。

因此，回顾一下课本案例，不同股票的收益率方差、协方差、相关系数往往都是作为背景设定，直接给到我们的，然后来考验我们推导公式的能力。而在现实中，判断收益率方差和协方差才是最关键的，收益率方差相对容易计算，协方差在大多数情况下很难定量计算。一方面，估值是面向未来的，历史数据不能代表未来；另一方面，股价的表现还会受到市场的非理性因素影响（本书第 4 章会详细介绍），从基本面相关性到股价相关性，两者还隔着一道传导。

由此可以看出，基于数学逻辑的推导过程在这里是中断的，引入假设所带来的误差，远远大于提高模型精确度所带来的收益。这个问题是所有理论模型的通病。再如 CAPM，根据笔者的观察，现实中 CAPM 的应用范围应该比投资组合理论更广一些，在用 DCF 模型估值的时候，很多人会根据风险溢价和 beta 系数来计算股权折现率。

虽然 CAPM 所依赖的假设更强，但是其计算简单，而且这还是一个得过诺贝尔奖的模型，即便用错了，顶多被批评说过于学院风，一般也不会被质疑能力，“场面不会太难看”。所以说，这是一个“饭碗友好型”模型。

然而，CAPM 其实是在投资组合理论的基础上，引入新的假设后推导出来的，如果投资组合理论不成立，那 CAPM 就势必不成立。投资组合理论的推导过程虽然复杂，但 CAPM 的推导过程更复杂，只不过后者的结论非常清爽，方便记忆，比较适合人类的思维方式，尤其是做投资的人。

从脉络上来看，DCF 模型、投资组合理论、CAPM 是一脉相承的，属于层层递进的关系。每一个新的结论，都是在上一个结论的基础上，引入新的假设推导出来的。但是实战中不是这样思考问题的，实战中用的模型，其实大部分不能称为模型，而只是经验公式，如各种相对估值法。理论模型与实战模型的关系，可以类比成方程的解析解和数值解：解析解强调逻辑的严谨性，但是用起来可能并不方便；数值解不讲逻辑，但是能用。

总结来看，理论模型与现实应用之间，主要有三个断点。

（1）部分假设的现实适用性值得商榷。理论模型大多着眼于世界应该怎样，但是现实世界中有很多干扰因素，如交易机制的限制、市场的健全程度等。模型参数的完备性也很难保障，现实中很多变量无法被识别，甚至会被无意识地遗漏，可能带来错误的因果判断。

（2）部分参数可能缺乏可靠的计量手段，导致估计误差过大。如上述讨论，很多模型在逻辑上是自洽的，但是相关参数在现实中很难计算，当误差大到无法忽视甚至影响结论时，进一步升级模型就没有意义了。

（3）大部分模型没有或者很难量化考虑非理性因素带来的影响。市场并不是永远理性的，投资者的错误观点往往还存在惯性。在特定场景下，非理性因素甚至可以成为主导因素。资本市场是一个以成败论英雄的地方，由市场非理性带来的损失也是损失。

然而，尽管如此，笔者认为解析解，至少是寻找解析解的努力，仍然是重要的。首先，理论模型描述的是一个制度足够成熟、投资者绝对理性的理想市场，虽然这两个假设在当前的 A 股市场（甚至是全球市场）都不成立，但是至少是市场发展的方向，可以预见的是，经验公式会越来越向理论模型靠拢，了解理论模型可以帮助我们做出前瞻性判断。

其次，经验公式都是有适用范围的，在简化了很多假设的同时，也引入了很多新的假设。当环境稳定时，新的假设往往都是背景设定，但是当版本更新后，原有的经验公式就失效了，所谓“一代版本一代神”，了解理论可以帮助我们适应变化。

最后，理论模型有很多有意思的推论。根据逻辑推导可以得出，很多市面上非常流行的说法并不成立，可能仅仅是市场在某个特殊时段，两个参数出现了相关性，而非因果性，例如经典的“假设估值不变，赚业绩增速的钱”“只要增速足够快，就可以穿越周期，淡化估值”。所谓一分风险一分收益，用伪因果性来指导实践，那真是太有风险了。

综上，笔者认为理论模型是非常有用的，但是需要正确的打开方式。理论模型带给我们的，更多是方向性的指导，而不是具体的估值计算。结论的推导需要很多假设，记住假设比记住结论更重要，但是从笔者的观察来看，大部分人毕业后（包括笔者自己，现在也是为了写书需求，重新推导了一遍），可能只能记住结论，毕竟假设和推导过程太复杂了。

当然，学术理论无穷无尽，笔者只能选取其中最贴近实战（只是相对而言）的模型，尝试在第 1 章用通俗的语言依次梳理 DCF 模型、投资组合理论和 CAPM，为后续几章的分析做铺垫。相比模型推导，笔者更倾向于去探索每种模型的哲学内涵，希望得出一些方法论上的东西。同时，对于有理工科背景、实业背景等非金融学科班出身的读者，希望本章能助其厘清一些学术理论脉络。

同时，补充一个本书中会反复涉及的基本知识。社会科学和自然科学的因果关系传导强度是不一样的，对于一个简单的“因为 A 所以 B，因为 B 所以 C”，其中涉及因果关系的传导：一类传导是数学逻辑传导，属于强传导关系，无论传导多少次，因果关系都不会被削弱；另一类是行为逻辑传导，属于弱传导，每传导一次，因果关系就会被削弱一次。

很多时候，我们说的“因为 A 所以 B”，其实是“因为 A，所以大概率会发生 B”，这就不是数学逻辑，而是行为逻辑，传导是有损耗的。比如，80% 已经是一个很高的概率了，但是三个 80% 相乘后，概率就只有 51.2% 了。因此，现实中，无论一套推理听上去有多严谨，只要逻辑链条长，其兑现的概率就不高。

区分数学逻辑和行为逻辑对判断最终概率非常重要。例如，“因为供需趋紧，所以要涨价；因为涨价，所以利润提高”，前半句就属于行为逻辑，供需趋紧并不必然带来涨价，只是大概率会涨价；后半句属于数学逻辑，涨价后利润一定会提高（不考虑其他变量）。

1.2　DCF 模型是一种价值观：把握估值体系的第一性原理

与投资估值相关的学术研究、业界观点林林总总，但是各类结论的有力程度，或者说发生冲突时的优先顺序是有明显区别的。套用数理的概念，相关成果可以大致分为三类，公理、假说与经验公式。其中，公理是指经历过长时间的实践考验，不需要证明的基本命题，是所有后续推理的逻辑出发点。假说则是在已知公理的基础上，引入很多额外假设，对客观现象做出的暂时性但是可以被接受的解释。经验公式则是另外一个体系，能用就行。

在投资领域，我们能看到的绝大多数理论，诸如投资组合理论、CAPM、有效市场理论等都属于假说；市盈率（PE）、市净率（PB）等各种相对估值法则属于经验公式。

相比之下，DCF（Discounted Cash Flow，现金流折现）模型则更像是一个公理，它描述了一个理想化的世界，只要我们知道一家公司未来每一期的现金流及投资者所需的必要收益率，公司的内在价值就可以被精确算出，整个过程没有引入其他任何额外的假设。

DCF 模型是估值体系的根基，大部分理论都是围绕 DCF 模型展开的，要么是研究分子端，诸如公司金融领域的各类现金流定义；要么是研究分母端，诸如 CAPM 及各类风险溢价。相对估值法则避开了具体的分子分母计算，用一个单一指标近似描述现金流与折现率的综合影响，其本身也是 DCF 模型在特定条件下的简化。

因此，牢记 DCF 模型的基本概念及一些推论非常重要。本节以定性分析为主（这也是笔者认为的 DCF 模型最大的意义），定量计算涉及的细节问题见 2.3 节。

1.2.1 折现模型的本质：现金流的跨期等价条件

折现模型的底层逻辑源于微观经济学原理。我们每时每刻都面临两个决策：消费与投资。消费是为了获得当期的快乐，投资则是为了未来的消费。即便不考虑投资风险、通货膨胀，投资所获得的未来现金流也一定要大于支付的本金，因为只有这样，行为人才会选择放弃消费、追加投资，大于的比例是弥补延迟消费的贴水。

若加上投资风险与通货膨胀，则投资必须有一个最低的回报率要求。最低回报率（又叫必要收益率）是一个主观的概念，先有预期再有投资，如果预期回报率达不到要求，就不会产生投资行为，直到供给减少，预期回报率达到要求为止。必要收益率就是现金流的折现率，有了折现率，就可以对任何两个不同时期的现金流进行价值比较。

例如，假设投资者要求的必要收益率是 10%，那么今年的 100 元与明年的 110 元、后年的 121 元等价。如果必要收益率降低到 8%，今年的 100 元就与明年的 108 元、后年的 116.64 元等价，明年的 110 元大于今年的 100 元。必要收益率是判断跨期现金流能否等价的关键。

【注】必要收益率需要考虑投资所承担的风险，除了不同项目之间的横向风险差异外，还存在时间维度的纵向风险。严格来说，越远期的现金流，不确定性越大，在投资者风险厌恶的默认假设下，需要有更高的折现率。

因此理论上，明年的现金流与后年的现金流，不应该用相同的折现率，折现率应该是每期现金流专有的。使用一个统一的折现率，更多是为了计算简便而进行的近似处理。实操中，当公司不同期限的现金流存在明显的风险差异时，应考虑使用不同的折现率。

有了现金流跨期等价条件这个基本公理，一家公司的价值就是从此时此刻开始，将未来所有期限的现金流，按照必要收益率全部折现到现在的数值。这就是 DCF 模型的基本内涵，公式如下。

$$P=\frac{\mathrm{CF}_1}{(1+r)^1}+\frac{\mathrm{CF}_2}{(1+r)^2}+\frac{\mathrm{CF}_3}{(1+r)^3}+\frac{\mathrm{CF}_4}{(1+r)^4}+\frac{\mathrm{CF}_5}{(1+r)^5}+\cdots+\frac{\mathrm{CF}_n}{(1+r)^n}$$

以一个简单的有限期项目为例，假设初始投资 100 元，资产使用寿命为 5 年，每年产生净现金流 30 元。项目是否值得投资取决于投资者要求的必要收益率，该案例中假设必要收益率为 10%。由表 1–1 可知，按照 10% 折现后，项目投产后的现金流现值合计为 113.7 元。

于是，如果该项目还没有投资，项目总价值为 13.7 元［投产后现金流现值（113.7 元）– 初始投资（100 元）］，与初始投资成本有关；如果项目已经投资，则其总价值应为 113.7 元，与初始投资成本无关。这是一个非常重要的概念，如果已经投资该项目，那么无论初始投资成本是多少，都已经变为沉没成本，不再影响项目估值。

表 1-1 典型项目 DCF 模型折现（10% 折现率）

金额单位：元

类目	第 0 年	第 1 年	第 2 年	第 3 年	第 4 年	第 5 年
现金流	–100	30	30	30	30	30
必要收益率 = 折现率		10%	10%	10%	10%	10%
现金流现值	–100	27.3	24.8	22.5	20.5	18.6
投资前项目价值	13.7					
投资后项目价值	113.7					

沉没成本在该案例中非常清晰，但是在现实应用中经常被忽视。原因在于，本案例直接给出了现金流，实际估值时更常见的起点是净利润，净利润通过折旧考虑了沉没成本，但是我们在看市盈率的时候往往不会自动“脑补”现金流。对于存量资产，考虑折旧是没有意义的。

以水电资产为例，受地质条件、生态保护等因素影响，上游水电站的开发成本往往大幅超过下游水电站，由此导致上游水电站的单位装机折旧普遍高于下游水电站，进而导致报表利润率下滑。然而，从 DCF 模型来看，如果水电站尚未投产，仍需追加投资，那么水电站造价将对估值产生决定性影响；如果水电站已经投产，那么水电站造价就与估值无关了，若考虑到抵税的作用，在收入不变的情况下，则报表利润越低，资产的总价值越高。

回到前面的案例，在 10% 的折现率下，项目未来现金流的折现值为 113.7 元。那么按照多少折现率，现金流的折现值恰好等于初始投资 100 元呢？这个折现率被称为内部收益率（Internal Rate of Return，IRR），用 Excel 中的 IRR 公式[①] 即可算出，所需的折现率为 15.24%，由表 1–2 可知，

① Excel 公式为 =IRR(现金流 1, 现金流 2, 现金流 3……)

这个折现率是使得项目净现值为 0 的折现率。

表 1-2　典型项目 DCF 模型折现（15.24% 折现率）

金额单位：元

类目	第 0 年	第 1 年	第 2 年	第 3 年	第 4 年	第 5 年
现金流	−100	30	30	30	30	30
必要收益率 = 折现率		15.24%	15.24%	15.24%	15.24%	15.24%
现金流现值	−100	26.0	22.6	19.6	17.0	14.8
投资前项目价值	0					
投资后项目价值	100					

接下来我们思考另一个问题，为什么收益率就是折现率？本质原因是数学公式的可逆性。假设当前的 100 元与一年后的 110 元等价，那么从 100×（1+10%）=110（元）的角度看，10% 就是 100 元的收益率；从 110÷（1+10%）=100（元）的角度看，10% 就是 110 元的折现率。同样的原理也可以应用在更复杂的模型上，例如上述案例，15.24% 既是将未来现金流折现后，使得投资前净现值等于 0 的折现率，也是初始投资 100 元、保障连续 5 年获得 30 元现金流入的收益率。

按照类似债券的摊余成本法处理该投资过程：

①本期期初账面价值 = 上期期末账面价值；

②本期账面投资收益 = 期初账面价值 × 收益率；

③期末账面价值 = 本期期初账面价值 + 本期账面投资收益 − 收到的现金分红。

可以看到，表 1–3 中，在第 0 年投资 100 元后，第 1 年期初资产的账面价值为 100 元，按照上述求出的 15.24% 的内部收益率计算，第 1 年账面投资收益为 15.24 元，实际收到的现金流入为 30 元。收回的 30 元中，一部分是收益，另一部分是本金，于是期末资产的账面价值变成 100+15.24–30=85.24（元）。后续年份按照该规律迭代，在第 5 年末期限结束时，资产的账面价值恰好变成 0。

如果倒过来看，在第 1 年末分红除权后，资产的公允价值即未来 4 年每年 30 元的现金流折现值，折现率取 15.24%，结果刚好也是 85.24 元。在这个收益率（或折现率）下，正运算和逆运算的计算结果是一样的。

表 1-3 内部收益率的实质

金额单位：元

	第 0 年	第 1 年	第 2 年	第 3 年	第 4 年	第 5 年
期初账面价值（①）		100	85.24	68.23	48.63	26.04
收益率（②）		15.24%	15.24%	15.24%	15.24%	15.24%
投资收益（③ = ① × ②）		15.24	12.99	10.40	7.41	3.97
收到的现金分红（④）		30	30	30	30	30
期末账面价值（⑤ = ① + ③ – ④）	100	85.24	68.23	48.63	26.04	0①

因此，在计算内部收益率时，我们算的是“按照多少折现率，可以使现金流序列的净现值为 0”，计算的结果同时也可以表达为“按照多少收益率，可以使初始投资变成后续的现金流”。内部收益率是一笔投资真正的收益率，所有基于利润表的净资产收益率（Return on Equity，ROE）、资产收益率（Return on Assets，ROA）等指标，都是在会计分期规则下，对内部收益率的近似拟合。

【注】计算内部收益率需要预测全生命周期现金流，但是作为外部投资

① 根据数据精确计算为 0，因为修约规则导致根据表中相关数据计算结果为 0.01。——编者注

者，由于未来的现金流尚未发生，所以无法获得时间序列数据，只能看到已经发生的通过财务报表反映的截面数据。但是从权责发生制原则的实质来看，净利润本身就是权益现金流的跨期平滑，通过利润表算出的 ROE 的全生命周期加权平均值，与通过现金流算出的资本金内部收益率，原理上应该相等。

1.2.2 成本与对价：探寻超额收益率的经营实质

沿用 1.2.1 小节案例，未来 5 年每年 30 元的现金流，在 10% 的折现率下，与当前的 113.7 元等价；在 15.24% 的折现率下，与当前的 100 元等价。那么对于该企业，投资 100 元，获得未来 5 年每年 30 元的现金流，企业对应的收益率就是 15.24%，也就是所谓的内部收益率。

假设这时候来了一个外部投资者，如果他要求的收益率只有 10%，那么他给这个项目的估值就是 113.7 元。该投资者要求的收益率，其实是一种“外部收益率”，估值与项目初始投资额的差值，就源于外部收益率与内部收益率的差异。于是，我们可以将 113.7 元估值写成：

113.7 元估值 =100 元投资本金 +13.7 元价值增厚

参照 1.2.1 小节的摊余成本法处理方式，我们可以将未来 5 年的现金流分解成等价的 5 笔单独投资，视为第 0 年投资 100 元，第 1 年按照 15.24% 的收益率获得 115.24 元，取走 30 元，将剩余 85.24 元进行第 2 次投资，收益率仍然是 15.24%，依此类推。

定义每一期的经济增加值（Economic Value Added，EVA）=（内部收益率 – 必要收益率）× 每期投资本金。必要收益率就是资本的成本，那么经济增加值的数学内涵就非常好理解了，即每一期资本的实际收益减去机会成本后的净收益。从第 0 年这一时间点来看，该笔投资的总的价值增厚，等于未来每一期经济增加值的折现值加总，即

$$企业价值增厚 = \sum_{t=1}^{\infty} \frac{(\text{IRR} - 资本成本) \times 每期投资本金}{(1+r)^t} = \sum_{t=1}^{\infty} \frac{\text{EVA}_t}{(1+r)^t}$$

上述案例的拆解过程见表 1–4，每期的实际投资收益可以分解为必要投资收益和经济增加值，将经济增加值按照必要收益率折现后，加总数值严格等于 13.7 元。

表 1–4　经济增加值与企业价值增厚的关系

金额单位：元

	第 0 年	第 1 年	第 2 年	第 3 年	第 4 年	第 5 年
期初账面价值（①）		100.0	85.24	68.23	48.63	26.04
内部收益率（②）		15.24%	15.24%	15.24%	15.24%	15.24%
实际投资收益（③ = ① × ②）		15.24	12.99	10.40	7.41	3.97
收到的分红（④）		30	30	30	30	30
期末账面价值（⑤ = ① + ③ – ④）	100	85.24	68.23	48.63	26.04	0
必要收益率（⑥）		10%	10%	10%	10%	10%
必要投资收益（⑦ = ① × ⑥）		10.00	8.52	6.82	4.86	2.60
经济增加值（⑧ = ③ – ⑦）		5.2	4.5	3.6	2.6	1.4
经济增加值现值（按照⑥折现）		4.73	3.72	2.70	1.78	0.87
折现值加总	13.7[①]					

① 该数值与根据表中数据计算结果的差异系由于修约规则的影响。——编者注

从拆解过程中可以看出，对于单项目模型，该笔投资的价值增厚额取决于四个参数，分别是内部收益率、必要收益率、投资额和项目期限。为了更形象地描述该过程，我们将必要收益率用外部收益率替代，那么内部收益率大于外部收益率，是投资产生价值增厚的前提；投资额和项目期限都是两个收益率差值的放大乘数，一个是空间维度的，一个是时间维度的。

在四个参数中，内部收益率、投资额和项目期限都是项目的内生参数，只有外部收益率是外生参数，由外部投资者决定。可以看到，在其他三个参数不变的情况下，外部投资者要求的收益率越低，项目的价值增厚幅度越大。

这个结论揭示了必要收益率与经济增加值的商业实质。我们都知道，资本成本的本质是机会成本，根据无套利原则，所谓必要收益率就是市场上具有类似风险特征的资产的平均收益率。因此，只要项目的内部收益率高于必要收益率，项目的外部定价就会上升，直至外部投资者投资该项目的收益率等于必要收益率。

从商业实质上看，一个项目的内部收益率高于同类项目的平均收益率，一定是该项目有别人没有的东西，也就是我们常说的壁垒。构成壁垒的可以是先进技术、品牌认可度、独特的商业模式等，以及更常见的时间壁垒，包括先发优势甚至单纯的供需时间差。

究其根本，壁垒都是企业拥有的一些能够带来经济利益的资源（时间差也是一种资源），但是这些资源一来不满足会计上的资产定义，不体现在财务报表中；二来企业不用为这些资源付费，或者至少不用按照公允价值付费，导致企业在计算收益率时，这些资源贡献了分子（利润或现金流）却不用贡献分母（投资本金），从而带来收益率的提升。

但是站在外部投资者的角度，所有能够带来经济利益的资源都是要付费的。假设上述项目以子公司形式存在，母公司投资 100 元后，外部投资者想接手该项目公司，需要支付对价 113.7 元。在会计上，多付的 13.7 元就记为商誉，视为那些不可辨认资源的公允价值。实体投资的过程，本质就是将企业拥有的不可辨认资源变现的过程，也非常符合经济增加值的字面含义。

这也就解释了，为什么在内部收益率不变的情况下，外部收益率越低，项目越值钱。外部收益率低说明市场同类型资产的回报率不高，恰恰衬托出公司拥有的额外资源不一般，实体投资的价值增厚幅度自然就会越大。

进一步地，我们将模型拓展到多期项目，假设公司在第 0 年先投资一个项目，初始投资 100 元，资产使用寿命 5 年，每年获得现金流入 30 元。与 1.2.1 小节的案例一致，项目 IRR 为 15.24%。假设公司在第 1 年末再投资一个一模一样的项目，从第 2 年开始公司将有两个项目的现金流入。由于两个项目完全一样，因此将公司视为一个整体后，IRR 自然也是 15.24%。

假设外部投资者要求的必要收益率还是 10%，如表 1–5 所示，将未来 6 年的现金流折现后，在第 0 年末，公司的总价值将变成 126.3 元。我们可以将 126.3 元写成：

126.3 元总价值 =100 元初始投资本金

+13.7 元现有项目价值增厚

+12.6 元未来项目价值增厚

表 1-5　两个项目 DCF 模型折现（10% 折现率）

	第 0 年	第 1 年	第 2 年	第 3 年	第 4 年	第 5 年	第 6 年
公司整体现金流	–100	–70	60	60	60	60	30
其中：项目 1 现金流	–100	30	30	30	30	30	
项目 2 现金流		–100	30	30	30	30	30
内部收益率	15.24%						
必要收益率	10%	10%	10%	10%	10%	10%	10%
现金流折现值		–63.6	49.6	45.1	41.0	37.3	16.9
第 0 年末公司总价值	126.3						

用本节开始提到的经济增加值公式展开，则对于持续投资的企业，企业价值等于初始投资本金，加上现有资产的价值增厚，再加上未来待投资资产的价值增厚：

$$企业价值 = 初始投资本金 + \sum_{t=1}^{\infty} \frac{EVA_{t（现在资产）}}{(1+r)^t} + \sum_{t=1}^{\infty} \frac{EVA_{t（未来资产）}}{(1+r)^t}$$

如果结合市净率（Price-to-Book Ratio，PB Ratio）估值法，等式右边两个加总项，就是 PB 可以大于 1 倍的原因。由于在现实中，企业可以持续寻找机会，滚雪球次数将远远不止两期，因此第三项可能是高 PB 的主要来源。从商业实质上看，超额利润来自壁垒，但是壁垒还可以进一步分为可复制壁垒与不可复制壁垒，可复制壁垒是企业发展壮大的基石，不可复制壁垒更多被定位为摇钱树。

就像笔者在《穿透财报》中举的例子，一家饭馆生意红火、人声鼎沸，如果是菜品创新带来的，就属于可复制壁垒，可以给予更高的估值；如果是地理位置带来的，就属于不可复制壁垒，更多反映的是静态的现金流价值。

但是站在外部投资者的角度，所有的壁垒、所有的不可辨认资源都是要支付对价的，只要对价是所谓的公允价值，无论这些资源能带来多少企业层面的超额收益，支付对价后，计算收益率的分母都会发生变化，股权投资层面的收益率都会严格等于必要收益率。

从数学上理解，公允价值就是指未来现金流的折现值，包括一个给定的折现率和当前时点对公司未来经营情况的预期。记当前时点为第 0 期，我们可以得到当前时点的股价为下式①。如果预期是准确的，则第 1 期的股价将是下式②，两者相除后的涨幅就是折现率，它与所投企业的现金流曲线没有任何关系（包括利润率、利润增速等一系列经营参数）。

$$P_0=\frac{\mathrm{CE}_1}{(1+r)^1}+\frac{\mathrm{CE}_2}{(1+r)^2}+\frac{\mathrm{CE}_3}{(1+r)^3}+\cdots+\frac{\mathrm{CE}_n}{(1+r)^n}=\sum_{t=1}^{\infty}\frac{\mathrm{CE}_t}{(1+r)^t} \quad ①$$

$$P_1=\mathrm{CE}_1+\frac{\mathrm{CE}_2}{(1+r)^1}+\frac{\mathrm{CE}_3}{(1+r)^2}+\frac{\mathrm{CE}_4}{(1+r)^3}+\cdots+\frac{\mathrm{CE}_n}{(1+r)^{n-1}}=\sum_{t=1}^{\infty}\frac{\mathrm{CE}_t}{(1+r)^{t-1}} \quad ②$$

如果用图形表示，则如图 1–1 所示。由图 1–1 可知，在任何一个估值时间点，股权的价格都已经反映了企业所有后续期限的现金流预期，无论现金流曲线的形状如何，只要曲线预期没有变化，时间的推移就只是让估值基准点沿着既定曲线移动。如果想让收益率脱离折现率的束缚，只能是现金流曲线形状发生变化，或者折现率本身发生改变（1.2.3 小节及第 3 章会有更详细的讨论）。

从逻辑上也好理解，超额收益靠的是独占资源，这个资源必须是自己的，企业层面的超额收益是企业家资源的反映，因此超额收益只会停留在企业这一层，不会渗透到股权投资层面。股权投资层面的超额收益源于购买价格不公允，是研究能力或者说认知高度带来的信息差，比如如何理解壁垒的强度及判断壁垒是否可复制。

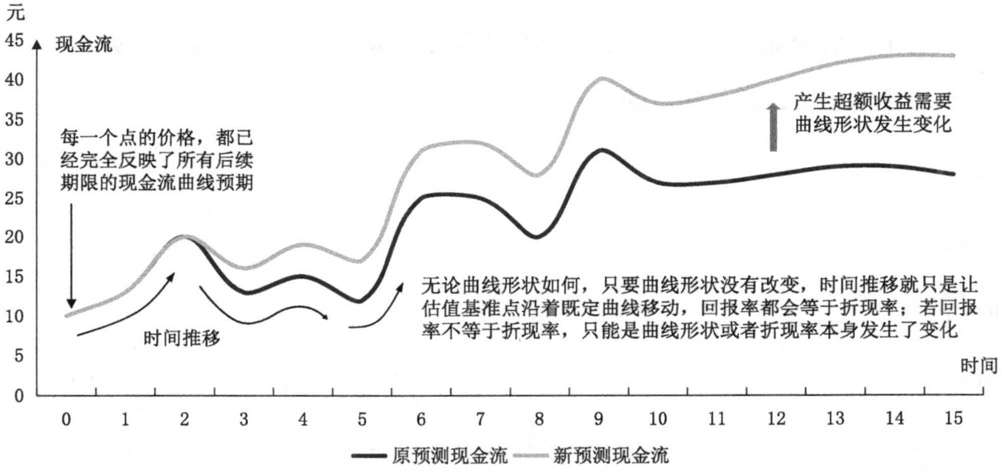

图 1-1　DCF 模型下的现金流预期与收益率的关系

至此，笔者认为很多人曲解了“奥马哈先知”的两句话：第一句是“找到优质公司，然后坚定持有”，第二句是“找到一个有效的赚钱方法，然后 over and over again（反复不断地进行）”。如果将“优质”定义在公司层面，那么公司的优质与否并不能带来超额收益，这里的“优质”应该是指被市场低估，“坚定持有”则是指“坚定持有，直到新的预期形成，公司被充分定价”。

至于第二句话，笔者认为更像是对实体投资者说的。但是股权投资是在另一个维度，股权投资者是无法通过简单的 over and over again 赚钱的，只能不断地迭代信息，提高认知，寻找预期差（本书第 3 章和第 4 章会有更详细的讨论）。

一个经典的证据就是，2010 年至 2023 年 7 月，申万绩优股指数并未跑赢申万亏损股指数，如图 1–2 所示。站在 2021 年的时点上，我们或许可以看图作文，说“业绩终究会兑现在股价上，优选 ROE 高的企业”，但是站在 2023 年的时点上，这句话显然是不成立的。投资者对绩优股的业绩往往有更高的预期，预期高了，自然低于预期的风险就更高。高于预期也好，低于预期也罢，都是相对的。

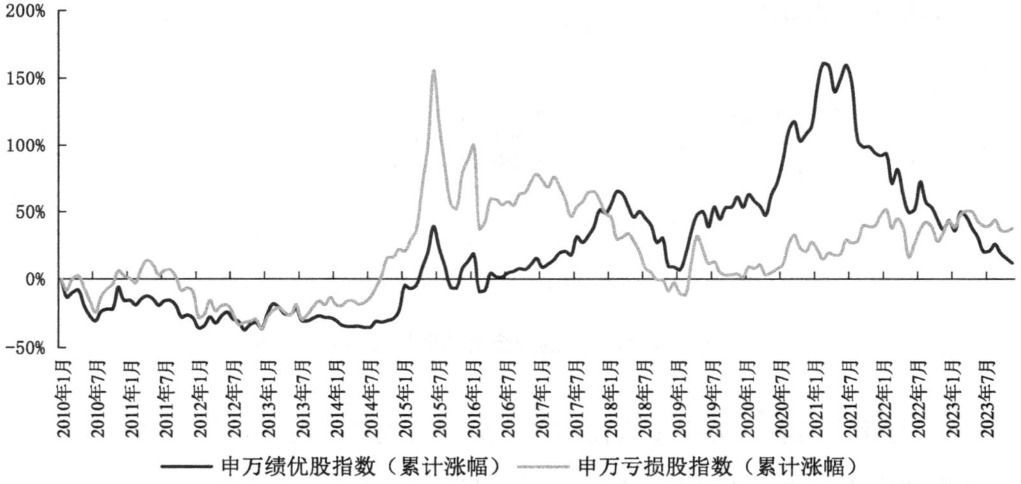

图 1–2　2010 年至 2023 年 7 月申万绩优股指数并未跑赢申万亏损股指数 [①]

根据企业价值展开式，我们还可以得到一些推论。

推论一：企业价值的构成直接预示着风险等级及核心关注点。一家公司的价值由投资本金、存量资产的价值增厚及未来资产的价值增厚三部分

① 数据源：Wind 数据库。申万绩优股指数数量为 100 只，是全市场 ROE 前 100 名的股票，每年调整两次；申万亏损股指数成分股为全部业绩亏损的上市公司，每年调整两次。

构成，其中前两者比较容易计算，想象空间也比较小，想象空间最大的是最后一部分，其也是最主要的预期差来源。

给我们的启示是，如果公司现有股价中，投资本金和存量资产的价值增厚就可以支撑很大一部分股价，那么股价的安全垫就比较厚。判断安全垫的厚薄并不是根据股价的绝对值大小，而是根据公司的价值构成，存量资产越值钱，增量预期被证伪后，股价下跌幅度就越可控，这也是财务报表分析非常重要的用途之一。

与之相反，如果一家公司的市值完全由未来资产的价值增厚支撑，那么就要时刻警惕故事被证伪的风险。支撑高 PB 的因素主要有以下几种，也是研究需要关注的核心变量。

（1）公司尚处于成长初期，净资产的体量非常小。这时候关注账面资产没有太大意义，公司的估值体系更偏向于风险投资（Venture Capital，VC），创始人的个人能力、技术路线、独占资源等不可辨认资源才是估值的关键。但是这种估值方法适用的公司的市值一般不能太大，大市值公司是不能全靠梦想支撑的，容易"窒息"。

而且，由于不可辨认资源的挖掘潜力是有限的，随着公司的发展，潜在的价值增厚必然下降，已有的价值增厚必然上升，此消彼长下，估值依据必须回归财务报表。

（2）商业模式具备强大壁垒，且壁垒可复制。只有可复制的壁垒才能带来有质量的增长，否则仅仅是规模的扩张，并不能带来企业价值增厚。那么，公司的壁垒是否真的可复制，以及复制后是否还能保持之前的强度，就是研究最需要关注的点。

笔者并不完全认同"高成长赛道值得高估值"这句话，因为我们归根结底是给公司估值，而不是给赛道估值。如之前所述，超额收益所依赖的东西，必须是自己的，而赛道是对所有人敞开的。准确的说法是，由于精准卡位、先发优势、牌照限制、产能周期等因素，公司拥有相对其他竞争者的壁垒，从而可以独享行业扩张的红利。超额收益归根结底是壁垒带来的，并不是赛道带来的。

大部分壁垒其实是不可复制的，或者说复制后的强度大幅降低。品牌优势、客户黏性是可复制性比较强的壁垒，产能扩张后品牌还在，很多人买东西是会选择品牌的，觥筹交错之间，大家喝的并不是赤水河畔神秘的微生物。相比之下，大部分技术优势其实都是先发优势，和供需错配一样，都是时间带来的壁垒。时间是一把双刃剑，在短期内可以带来非常强的壁垒，但是长期来看，如果没有品牌加持，时间对大部分公司来说是屠刀，不是朋友。

推论二：判断一笔投资是否增厚价值时，增量资产不受存量资产影响。从展开式中可以看出，增量资产的价值增厚和存量资产是分开计算的，新增投资是否增厚企业价值，看的是新增投资的内部收益率与必要收益率孰高。内部收益率取决于新增投资的现金流曲线，必要收益率取决于市场上类似风险等级资产的平均回报率。

需要强调的是，这里的平均回报率是指股权投资层面的，不是实体投资层面的，因为所谓的企业价值增厚，自始至终都是站在外部投资者角度考虑的。必要回报率，也就是折现率，其定性分析取决于四个参数，分别是无风险真实利率、通货膨胀率、市场风险溢价和投资者风险偏好（在 1.2.3 小节及 1.4 节有详细介绍），都是面向未来的，和存量资产无关。

因此，我们经常听到有人抱怨“某某公司为什么要投资一个 ROE 低于自己的项目，拉低自己的 ROE，还不如分红”，这里的比较对象是不对的。首先，在 DCF 模型估值框架下，从头到尾就未涉及存量资产的 ROE，一方面，ROE 的分子是实体层面的盈利，实体层面的收益率和股权投资收益率是两个概念；另一方面，ROE 的分母属于沉没成本。

其次，新项目的 ROE 降低，只能说明好项目越来越难找了，企业价值增厚的速度没以前快了。但是只要内部收益率仍大于折现率，新投资就是能增厚价值的，就胜过分红。

推论三：当企业进入稳态后，设置永续增长率可能没有意义。也许是为了让结果变得更好看，我们在用 DCF 模型进行估值的时候，经常会设置一个现金流的永续增长率，虽然说万物皆周期，但是永续增长一直是每个企业的朴素理想。运用简单的等比数列求和公式，永续增长模型最终结果等于进入永续期初的现金流除以折现率与永续增长率的差。

$$P=\frac{CF}{(1+r)^{1}}+\frac{CF\cdot(1+g)}{(1+r)^{2}}+\frac{CF\cdot(1+g)^{2}}{(1+r)^{3}}+\cdots+\frac{CF\cdot(1+g)^{n-1}}{(1+r)^{n}}=\frac{CF}{r-g} \quad ①$$

非常明显，由于永续增长率在分母上，而且还是折现率的扣抵项，因此估值结果对永续增长率非常敏感，折现率越低的公司越敏感。如果对估值结果不满意，只要稍微改一下永续增长率，目标价瞬间就能增长一大截。

但是结合企业价值的分解，笔者认为随意调整永续增长率，有做数字游戏的嫌疑。上式①分子中的现金流只是一个简化处理，更准确的展开式应该是下式②，分子是可供分配现金流，等于再投资前的可供分配现金流 ×（1– 再投资率）。

$$P=\frac{\text{再投资前的可供分配现金流}\cdot(1-\text{再投资率})}{r-g} \quad ②$$

问题就出在再投资率上，再投资率和公司的现金流增速存在内生性。既然我们在引入永续增长率时，已经假定了公司处于稳定状态，那么可以认为公司的潜在价值增厚能力基本消耗殆尽，即不存在公司价值展开式中的第三项，否则公司就没有进入稳定状态。

因为我们给的是永续增长率，这是一个非常强的假设，只要企业的业绩增速超过资本开支增速，哪怕只高一点点，经过足够长的时间以后，企业的 ROE 都会上升到无限大。这才是 DCF 模型估值结果对永续增长率异常敏感的根本原因，即调整分母的时候，没有同步调整分子。

如果我们承认企业的壁垒不是永远坚不可摧、无限可复制的，那么企业真正进入稳态期的时点，就是再投资回报率等于社会平均回报率的时候。根据跨期现金流等价原理，这时候企业选择投资还是分红，是没有区别的，纠结永续增长率就没有意义了，直接按照没有增长、全部分红计算，没有太大问题，也即

$$P=\frac{\text{再投资前的现金流}\cdot(1-\text{再投资率})}{r-g}\approx\frac{\text{再投资前的现金流}}{r} \tag{③}$$

而且在现实中，持续高强度投资经常会遇到不可预见的风险，只要不下赌桌，桌上的钱就永远不是自己的（学术上有反驳“股利无关论”的“一鸟在手”理论），所以考虑再投资和永续增长，可能还不如都不考虑。因为使用 DCF 模型估值一般都容易高估，在估值时取上限即可。

1.2.3 重要的定性分析模板：三阶段增长模型与相关推论

前两小节我们梳理了 DCF 模型的基本概念和一些定性结论，本小节我们以三阶段增长模型为例，就模型的分子、分母进行半定量讨论。

DCF 模型说到底，就是先预测一串现金流，然后用折现率对现金流的风险进行评价。常见的现金流曲线形状包括稳定无增长、永续增长和多阶段增长等，只要预测是准确的，那么前两种情况就是简单的等比数列求和，第三种情况则是分阶段数列求和。

然而对权益投资而言，现金流稳定无增长和永续增长都不太贴合现实，结合 1.2.2 小节中提到的企业价值分解，企业的发展，本质就是通过不断的实体投资，逐步将其拥有的不可辨认资源变现，从而创造经济增加值的过程。

在发展初期，企业的可辨认资产规模有限，创始人能力、精准卡位、技术路线等不可辨认资源附加值占比更大，很容易获得更高的业绩增速。但是随着业绩基数增长、可辨认资产扩容，不可辨认资源一般无法等比例复制，单位附加值就会自然回落，从而带来业绩增速下台阶。直到企业进入稳态期，所有的不可辨认资源都被消耗掉（或者被竞争对手追平），企业投资收益率就会向全社会平均值收敛。

因此，长期来看，任何企业的增速一定是趋于下降的，不存在能够永续高增长的企业，当投资回报率等于全社会平均值时，从股东价值的角度看，再追加投资就没有意义了。甚至严格来说，稳态投资回报率等于全社会平均值，本身也是一个很强的假设。如果稳态期后企业投资回报率还能等于全社会平均值，谁是那个“被平均”的呢？永远不要相信“这次不一样”，每一个衰退的行业，都有过激情燃烧的岁月。

多阶段增长模型是最贴近现实的模型，至于“多”到底是几并不重要，其都是一个偏方向性的指引，一般情况下用三阶段增长模型来近似描述即可。

三阶段增长模型的核心假设是，受所在市场空间的制约，任何企业的发展都有天花板，因此现金流曲线一定存在一个不再增长或者增长也不会增厚企业价值的稳定期，稳定期之前的一切增长，都是为了尽早达到稳定期。

然后，我们将爬坡过程分成两个阶段，第一阶段是 3 ～ 5 年的精确预测期，也称显性期，我们可以通过经营数据分析、财务模型搭建、产业链上下游验证等算出较为精确的现金流数值。第二阶段是半显性期，其距今还比较遥远，无法做出精确的预测，但是可以判断大致方向，预测增速和增速的持续时间，用这两个参数推算企业业绩的天花板。

图 1–3 为典型的三阶段增长模型，稳定期的高度决定了估值结果的量级，而决定稳定期高度的，是半显性期能否顺利爬上来，与精确预测期到底能赚多少钱关系并不大。这个结论也与 1.2.2 小节企业经营实质的讨论吻合，一个企业的价值，归根结底是看空间与壁垒，前者决定了“能爬多高”，后者决定了“爬上去的是谁”（如果要二选一，则壁垒更关键）。

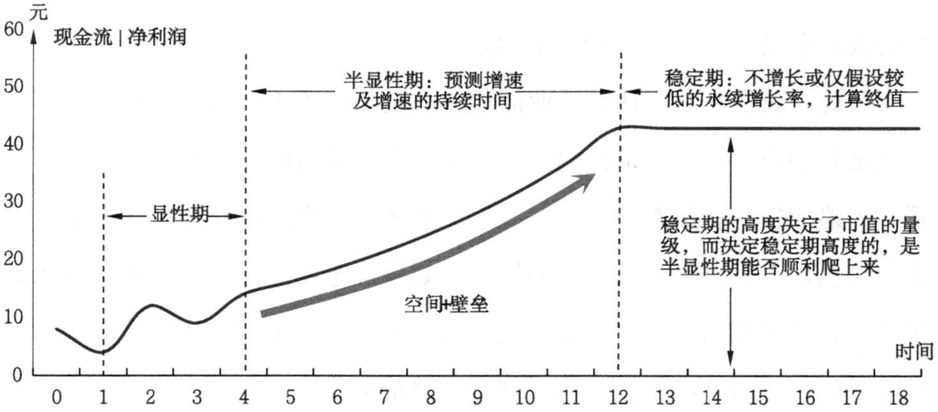

图 1–3　三阶段增长模型

可以用一个简单的数学模型量化说明。

假设存在一家公司，预计未来三年的权益现金流分别为 10.8 元、15.5 元和 21.4 元（数字有零有整，表示是精确预测的）。从第四年开始，精确预测变得困难，我们假设公司可以按照 20% 的增速增长 5 年，从第 9 年开始进入稳定期，直至永续。结合市场利率环境及公司的现金流风险，投资者认为投资该公司的必要回报率为 5%。

图 1–4 是典型三阶段增值模型现金流情况示意图。

由表 1–6 可知，经过简单的折现即可得到，公司当前时点的价值为 904.3 元。但是从图 1–5 所示的分阶段价值构成来看，公司未来三年的显性期占比仅有 4.8%，第 4 ～ 8 年半显性期价值占比 15.5%，第 9 年之后的稳定期价值占比接近 80%。

我们可以从两个角度解读这个结果，一方面，稳定期占了企业价值的绝大部分，这提示我们要将更多的精力放在公司长期竞争力的研究上；另一方面，短期业绩的价值占比非常有限，这促使我们思考应该如何看待短期业绩。所谓“九层之台，起于累土”，短期业绩的重要性不在业绩本身，而是通过业绩兑现情况，即时修正我们对公司竞争力和市场空间的预期。

表 1–6　典型三阶段增长模型（时间及年限单位：年；现金流单位：元）

核心假设		
半显性期增速	20%	显性期现金流为精确预测，稳定期为永续状态，第 10 年后不再显示
持续时间	5 年	
折现率	5%	

估值阶段	显性期			半显性期					稳定期		
距今年限	1	2	3	4	5	6	7	8	9	10	……

（续表）

估值阶段	显性期			半显性期					稳定期		
权益现金流	10.8	15.5	21.4	25.7	30.8	37.0	44.4	53.3	53.3	53.3	53.3
同比增速		44%	38%	20%	20%	20%	20%	20%	0%	0%	0%
折现值	10.3	14.1	18.5	21.1	24.1	27.6	31.6	36.1	34.4	32.7	653.8
总价值	904.3	= 显性期 42.9+ 半显性期 140.5+ 稳定期 720.9									

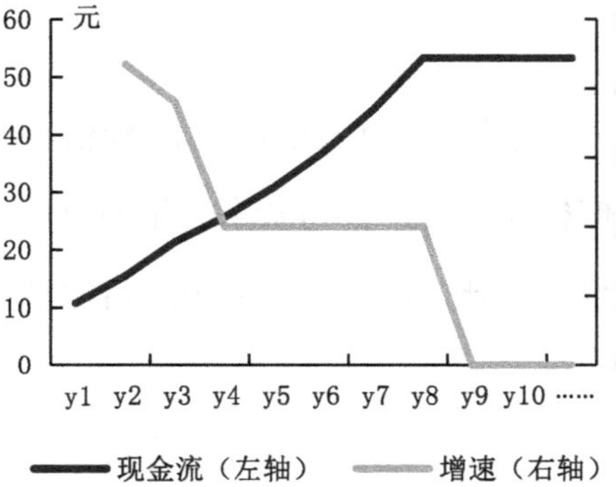

图 1-4　典型三阶段增值模型现金流情况

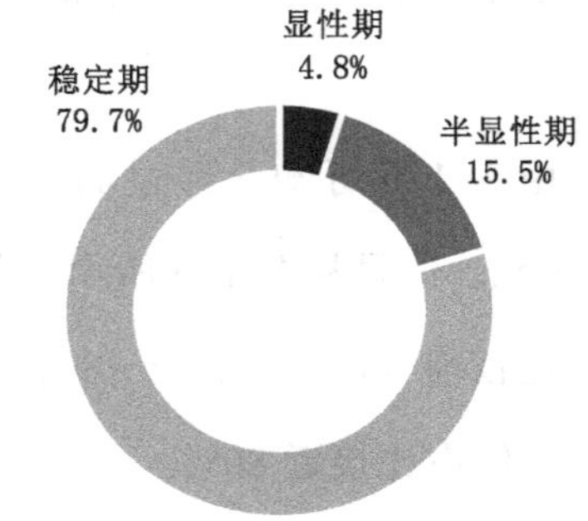

图 1-5　典型三阶段增值模型价值构成

因此，在三阶段增长模型中，虽然显性期的盈利预测往往是工作量最大的部分，但是这并不是分子端真正的核心假设，真正的核心假设是半显性期的增速和增速的持续时间。

而且，两个参数存在相互作用，当增速比较低的时候，增速是最重要的参数；当增速达到一定量级后，指数开始发挥作用，持续时间决定一切。由表 1–7 可知（折现率仍取 5%），当增速仅有 5% 时，持续 3 年还是持续 20 年，估值结果相差并不大；但是随着增速假设的提高，稍微延长一点持续时间，都会使估值结果产生巨大差异。

进一步地，在现实中，考虑到预期差因素，分子端最关键的假设其实是增速的持续时间。因为相比之下，增速比较好预测，根据各种高频数据都能猜个八九不离十，最差也是三个月揭晓一次答案，往往不会产生太大的预期差。但是持续时间的预测就非常见仁见智，且短期内无法证伪。叠加估值结果的敏感性，对持续时间的判断才是最重要的。

表 1-7 半显性期增速及持续时间对估值结果的敏感性分析
（其余假设同表 1-6，现金流单位：元）

		半显性期持续时间 / 年					
		3	5	8	10	15	20
半显性期增速	5%	468	505	560	597	690	782
	10%	529	616	763	872	1 196	1 605
	20%	668	904	1 401	1 862	3 731	7 374
	30%	831	1 302	2 519	3 889	11 417	33 314
	40%	1 021	1 838	4 401	7 847	33 169	139 873

因此，笔者一直不建议把估值模型（特指盈利预测部分）做得太复杂。当我们回顾业绩时，财务报表一定是拆得越细越好，越细就越有可能挖到增量信息；但是当我们展望未来时，盈利预测更多是一个路径性目标，即公司在通向终局的过程中必须经过的点。我们的目的是通过不断的“预期—验证”循环，检验既有逻辑的可靠性。把太多的精力放在提高短期盈利预测精度上（周期股除外），忽略长期因素，并不是一件性价比很高的事情。

归根结底就是一句话，在三阶段增长模型的框架下，我们不是给业绩估值，而是给终局估值。过度关注短期业绩，一定程度上是使用相对估值法时产生的误区（第 2 章有详细讨论）。

接下来看模型的分母端，分母端的核心假设毫无疑问，就是折现率。折现率的本质是对现金流进行评价，这是一个主观的概念，是投资者对某一笔投资所要求的最低回报率。在表 1–6 中，如果投资者要求的最低回报率是 5%，则初始购买价格不得高于 904.3 元，904.3 元就是该投资者能够接受的最高价位。反过来，如果购买价格低于 904.3 元，预期收益率就会高于 5%，在现金流给定的情况下，收益率是购买价格的函数。

然而，上述计算是建立在永续持有基础上的，如果允许二次交易，折现率就不是一个主观概念，而是一个市场均衡的结果。如果此时出现另一个投资者，他要求的最低收益率仅有 3%，那么他最高可以出价 1 604 元，上一个投资者就可以把股票卖给他，获取价差收益。

此处我们暂不讨论折现率的形成机制，继续沿用三阶段增长模型，量化呈现折现率对估值结果的影响。由表 1–8 可知，折现率对估值的影响同样是决定性的，一方面，当折现率上升时，现金流的总价值迅速下降；另一方面，三个阶段的价值降幅是不成比例的，绝大部分的降幅由稳定期承担，无论折现率如何变化，显性期的价值变动都很小。

也就是说，折现率会显著影响公司三个阶段的价值比例，如果一家公司的现金流非常靠前，如周期类资产、项目类资产，估值结果对折现率就不敏感，分子端决定一切。但是如果一家公司的现金流非常靠后，估值全靠稳定期的梦想支撑，那么折现率就显得无比重要。

表 1-8　折现值与折现率的关系[①]

（其余假设同表 1-6，20% 增速持续 5 年，现金流单位：元）

折现率	3%	4%	5%	6%	7%	8%	9%	10%
总价值	1 604	1 166	904.3	731	609	518	448	392
其中：显性期	44.7	43.7	42.9	42.0	41.1	40.3	39.4	38.7

① 本表中相关数值的计算差异源于修约规则的影响。——编者注

（续表）

折现率	3%	4%	5%	6%	7%	8%	9%	10%
半显性期	158.5	149.1	140.5	132.4	124.9	117.8	111.3	105.1
稳定期	1401	973	721	557	443	360	297	248

因此，很多时候，板块轮动并不是基本面变化带来的，而是单纯的分母端的影响。当无风险利率下降、市场风险偏好上升时，估值越高的公司（现金流越靠后）的股价往往涨得越多，一些成长股经常会有动辄翻倍的涨幅。这是折现率的力量，不要误认为是产业趋势，即便公司可能确实处于高速成长期。

同理，当无风险利率上升、市场风格趋于保守时，股价下跌也不一定非要产业趋势逆转，环境变了，估值越高的公司的股价自然跌得也越多。对折现率的敏感性不同，是成长股与价值股的重要差别。区分股价涨跌是分子端带来的还是分母端带来的，是一项重要的能力，虽然很多时候两者交织在一起，一定程度上存在“根据结果强行找原因”的悖论。

然而，以上分析大部分是静态的，讨论的是“什么决定了股价”，但是对投资而言，更重要的问题其实是“什么决定了股价的涨跌”。对此，我们引入一个动态的三阶段增长模型，同时为了方便纸质化展示，我们省去显性期，只保留半显性期与稳定期，模型参数可以直接精简为三个，即权益现金流增速、增速的持续时间及折现率。

假设存在一家公司，当前年度权益现金流为 10 元（已分红，不纳入估值计算），市场预期公司未来权益现金流将以每年 20% 的增速增长 5 年，从第 6 年开始进入稳定期直至永续，折现率取 6%。

【注】以下讨论全部使用现金流概念，本案例中，权益现金流就是实际分红的金额，暂不涉及利润表。净利润的本质是会计分期要求下，按照权责发生制原则对权益现金流进行重新分期，关于净利润、权益现金流及分红的关系，第 2 章有详细讨论。

由表 1–9 可知，通过折现即可算出，该公司当前时点的合理股价为 383.6 元 / 股。假设过了一年，市场预期完全兑现，公司的权益现金流（分红）果然增长了 20%。坐标轴整体向右平移一格，增速的持续时间还剩 4 年，公司的合理股价增长至 394.7 元 / 股。用新的股价除以上一年的股价，可得股价涨幅为 2.89%；再加上收到的 12 元分红，股息率为 3.13%（12 ÷ 383.6 × 100%）；持有期累计收益率约为 6%，等于折现率。

表 1–9　从动态模型看股价涨跌与持有期收益率（一）

现金流单位：元

核心假设										
现金流增速	20%	简化处理，使用两阶段模型，只保留增速、持续时间和折现率三个参数								
增速的持续时间	5 年									
折现率	6%									
距今年限（年）	0	1	2	3	4	5	6	7	8	……
每股现金流	10.0	12.0	14.4	17.3	20.7	24.9	24.9	24.9	24.9	24.9
年增长率		20%	20%	20%	20%	20%	0%	0%	0%	0%
折现值	10.0	11.3	12.8	14.5	16.4	18.6	17.6	16.6	15.6	260.2
合理股价	383.6	注：从第 1 年折现值开始直到永续加总								
情景 1：一年后预期完全兑现，增速的持续时间减少 1 年，坐标轴向右平移一格										
增速的持续时间	4 年									
距今年限（年）	–1	0	1	2	3	4	5	6	7	……
每股现金流	10	12.0	14.4	17.3	20.7	24.9	24.9	24.9	24.9	24.9

（续表）

情景 1：一年后预期完全兑现，增速的持续时间减少 1 年，坐标轴向右平移一格										
年增长率		20%	20%	20%	20%	20%	0%	0%	0%	0%
折现值		12.0	13.6	15.4	17.4	19.7	18.6	17.6	16.6	275.8
合理股价	394.7	股价涨幅 = 本期合理股价 / 上期合理股价 –1 股息率 = 已实现的权益现金流 / 上期合理股价 持有期收益率 = 股价涨幅 + 股息率								
股价涨幅	2.89%									
股息率	3.13%									
持有期收益率	6%									

这个结论我们在 1.2.2 小节用公式证明过，只要预期是准确的，即公司完全按照既定路径成长，那么持有期收益率就与现金流曲线的形状没有任何关系，无论增速是 20% 还是 200%。如果市场是绝对理性的，超过折现率的收益率就只能来自关键参数的预期差。

【注】非理性行为及交易性因素也可能带来超额收益，相关内容笔者在第 4 章集中讨论。

然而，在现实中我们经常会遇到，当公司业绩增长后，市盈率（Price-to-Earnings Ratio，PE）短期变化不大，股价涨幅确实可以等于业绩增速。根据股价 =EPS × PE，一种常见的分拆方法是，将股价涨幅拆解成每股收益（Earnings Per Share，EPS）增长和 PE 增长，EPS 增长带来的叫“赚业绩的钱”，PE 增长带来的叫“赚估值的钱”，似乎前者比后者更加符合基本面的要求。然而，至少在 DCF 模型的框架下，这种分拆方法是值得商榷的。

如果折现率不发生变化，业绩唯一有意义的地方就是是否兑现。股价涨幅等于业绩增速，实际上是改变了现金流曲线形状的预期，大部分时候，问题还是出在增速的持续时间上。例如我们通常所说的，某某公司可以高速增长 5 年，这里的“5”并不是一个非常精确的数字，而是根据经验做出的模糊判断。

当公司实现了一年的增长后，增速持续时间的预期可能不会立马下修，而是继续维持 5 年的假设。如果从起点算起，公司的预期变成了高速增长 6 年，即业绩的天花板被同步上修了。由表 1–10 可知，过了一年后，如果增速持续时间的预期仍然保持在 5 年，那么股价涨幅就会等于业绩增速。

表 1–10　从动态模型看股价涨跌与持有期收益率（二）

现金流单位：元

情景 2：接表 1–9，一年后增速的持续时间不下修										
增速的持续时间	5 年	注：从情景 1 中的剩余 4 年上修到 5 年								
距今年限（年）	–1	0	1	2	3	4	5	6	7	……
每股现金流	10.0	12.0	14.4	17.3	20.7	24.9	29.9	29.9	29.9	29.9
年增长率		20%	20%	20%	20%	20%	20%	0%	0%	0%
折现值		12.0	13.6	15.4	17.4	19.7	22.3	21.1	19.9	331.0
合理股价	460.4	股价涨幅 = 本期合理股价 / 表 1–9 中的上期合理股价 –1 从最初的时间点看，公司增速持续时间的预期变成了 6 年，上修了业绩天花板 股价涨幅等于业绩增速，隐含假设是随着时间推移，剩余的增速持续时间不下修								
股价涨幅	20%									
股息率	3.13%									
持有期收益率	23.13%									

从预期差的角度看，滚动上修增速的持续时间，本质是之前的预期过于保守。就像笔者在《穿透财报》中举的例子，想象我们走在一个漆黑的山洞里，手里拿着一根 5 米长的竹竿，没有人知道山洞究竟有多深，大家只能模糊地预测，前面可能还有 10 米。当我们向前走了 1 米后，如果没有出现利空，预期可能不会被下修到 9 米，而是继续保持 10 米。

虽然前面到底还有多长，没有人能说得清楚，但是每向前走一步，都是积累一步风险。所以，所谓“赚业绩的钱”，如果业绩数据不足以让我们上修业绩天花板，或者提高到达业绩天花板的概率，股价涨幅实际上是由风险换来的，一旦预期下修，股价就可能瞬间崩盘。

而且，我们通常说的业绩增长，一般不是业绩的绝对增量，而是同比增速。因此，股票投资与山洞的案例还是略有区别的。对比表 1–9 和表 1–10，当业绩从 10 元增长到 12 元时，如果想让股价同步增长，业绩天花板并不是由 24.9 元等差增长到 26.9 元，而是等比增长到 29.9 元，其难度显然大于山洞案例中的等差增长。

至此，在 DCF 模型框架下，“赚业绩的钱”自始至终都是不成立的，收益率高于折现率的部分，源于核心假设的修正，显然属于“赚估值的钱”；收益率等于折现率的部分，也是“赚估值的钱”。可以说，在股权投资层面，一切收益都来自估值。

从笔者的观察来看，股价涨幅等于业绩增速，往往发生在发展空间极大的行业发展初期，这一阶段大家都没有十足的把握说公司的业绩天花板一定是多高。带动股价增长的，不是业绩本身，而是业绩中蕴含的增量信息。但是随着公司的不断发展，公司的成长路径越来越透明，市场对公司的研究也越来越深入。就像山洞的案例，当大家都拿着竹竿向前试探时，如果有人突然掏出一支激光笔，那么山洞就没有秘密可言了。

从此，股价就不会匀速上涨了，而是根据新的预期一次调整到位。等到调整完成，股价涨幅就会与业绩再次脱钩。

因此，从某种意义上说，想要成为稳定上涨的长牛股，公司需要保留一丝神秘感。投资者也得尽量宠辱不惊，不能听风就是雨。毕竟在现实中，更常见的情况，不是有人掏出了激光笔，而是有人“声称”掏出了激光笔，新的预期并不一定就是更正确的。

上述结论在任何现金流曲线形状下都是成立的，无论业绩是增长还是下滑。另一个案例如下。

假设某公司因经营环境恶化，预期业绩逐年下滑，现金流预期见表 1–11，到第 9 年时现金流归零，折现率取 6%。

在给定现金流预期的情况下，折现可得公司当前时点的合理股价为 36.05 元。假设过了一年，公司业绩如期兑现，坐标轴向右平移一格，新的合理股价变为 29.2 元，股价下跌 18.97%[①]。同时，投资者收到每股 9 元的分红，股息收益率为 24.97%（9 ÷ 36.05），股价涨跌与股息收益率相加后，仍然严格等于折现率 6%。

表 1–11　从动态模型看股价涨跌与持有期收益率（三）[②]

现金流单位：元

核心假设										
折现率	6%									
距今年限（年）	0	1	2	3	4	5	6	7	8	终止
每股现金流	10.0	9.0	8.0	7.0	6.0	5.0	4.0	3.0	2.0	0.0
年增长率		–10%	–11%	–13%	–14%	–17%	–20%	–25%	–33%	–100%
折现值		8.5	7.1	5.9	4.8	3.7	2.8	2.0	1.3	0.0
合理股价	36.05	从第一年开始算起，不计算已经分红的 10 元								
过了一年，假设预期完全兑现，坐标轴向右平移一格										
折现率	6%									
距今年限（年）	–1	0	1	2	3	4	5	6	7	终止

① 数值计算差异源于修约规则的影响。——编者注

② 表中相关数值计算差异源于修约规则的影响。——编者注

（续表）

过了一年，假设预期完全兑现，坐标轴向右平移一格										
每股现金流	10	9.0	8.0	7.0	6.0	5.0	4.0	3.0	2.0	0.0
年增长率		−10%	−11%	−13%	−14%	−17%	−20%	−25%	−33%	−100%
折现值		9.0	7.5	6.2	5.0	4.0	3.0	2.1	1.3	0.0
合理股价	29.2	如果不存在核心假设预期差，持有期收益率与现金流曲线的形状无关 处于衰退期的企业，随着时间的推移，现金流折现值（股价）会逐年下降 但是算上股息率后，持有期收益率仍然等于折现率（前提是必须高强度分红）								
股价涨跌幅	−18.97%									
股息率	24.97%									
持有期收益率	6%									

然而，现金流曲线的形状虽然不影响持有期收益率，但是会影响持有期收益率的构成，即股价涨跌与股息率的相对比例。不过，第二个案例是完全建立在现金流基础上的，如果以净利润为计算起点，则需要公司保持较高的分红比例。

对于处于上升期的公司，持有期收益主要来自股价上涨，股息率可以被淡化；但是对于衰退中的公司，股息就是最主要的收益源，只有分到手的钱才是真正的钱，否则无论公司账面赚了多少，都与投资者无关。

很遗憾，这恰恰就是现实中投资衰退型公司最大的风险点。大部分公司都有扩张冲动，股东与管理层、小股东与大股东的追求很可能不一致。对管理层和员工而言，规模扩张往往意味着其有升职加薪的机会，如果把钱都分掉了，可能过不了几年大家全都会失业。

大股东和实际控制人也面临类似的问题，金钱对幸福感的加成是边际递减的，已经财务自由的企业家往往不甘心“躺平”，而是总想再创一番事业，他们的风险偏好及风险承受能力显然不是小股东能比的。所以有一句话说：“能否遏制住盲目扩张的冲动，是识别伟大企业家的黄金标准。”

站在小股东的角度，这句话是肯定没有问题的。但是可以换位思考一下：企业家为什么要遏制这种冲动呢——赌一把，成功了续写传奇，失败了也不影响生活。因此，分红意愿是影响衰退型公司投资价值的决定性因素，少折腾就是对股东负责。相比之下，处于上行期的公司就少了这层风险，管理层、员工及大小股东的利益一致性比较高。

落实到实践上，就笔者的观察来看，市场会经常在“淡化估值，拥抱优质公司”和“垃圾也要论斤称”之间反复切换。用上述框架来解释这个现象，可以看到，本质还是估值与预期的关系，市场喜欢把一种策略用到极致，直到它彻底无效。板块轮动起来就像烙大饼，一面烙糊了就翻过来烙另一面，等另一面糊了这一面就凉了，然后就可以再翻过来。

本小节的最后，我们定性讨论影响折现率的因素（偏量化和学术性的讨论见 1.3 和 1.4 节）。从原理上看，折现率取决于无风险状态下的回报及风险的补偿，分析时可以进一步拆成四个部分，依次是无风险实际利率、通货膨胀率、固有风险溢价和市场风险偏好。

折现率 = 无风险实际利率 + 通货膨胀率 + 固有风险溢价 − 市场风险偏好

无风险实际利率又称纯粹利率，相关理论浩如烟海，简单来说，该利率是由投资和储蓄的均衡决定的，可以理解为在没有风险、没有通货膨胀时的全社会平均收益率，和经济增长动能相关。但是考虑到影响因素及路径过于复杂，乃至不同流派的观点迥异，这部分内容更多属于宏观研究的范畴，也超出了笔者的能力范围，本书将其视为外生变量，不做进一步讨论。

通货膨胀率很多时候并不单独拆分出来，而是和纯粹利率一起，组成无风险名义利率。但是作为定性分析，不同产业链及产业链不同环节对通货膨胀的传导能力是不一样的，因此通货膨胀会影响产业链的利润分布。由于处在分母位置，通货膨胀实际上是价值的扣减项。如果公司的通货膨胀传导能力强，那么分子分母可以都不考虑通货膨胀（都考虑等于都不考虑）；反之，如果传导能力弱，只有分母端考虑通货膨胀，分子端不受影响，价值就会大打折扣。

固有风险溢价可以理解成客观存在的、不受投资者主观情绪影响的风险溢价，取决于公司所在行业、特定的商业模式、资本结构、对宏观经济的敏感程度等，是对无法通过分散化投资消除的风险的补偿。在风险厌恶的默认假设下，固有风险大小与风险溢价成正比。

市场风险偏好就是市场的情绪，是固有风险溢价的冲抵项，经常出现周期性的涌动。但是在现实应用中，两者很难精确拆分，很多时候直接简化处理，将市场风险偏好和固有风险溢价合二为一，统一用风险溢价表示。

市场风险偏好是一个非常复杂且综合的指标，同时受经济前景预期、投资者结构、社会精神面貌（乐观程度）及资金流动性的影响，短期内往往因参数过多而无迹可寻，只能“凭感觉”。但是只要将时间稍微拉长一点就会发现（月度就可以），风险溢价与经济前景预期强相关，交易层面的因素都在弱化，看似最飘忽不定的参数，反而是最注重基本面的。

将美国 1960—2000 年的制造业采购经理指数（Purchasing Manager’s

Index，PMI）和标普500隐含ERP[①]（Equity Risk Premium，股权风险溢价）做成一张图，隐含ERP采用逆序刻度，如图1–6所示，可以看出两条曲线走势高度一致，仅在20世纪70年代后期经济出现滞涨时与石油危机期间背离，在20世纪90年代几乎完全重合。

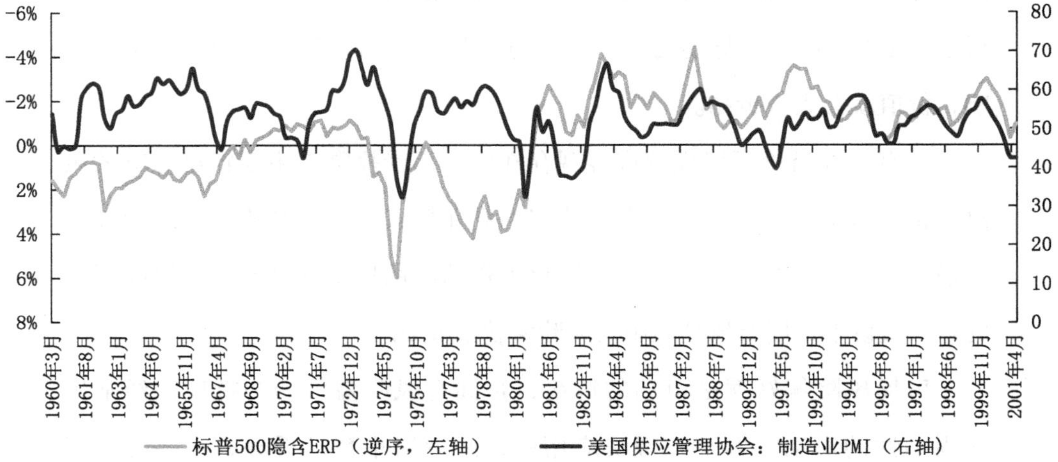

图1-6　标普500隐含风险溢价与美国制造业PMI（1960—2000）[②]

PMI由面向企业采购经理的调查问卷（见图1–7）汇总得到。问卷涉及几十个问题，但是回答选项都非常简单，仅需勾选相比上个月变好、持

① 隐含ERP计算方法：用净利润近似代替权益现金流，股价 = 净利润 /（无风险利率 + 风险溢价 – 全生命周期加权平均增速），等式两边同时除以净利润，得到PE=1/（无风险利率 + 风险溢价 – 全生命周期加权平均增速）。该公式对指数同样成立，移项可得，指数风险溢价 =1/ 指数市盈率 – 无风险利率 + 全生命周期加权平均增速。由于指数是没有天花板的，所以可以认为指数的全生命周期加权平均增速变化非常缓慢，近似按照常数处理，做趋势拟合时直接忽略。由此，通常用（1/ 指数市盈率 – 无风险利率）计算指数隐含的风险溢价，由于宽基指数的固有风险一般也不会发生太大变化，指数隐含风险溢价的变动基本上就是市场风险偏好带来的。

② 数据来源：图1–6、图1–8、图1–9和图1–10的数据均来自Wind数据库。

平还是恶化即可。因此 PMI 是一个环比指标，反映经济相比于上个月是扩张还是收缩。以 50 为分界线，大于 50 说明认为经济在扩张的采购经理多于认为经济在收缩的采购经理，小于 50 则相反。

制造业采购经理调查问卷

问题栏	本月现状			下月预期		
01. 企业总体经营情况	○变好	○一般	○恶化	○变好	○一般	○恶化
02. 能源供给情况	○充足	○一般	○不足	○充足	○一般	○不足
03. 设备能力利用水平	○较高	○一般	○较低	○较高	○一般	○较低
04. 产品销售情况	○旺销	○平销	○滞销	○旺销	○平销	○滞销
05. 资金周转情况	○良好	○一般	○不佳	○良好	○一般	○不佳
06. 销售款回笼情况	○乐观	○一般	○困难	○乐观	○一般	○困难
07. 企业支付能力状况	○良好	○一般	○不佳	○良好	○一般	○不佳
08. 企业盈利状况	○变好	○一般	○恶化	○变好	○一般	○恶化
09. 产品销售价格水平	○上升	○持平	○下降	○上升	○持平	○下降
10. 企业固定资产投资情况	○增加	○不变	○减少	○增加	○不变	○减少
11. 产品生产情况	○增加	○不变	○减少	○增加	○不变	○减少
12. 本月产品订货	○增加	○不变	○减少	○增加	○不变	○减少
……	……			……		

图 1-7　制造业采购经理调查问卷

可以看出，PMI 是一个反映实体经济预期的前瞻性指标。股指隐含 ERP 与 PMI 相关，说明实体经济的情况确实会影响到投资者的乐观程度。但是需要注意的是，PMI 本身就是一个环比指标，相当于实体经济的一阶导数。实体经济向好（PMI > 50）或者恶化（PMI < 50）都不会带来隐含 ERP 的变化，只有 PMI 的边际变化才会引起隐含 ERP 的变化。也就是说，隐含 ERP 的变化与实体经济的二阶导数挂钩，是经济加速变好或者加速恶化带来的。

这个结论对个股同样成立，从而也就解释了为什么在标准三阶段增长模型中，业绩增速并不会带来超额收益，超额收益只与预期差相关。但是在现实中，趋势投资、景气度投资往往是有效的，至少可以带来阶段性超额收益。只要公司的业绩增速在环比加快，也就是利润的二阶导数为正，股价走势一般都不会太差。

问题的答案或许并不在分子端，而是在分母端：景气度上升会带来风险偏好上升。通俗的解释就是，人们非常享受业绩增长提速的感觉。反之亦然，很多公司的业绩增速环比下滑后，明明其对这一情况早有预期，但股价还是会下跌。

因此，理论上，我们只需要不断寻找景气度边际上行的板块和标的就可以了，从而每次都能精准“掐尖”，斩获收益曲线最陡峭的部分。但是理想很丰满，现实中基本上是不可能做到的。一方面，赚风险偏好变化的钱，实际上就是赚投资者博弈的钱，难度要比赚预期差的钱大得多，毕竟寻找预期差就已然很累了（这里还涉及交易性因素及筹码结构问题，详细讨论笔者放在第 4 章）。

另一方面，影响折现率的因素有三个，即利率、通货膨胀率及固有风险的重估，任何一个变化都有可能淹没掉风险偏好的影响，甚至和风险偏好产生互动。而且即便是风险偏好，影响风险偏好的因素也不止 PMI（或者个股业绩景气度）一个，政策环境、地缘政治等都会给风险偏好带来冲击。因此，趋势投资最大的问题是难以判断股价拐点，股价拐点很可能早于基本面趋势拐点，所以可能要看“导数的导数的导数”。

有一个显而易见的反例：由图 1–8 可知，2005 年后的标普 500 隐含 ERP 与美国非制造业 PMI 的贴合度并不高（考虑到 2000 年后美国产业空心化趋势明显，此处笔者采用美国非制造业 PMI，如果用制造业 PMI，拟合度更低）。

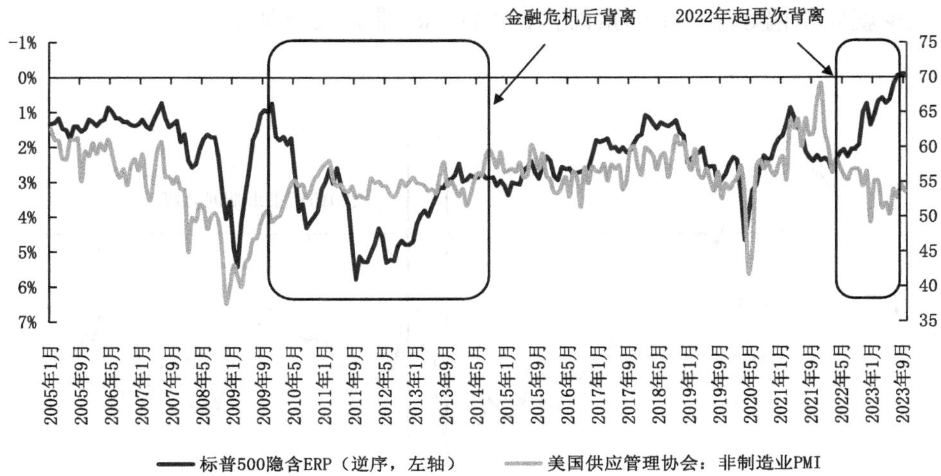

图 1-8　标普 500 隐含 ERP 与美国非制造业 PMI（2005—2023）

明显的背离就有三处：2009—2014 年后金融危机时代，非制造业 PMI 基本稳定，标普 500 隐含 ERP 大幅波动；2016—2018 年，大趋势吻合，小波动背离；2022—2023 年，在美联储加息周期，股价不降反升，非制造业 PMI 高位回落，隐含 ERP 逆势下降。

指数隐含 ERP 与实体经济 PMI 走势吻合度降低，一方面可以解读为，现在的美股没有 20 世纪八九十年代那么“基本面”了，受利率、政策等其他因素影响更大；不过换个角度也可以说，美股已经“不以物喜，不以己悲”了，无论宏观经济预期好坏，都不影响股价上涨的“信念”。

相比之下，由图 1–9 可知，2005 年以来 A 股沪深 300 隐含 ERP 与财新 PMI 的吻合程度非常高，除 2015 年牛市之外，两条曲线的大波动、小波动基本都能一一对应，吻合程度完全不亚于美股 20 世纪八九十年代，实体经济的情况直接影响投资者的风险偏好。从这个角度看，我们经常听到的一些观点，诸如“美股比 A 股更加反映基本面”等，是经不起推敲的，至少就风险偏好这一个因素而言，沪深 300 非常反映基本面。

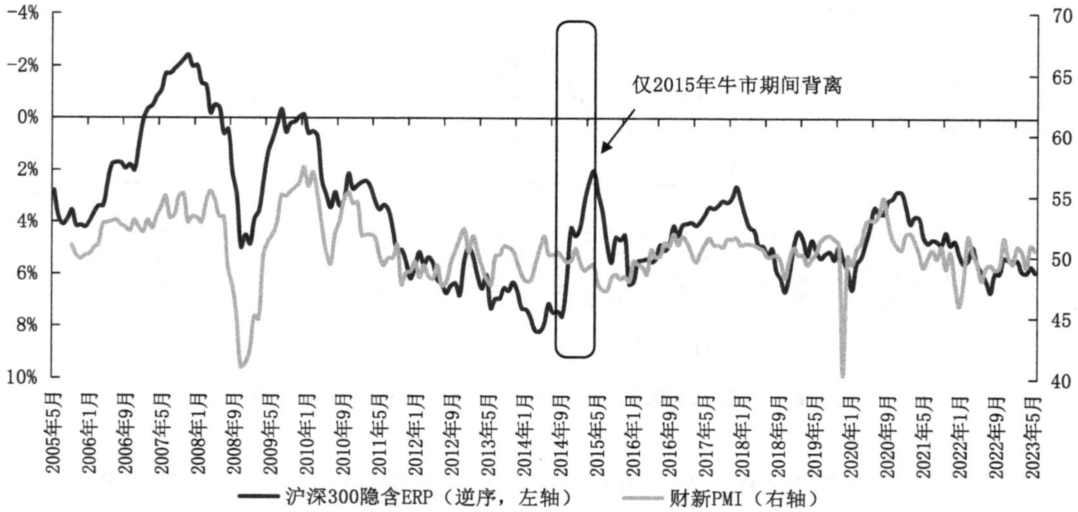

图 1-9　沪深 300 隐含 ERP 与财新 PMI

由此也可以做一个定性展望，就短期投资而言，追趋势（基本面趋势，并非股价趋势）在 A 股是可以获得超额收益的。但是长期来看，隐含 ERP 有均值回归的倾向，由风险偏好变化带来的超额收益，大概率留不住。反之，超跌也会回补。

根据图 1–9，引发隐含 ERP 变化的是 PMI 的变化，而 PMI 本身就有回归倾向。哪怕经济预期再差，也有到底的时候，一旦到底，环比上个月就持平了，PMI 就会回到 50。

因此，长期来看，风险偏好的变化，更多是投资收益的干扰项，而非增益项，区分收益率的来源就显得异常重要，错误归因可能导致未来的巨额亏损。

与沪深 300 相比，创业板指数隐含 ERP 对 PMI 的敏感性更高，由图

1–10 可知，PMI 的轻微波动就可以带来 ERP 的大幅震荡，基本面趋势投资对创业板成分股可能更为有效。如果将视角扩大，将上述推论进行拓展，ERP 对市场情绪、经济情况的敏感程度，与 ERP 的绝对值正相关。加之 ERP 越大，ERP 占折现率的比例也越大。两条路径影响下，风险越高的公司，股价表现可能越“情绪化”。

当然，以上讨论都仅仅考虑了 ERP 一个因素，在现实中，宏观经济数据向好、业绩表现强劲可能同时带来公司本身基本面预期的上修，带来分子端影响。

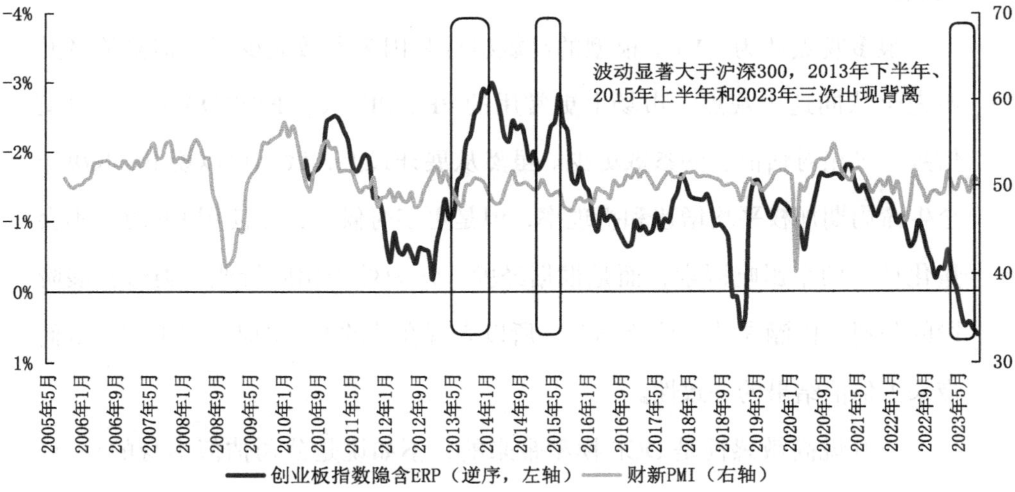
波动显著大于沪深300，2013年下半年、2015年上半年和2023年三次出现背离
创业板指数隐含ERP（逆序，左轴）
财新PMI（右轴）

图 1-10　创业板指数隐含 ERP 与财新 PMI

【注】创业板指数隐含 ERP 的测算方法与沪深 300 相同，都将指数的加权平均增速视为常数，并在最终结果中忽略。因此，图 1–6 至图 1–10 中的隐含 ERP，仅表示趋势变化，其绝对值没有意义，创业板指数和沪深 300 之间也不可比。

1.2.4 没法绝对的“绝对估值法”：困境、妥协与应用

前三个小节笔者集中讨论了DCF模型的内涵、超额收益的经营实质及三阶段增长模型的启示，然而这些全是偏定性的分析。能不能直接一点，在分析一家公司时，用DCF模型算个具体的数出来，告诉大家这公司到底值多少钱？

很遗憾，DCF模型在算数方面的用处可能比较有限（相关讨论及技巧笔者在2.3节详细讲解）。用DCF模型算出的结果很难独立地成为买入的理由，因为估值结果对参数太敏感了，假设稍微变动一点，结果就能差一大截。

很多观点认为，DCF模型的高敏感性是因为参数太少了，但是笔者并不完全认同这个观点，市场上更常用的PE、PB、EV/EBITDA（企业价值倍数）等相对估值法的参数更少。虽然从展开式上，我们可以说PE取决于全生命周期加权平均增速和折现率，但是更多时候，大家使用PE时，不会量化计算两个影响因素，而是根据经验，认为处于相同行业、类似发展阶段的公司，内涵参数应该差不多，所以表现在外的PE也应该差不多，从而带来了估值结果的一致性。

与其说高敏感性是DCF模型带来的，不如说是公司估值本身的特点。一家公司的价值，极大程度上取决于该公司最终会变成什么样，但是在公司的成长过程中，会遭遇很多不确定事件，任何初始条件的微小变化都能带来整个系统的长期的连锁反应，所有的预期都是对概率的判断。因此，在一切发生之前，判断一家公司“可能值多少钱”或者“应该值多少钱”，自始至终都是一件很主观的事情。

然而，在具备充分流动性的二级市场上，很多时候“应该”是没有意

义的，具体“表现”才有意义。DCF 模型的第一个困境是，所有的估值都是自己跟自己比，很难说服别人（甚至是自己）：为什么对于两个同行业、同类型的公司，一个可以比另一个贵这么多；参数的合理性是否经得住检验；有没有遗漏变量。

DCF 模型的第二个困境是，所有参数对估值结果的影响都是非线性的，而且参数之间会产生交互影响。人类天然不擅长非线性思维，核心假设的变化对估值结果的影响是没法口算的，不够直觉化（在投资领域，没法口算的东西是不能普及的）。例如，增速的持续时间延长 5 年，合理股价变动多少？这个还要取决于增速、折现率，以及之前假设的持续时间，幸好现在有 Excel 等工具，在格雷厄姆和彼得·林奇的时代，按完计算器可能都收盘了。

对比之下，相对估值法的优势既不是合理性，也不是不敏感，而是一致性。投资者不用关心为什么公司可以值这么多钱，只要市面上类似的公司值这么多钱就可以了。要错大家一起错，即便错了，股价一般也会有一个惯性（反应时间），提前卖掉股票就好了。

因此，相对估值法是有一种“法不责众”心理的，把类似公司作为估值的锚。然而，相对估值法才是真正没有锚的，每只股票都把对方当成锚，如果将整个板块视为一个封闭系统，所谓的锚就是自说自话。这时候绝对估值法的锚定作用就显现出来了，参数组合为我们提供估值支撑及变化理由。在实际应用上，笔者认为 DCF 模型的用处集中在以下三方面。

（1）给出股价的合理区间。

除了实在算不清业绩、无法判断持续性的周期股，大部分股票都是可以用三阶段增长模型概括的。虽然估值结果对每一个参数都非常敏感，但是可以都取较为极限的乐观假设和悲观假设，算出公司合理股价的区间范围。很容易猜到，公司合理股价的区间范围的上下限一定很宽，因此很难直接对应到交易决策。

但是市场很可能出现非理性波动，例如当市场情绪极度亢奋时，估值可以飙升到一个很夸张的水平。如果股价超出我们划定的上限，无论 DCF 模型怎么调整假设，都算不出来公司值这么多钱，那公司就确实被高估了，择机下车是最明智的，反之亦然。但是这里需要严格坚守纪律，参数的核心假设只能与公司的实体发展有关，不能因为股价涨了或者跌了，就随意调整模型参数（折现率可能需要单独讨论，折现率确实与市场情绪有关）。

时刻牢记，DCF 模型讨论的是公司的内在价值，是我们自己认为的公司应该值多少钱，与实际交易出来的价格相去甚远几乎是必然的。因为价格反映的是别人认为的公司应该值多少钱，更准确地说，反映的是最近一笔交易中，买卖双方的边际预期。尤其是当市场分歧很大的时候。长期来看，比拼的是多空双方哪边的预期更对；但是短期来看，比拼的其实是哪边的钱更多。

由此，我们可以发现 DCF 模型的另一个弱点：并不能指导短期投资。即便我们的预期是准确的，但是形成正确的一致预期需要时间，甚至可能经历数次修正。在剧烈震荡的市场中，或者更现实一点，在考核周期非常短的市场中，谈 DCF 模型是一种很奢侈的行为，大部分人并不具备用 DCF 模型估值的资本，也就很难践行奥马哈先知的投资哲学。

落实到 A 股市场上，真正能用 DCF 模型赚“舒服钱”的时间窗口非常窄，最典型的就是 2017 年。从 2019 年开始，A 股市场就是结构性行情了，板块轮动极致化，上一年有效的投资策略，在下一年大概率无效。

就笔者有限的观察来看，DCF 模型估值结果对具体决策的有效性取决于两个因素。其一是宏观环境的稳定程度，宏观环境的稳定性决定了一致预期的形成难度。投资者内心希望的是，市场存在预期差，然后当他提前买入后，市场马上形成新的预期，将他的研究能力快速变现。但是当宏观环境不稳定、黑天鹅 / 灰犀牛事件频发时，市场就很难形成一致预期。

其二是交易性因素对股价的冲击不能太大，要求市场的筹码结构相对分散，且筹码背后的观点大致呈正态分布，极度乐观和极度悲观的观点都不多。综合影响就是，别人怎么想没有那么重要，投资者有资本去等。但是如果反过来，当市场波动显著盖过所谓的内在价值时，继续坚守“真理”就显得有点不识时务了（交易性因素对股价影响的详细讨论见第 4 章）。

因此，DCF 模型很多时候是一种风险控制手段，更适用于估值极度高估或者极度低估的时候确定一个止盈点，以及持续下跌时一只股票是否还值得坚守。尤其是止盈点，在牛市时不上头，可能要比在熊市中不绝望更难。很多时候亏钱，都是由“虽然我已经很乐观了，但是我觉得肯定会有人比我更乐观”造成的。

（2）根据现有股价，倒算市场对公司基本面的隐含假设。

如前述讨论，由于输出结果对输入参数过于敏感，正算很难解决估值上下限范围过大的问题。而且，所有参数选取都涉及概率问题，比如我们平时说的“预期公司可以高速增长 5 年”，这里的“5 年”不是一个精确的点，而是一种概率分布，一般情况下人们会下意识地选取概率最大的点或者可取范围的均值。

然而，由于 DCF 模型的结果与参数是非线性关系，因此用参数的均值是算不出结果的均值的，从而导致结果有偏差。举个典型的例子，对于 $y=x^2$，y 和 x 就是非线性关系，假设 x 的取值集合为 {1,2,3}，概率各 1/3，于是 y 的输出集合就是 {1,4,9}，概率也是各 1/3。很显然，用 x 的均值算出来的 y，并不等于 y 真正的均值（前者是 4，后者是 14/3）。

因此，更多时候，倒算可能比正算意义更大。先假设现有股价是合理的，调整模型参数，凑出当前的股价，得到当前市场对公司基本面的假设。考虑到参数组合不唯一（增速、增速的持续时间及折现率），一般是固定市场分歧较小的两个参数，倒算分歧较大的参数。

从经验来看，对于大部分成长股，可以给定折现率和业绩增速，倒算增速的持续时间；对于业绩稳定的类债股，可以给定业绩增速，倒算折现率；对于周期股，可以给定折现率，倒算业绩变化曲线。倒算结果可以辅助判断股价方向，例如算出来的隐含假设是公司高速增长 5 年，如果我们认为公司可以增长超过 5 年，股价就是被低估的。

在倒算模式下，DCF 模型放弃了算出绝对的数，因此一定程度上也变成了相对估值法，只不过是相对自己当前的股价，再次退化为半定性半定量的指引。

从原理上讲，通过 DCF 模型倒算出的假设，处在合理假设区间内的相对位置，是比 PE、PB 的历史分位数更有效的判断公司是否被低估及市场乐观程度的指标。影响 PE、PB 历史分位数的因素太多，而且 PE、PB 的历史分位数本身就有下降的内在趋势，低分位数并不能说明什么（详细讨论见第 2 章）。

（3）帮助我们抓住板块性机会。

当行业的基本面发生重大变化时，PE、PB 的作用非常有限，因为所有的相对估值倍数都是过去预期的反映，估值倍数的“历史传承”在这里就断了。新预期下的股价空间（或者跌幅）只能靠 DCF 模型来判断，也就是参数组合的调整。

抓住趋势性机会是对所有投资者的基本要求，落实到具体操作上，个股的超预期可以不用非得调整 DCF 模型参数，PE、PB-ROE 等相对估值法不仅简单而且更加实用。但是趋势性机会一般是行业层面甚至是市场层面因素引发的，比如技术变革、消费趋势、政策导向带来的行业天花板大幅上修，或者利率环境、投资者结构、风险偏好带来的折现率变化。

前者往往带来业绩的非线性增长（刚好对应 DCF 模型的非线性特点），后者带来板块的轮动，但是无论影响是来自分子端还是分母端，受益行业的整体估值水平都会发生颠覆性变化，需要我们牢记诸如表 1–7、表 1–8 中的比例关系，对核心假设变化的影响具备足够的敏感度。

1.3　投资组合理论：从个股到组合，收益 – 风险的定义与优化

输出了前面的一系列观点后，从本节开始，我们再次回到 DCF 模型本身，从更学术及更定量的角度，讨论模型参数背后的决定机制。关于估值理论的研究，绝大部分学术成果都集中在分母端，也就是折现率上，由此引申出了投资组合理论、CAPM、多因子量化模型等；对分子端的讨论相对有限，主要就是自由现金流及各种变体。

分子端更多是公司治理和管理学的研究范畴，每家公司都不一样，很难总结出统一的规律；而分母端涉及效用理论、博弈论和市场均衡，学术研究价值往往更高。在本章的剩余篇幅中，笔者继续沿用学术理论的框架，着重讨论折现率及推导过程中的推论。分子端自由现金流的计算涉及财务报表及大量的经验公式，笔者在第 2 章详细讲解。

值得注意的是，虽然相较 1.2.3 小节中的纯定性分析，投资组合理论、CAPM 致力于折现率的定量分析，能算出具体的数，但是这恰恰是这类理

论的陷阱。由于模型推导过程中涉及大量假设，这些假设在现实中未必成立，因此直接套用公式很容易“出事”。正确的态度仍然是“重视框架，淡化结果”，为投资实战带来一些方法论层面的定性指引。

1.3.1 纯粹的数学推导：构建组合可以提升收益 - 风险比

投资组合理论是 CAPM 成立的前提，由马科维茨于 1952 年率先提出（以下简称马老师），马老师也因此获得了 1990 年的诺贝尔经济学奖。与马老师一起得奖的还有威廉・夏普和默顿・米勒，其中夏普是马老师的学生，在投资组合理论的基础上提出了更常用的 CAPM 及著名的夏普比率；米勒提出了公司金融领域的 MM 定理（本书第 2 章会涉及）。

投资组合理论是一个在数学上近乎完美的理论，创造性地定量分析收益与风险的关系，对全球公募基金乃至整个资产管理行业的发展做出了至关重要的贡献。然而客观而言，这套数学模型在实战应用时经常难以落地，复杂的数学工具至多只能证明“存在理论最优解”，相当于给大家画了一个饼，但是没有人知道饼长什么样。本小节继续沿用 1.2 节讨论 DCF 模型的思路，从学术内涵、推导过程、现实困境到投资指引依次展开讨论。

在进行更详细的讨论之前，首先需要明确：什么是收益，什么是风险。我们经常听到一句话，“收益是对风险的补偿”；但是还有一句话，叫“一个人眼里的风险，往往是另一个人眼里的收益”。这两句话在各自的语境下都是没有问题的，但是两者对风险的定义不一致。

投资组合理论、CAPM 都是对 DCF 模型分母端的讨论，也就是必要收益率的来源及其和风险的关系。收益率的定义没有太大分歧，口语中的“收益率”，一般对应学术模型中的“预期收益率的期望”。但是风险的定义，就比较因人而异了，学术模型将其定义为“预期收益率的波动性”，也就是偏离期望值的概率，一般用收益率的方差或标准差来描述。

这个定义是否合理另当别论，但是我们所有的后续讨论，都要以此为准，否则就会产生概念上的混乱。读者可以通过下面的故事，检验一下自己是否真正理解了风险的定义。

假设有一个游戏，有三个盒子，其中一个里面有 1 元现金，另外两个是空的。允许参与者随机打开一个盒子，如果有现金就可以拿走，请问参与者的预期收益是多少？

由于每个盒子有现金的概率都是 1/3，因此随机打开一个盒子的预期收益就是 0.33 元。第一个问题应该不会产生争议，那么看第二个问题。假设在参与者打开盒子之前，裁判递来一张纸条，说编号为 1 的盒子里面没有现金。于是参与者只需要在剩下的两个盒子里选一个。

请问，递纸条这个行为，是增加了还是降低了游戏的风险？

第二个问题乍一看非常简单，直觉告诉我们，之前是三选一，有 2/3 的概率空手而归；现在是二选一，风险肯定是降低了。但是按照“预期收益率的波动性”的定义，风险其实是增加的，听起来非常反直觉。

在看到纸条之前，参与者有三种选择，对应的收益分别为 {1,0,0} 元，期望收益为 0.33 元，收益的方差①为 0.22。看到纸条后，参与者只剩下两种选择，对应的收益分别为 {1,0} 元，期望收益为 0.5 元，但是方差变成了

① 风险定义为预期收益率的方差，方差 = $[(x_1-m)^2+(x_2-m)^2+(x_3-m)^2+\cdots+(x_n-m)^2]/n$，$m$ 为预期均值。

0.25。后者方差变大了，意味着收益的波动性增加了，因此风险是提高的。

从整体来看，递纸条这个行为对参与者显然是有益的，但是途径是提高预期收益率，而不是降低风险。由于预期收益率的提高幅度大于风险的提高幅度，因此参与者看到纸条后，游戏的收益 – 风险比提升了，参与者其实是根据收益 – 风险比来决策的。

换一个角度更好理解，如果将游戏的门票出售，默认参与者都是风险厌恶型的，那么在没有纸条时，门票的公允价值应该低于 0.33 元，低多少取决于参与者的风险偏好，但是无论如何都要低一点。当参与者看到纸条后，门票在参与者心中的价值大幅上升，但是也要低于 0.5 元，且低于 0.5 元的幅度要大于没看到纸条时低于 0.33 元的幅度。

对应到 DCF 模型，预期收益是模型的分子，风险是模型的分母，由于很多时候，提高分子和降低分母对结果而言是等价的，因此在口语环境中，两者经常混淆。“看到纸条”提高了分子，因此门票的公允价值上升；但是同时也提高了分母，因此上升幅度打了折扣。

回到本小节开头的那句话，“一个人眼里的风险，往往是另一个人眼里的收益”，潜台词是“因为我知道得多，所以我的风险低；别人知道得少，所以他们的风险高”。上述案例就提供了一个非常匪夷所思的反例，增量信息不一定就是降低风险的，排除了一个错误答案，风险居然上升了。但是不需要大惊小怪，这就是一个单纯的定义问题，明确概念就好，和马老师保持一致。

在更一般的情况下，马老师提出用收益率的概率密度函数（不同收益率和对应的概率）来表达一笔投资的收益 – 风险特征。概率密度函数有三个关键参数，分别是曲线形状、均值及方差。其中，均值是保证函数左右两边积分面积相等的点，是收益率的期望；方差描述概率密度函数的离散程度，反映实际收益率偏离均值的概率。

每一个概率密度函数都可以分解为一个确定的均值（即期望收益率）与一个均值为零、上下波动的噪声叠加。因此，概率密度函数的形状实际上是由噪声的形状决定的，噪声的功率对应概率密度函数的方差。在学术模型上，我们一般都假设噪声服从正态分布，这样收益率的概率密度函数就也是正态分布的（理论上，正态分布要求影响结果的因素无穷多、每个因素的影响幅度无穷小且彼此独立）。

由图 1–11 可知，正态分布有很多优良特性，包括对称性（概率分布以均值为中心两侧对称）、集中性（收益率的均值就是概率的峰值）及标准性（概率密度函数可用均值和方差两个参数唯一确定），最大限度简化了各种复杂的数学变换。

然而在现实中，预期收益率可能不是正态分布的，小概率利空带来的超额损失，很可能远大于小概率利好带来的超额收益。一些看似逻辑完美、风险控制得当的投资，一旦遭遇黑天鹅事件，血本无归的可能性很大。在大多数语境下，黑天鹅都被视为风险，然而根据定义，黑天鹅指“非常难以预测，且不寻常的事件”，所有的定语都是中性词。当一个中性词变成风险的代名词时，恰恰就说明了预期收益率不是正态分布的。

由图 1–12 可知，在预期收益率非正态分布的情况下，正态分布的优良特性全都消失了，曲线既不对称也不标准。而最关键的则是集中性的丧失，把超预期亏损的可能性考虑进去后，收益率的期望值与概率的峰值并不重合，用最有可能发生的情景来计算预期收益率，很可能带来结果高估，尤其是当宏观环境不稳定时。

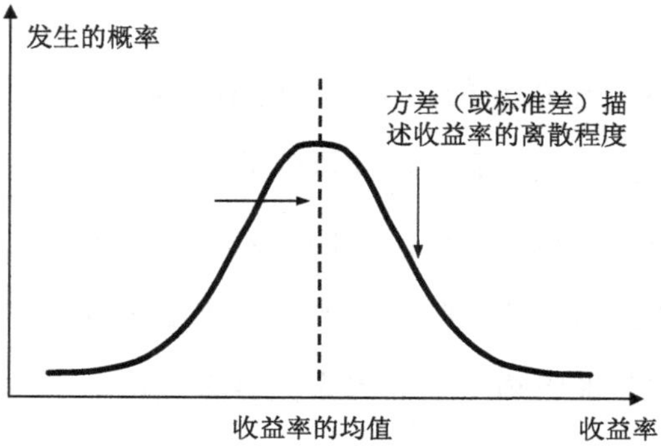

图 1-11　正态分布的收益率概率密度函数

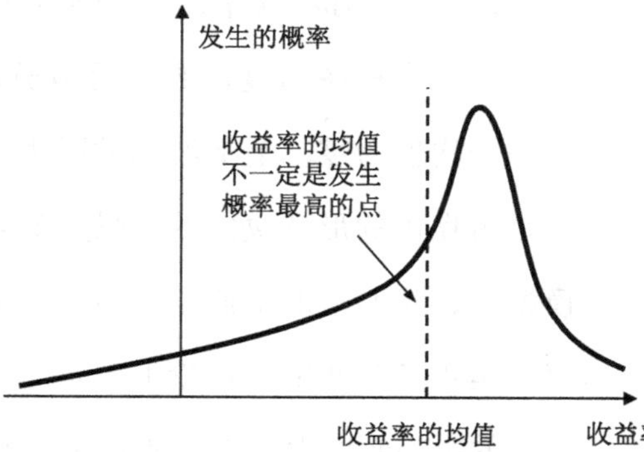

图 1-12　非正态分布的收益率概率密度函数

明确收益与风险的定义之后，重新回到马老师的框架中，暂时沿用收益率正态分布的假设。至此，每一只股票的收益特性都可以用收益率的期望与方差唯一描述，利用多只股票构建的组合，收益特性计算就变成了纯粹的数学推导。

投资组合理论的核心结论是“构建组合可以提升收益 – 风险比”，其底层逻辑源于一个数学原理，当多个概率密度函数叠加时，组合的期望收益率就是组件期望收益率的线性叠加，但是组合的标准差不是组件标准差的线性叠加，并且其标准差往往更小，由此带来组合收益 – 风险比的提升（此处使用标准差，而不是方差，因为标准差与期望收益率的量纲相同）。

以一个双股票组合为例，假设股票 A 的期望收益率为 r_a，标准差为 σ_a；股票 B 的期望收益率为 r_b，标准差为 σ_b；组合持有 A 的比例为 w_a，持有 B 的比例为 w_b，则组合的期望收益率 $r_{组合}$和 $\sigma_{组合}$的标准差的计算公式如下，②式中的 cov (a, b) 表示 A 和 B 的收益率协方差。

$$r_{组合} = w_a r_a + w_b r_b \quad ①$$

$$\sigma_{组合}=\sqrt{w_a^2\sigma_a^2+w_b^2\sigma_b^2+2w_aw_b\cdot\mathrm{cov}(a,b)} \quad ②$$

式①比较好理解，期望收益率是概率密度函数上的一个点，不同股票之间的期望收益率不会相互影响，因此叠加方式是线性的。但是标准差不是一个点，对组合来说，组件之间的波动性会相互干扰。

想象有一个盒子，盒子里有一个做无规则运动的小球，如果再放进去第二个球，两个球就会发生碰撞。把两个球视为一个整体，同向运动的速度分量会被完全保留，其他方向的速度分量则会被不同程度抵消。协方差描述的就是同向运动的速度分量情况（方差不能为负，但是协方差可以为负，对应反向运动的情况）。

$$定义相关系数\ \rho=\frac{\mathrm{cov}(a,b)}{\sigma_a\cdot\sigma_b}$$

经数学推导可得，相关系数的取值范围为 $-1\leqslant\rho\leqslant1$。在小球例子中，相关系数的物理意义就是两个小球同向运动的速度分量占总体速度的比例。将相关系数代入上式②，即可得到下式③。

$$\sigma_{组合}=\sqrt{w_a^2\sigma_a^2+w_b^2\sigma_b^2+2w_aw_b\cdot\rho\cdot\sigma_a\sigma_b}\leqslant w_a\sigma_a+w_b\sigma_b \quad ③$$

式③根号内的部分非常像完全平方公式，只不过多了一个相关系数，只有当相关系数等于 1 的时候，即两个小球的随机运动完全同向、没有任何碰撞时，根号才能直接开出来，组合的标准差等于组件标准差的线性叠加。除此之外，组合的标准差都小于组件标准差的线性叠加，噪声的一部分能量被碰撞消耗掉了。

可以用图形来帮助理解，由图 1–13、图 1–14 可知，两只股票构成的组合，收益率曲线就是两只股票收益率的连线，组合收益率根据配置比例线性加权，是一条直线。但是组合的波动率（用标准差表示）还与组件之间的相关系数有关，随着配置比例的变化，波动率曲线是一条字面意义的“曲线”，相关系数越小，曲线越弯曲。当两者完全负相关时（相关系数 = –1），组合的标准差甚至可以“做到”零，实现完全对冲。

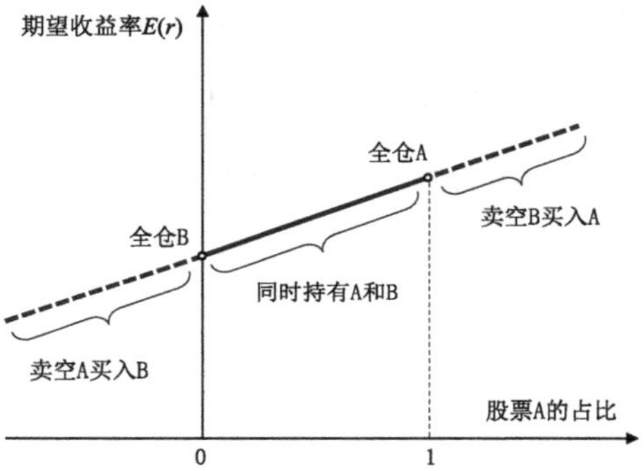

图 1–13　组合的收益是个股的线性加权

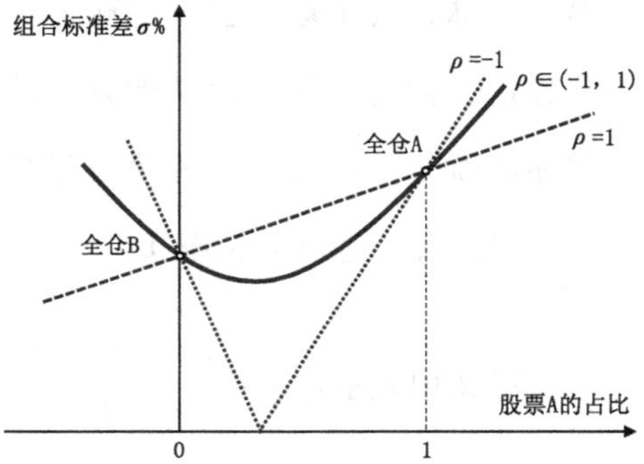

图 1–14　组合标准差与个股的关系非线性

把图 1–13 和图 1–14 结合起来，将配置比例作为隐含参数，以标准差为横坐标、期望收益率为纵坐标，可以得到图 1–15。由于现实中 100% 正相关或 100% 负相关的标的是不存在的，因此组合的收益与风险通常也是一条曲线关系。

两点成线，三点成面。如果把组合拓展到三个以上的标的，我们得到的将不再是收益 – 风险曲线，而是收益 – 风险曲面，如图 1–16 所示。曲面存在边界，边界上的所有点都是“给定期望收益率的情况下，方差最小的点”，因此马老师将其命名为“最小方差边界”。图 1–16 中边界上的 X 点，是所有可能组合中方差最小的点。

X 点上方的最小方差边界，还满足“给定方差的情况下，收益率最高”的条件，因此上面的这段又被称为“有效前沿”（Efficient Frontier），有效前沿上任一点的收益－风险比，都高于构成组合的单个资产。因此，在马老师的框架下（框架本身是否成立是另外一回事），无论个股有多优质，从收益－风险比的角度看，构建合理组合都优于只选择个股。

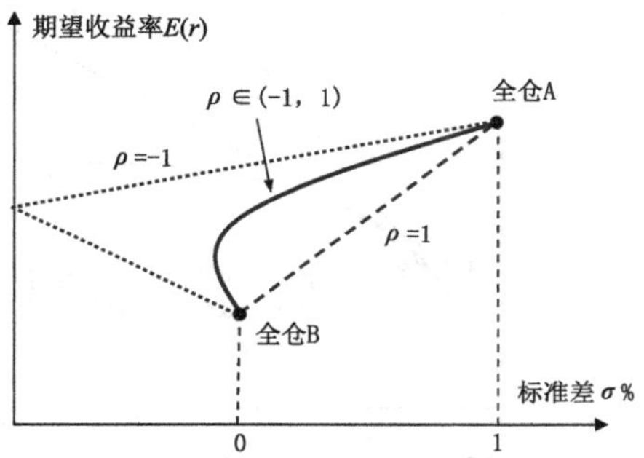

图 1-15　双资产组合的收益与标准差曲线

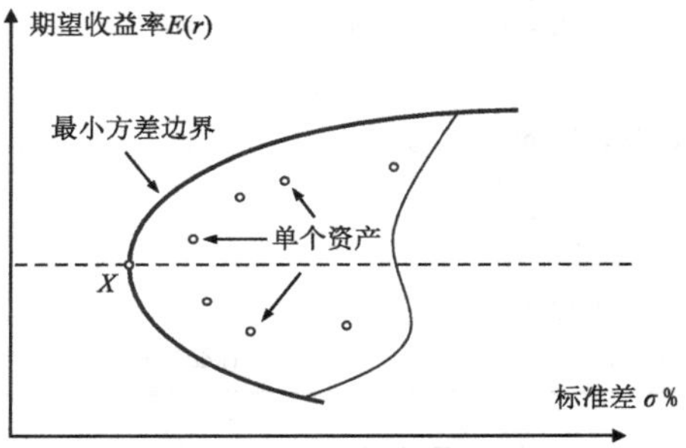

图 1-16　多资产组合的收益与标准差曲线

进一步地，在有效前沿之外，再引入一个可投资工具——无风险资产。无风险资产是没有风险的，不仅自己的收益率方差是零，与任何资产的协方差也是零。因此，有效前沿上的任意点与无风险资产构建的新组合，收益－风险曲线就是两个点的连线，如图 1–17 所示。如果不允许加杠杆，取值就是两点之间的线段；如果允许加杠杆，则取值可以向右无限延伸。

当存在无风险资产时，重新定义收益－风险比为：（期望收益率－无风险利率）/ 组合的标准差。顺着这个思路，如图 1–18 所示，在给定无风险利率的情况下，我们可以做一条有效前沿的切线，切点组合与无风险资产形成的新组合拥有最高的收益－风险比。而且，在任一无风险利率下，切点是唯一的，找到这个切点是资产配置最核心的任务。

【注】以上结论对应借贷利率相等的情况，如果借贷利率不相等，假设存款利率为 F_2，借款利率为 F_1，收益 – 风险曲线就会变成 F_2—B—A—C；如果不允许借贷，则曲线变成 F_2—B—M。

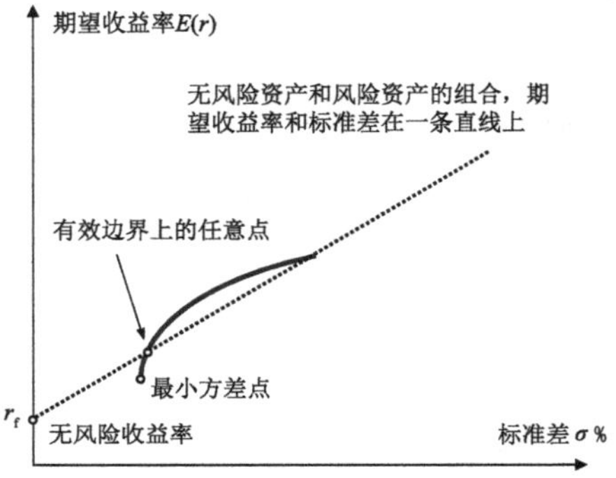

图 1-17　加入无风险收益率后的曲线

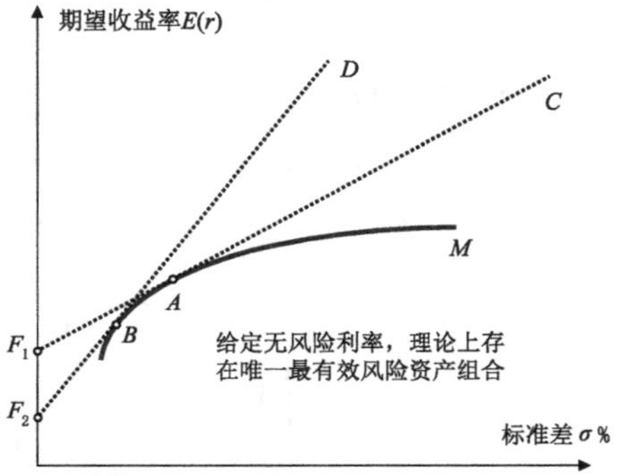

图 1-18　理论上存在唯一最有效组合

投资组合理论的进一步推论就是，在信息高度透明、投资者绝对理性、没有交易摩擦、允许借贷的理想市场中，不存在所谓的投资流派，风险资产的最优组合是唯一的。无论投资者的风险偏好如何，持有的风险资产组合都是一样的，差别仅仅是风险组合和无风险资产之间的配置比例不同。如果投资者觉得切点组合的收益率不够，想承担更高的风险，正确的做法应该是选择加杠杆买切点组合，而不是尝试构建其他更高风险、更高收益的风险组合。

1.3.2　完美的理论如何落地实战：分论点的假设与指引

很显然，1.3.1 小节最后一段描述的情况，至少在当前阶段的 A 股市场是不成立的。A 股市场上的投资者是高度差异化的，而且占优策略频繁变换，如果说 2018 年之前是“各领风骚三五年”，2018 年之后恐怕只能“各领风骚一两年”了。一种策略经常因为一段时间过于有效而导致下一阶段过于无效，在极致轮动情况下，“各领风骚”正在变成“独领风骚”。

然而，相比类似“不要把鸡蛋放在同一个篮子里”等的纯粹价值观输出，马老师的投资组合理论为我们提供了一个定量的框架，开创性地引入了数学推导。理论与实战的脱节并不是因为推导过程有什么问题，而是模型的原始假设“有条件成立”。

1.3.1 小节中我们假设预期收益率服从正态分布，同时也指出了现实中的非正态可能，但是这并不是模型的核心问题，非正态分布会极大地增加推导工作量，但是只要多打几个补丁，最终结论相差不大。

真正的问题在更上层的两个假设中，首先是收益率的分布可以提前预知，其次是所有人具有一致的预期，不存在观点分歧。投资组合理论是承认不确定性的，允许投骰子，但是很多时候，不确定性并不是投骰子这么简单。不确定性分为两种，一种是无法事前确定，但是知道所有可能性及其概率分布，投骰子就属于这种情况；另一种则是纯粹的盲盒，完全不知道能开出什么，更别提确定其概率分布了。

无论概率曲线是否正态，只要能画出曲线，哪怕是定性描述，都属于第一种情况。但是如果第二种情况普遍存在，市场的可知性就会被严重破坏。要得到所谓的切点组合，模型对可知性的要求非常高，不仅要知道全市场中每只股票的收益率期望与方差，还要知道任意两只股票之间的收益率协方差，如 1 000 只股票就需要 1 000 × 1 000 个数据的协方差矩阵，数据质量直接影响切点组合的准确性。

其次，模型还引入了观点一致性的假设。一致性本身也是可知性的一种体现，投资者可以有不同的风险偏好，但是必须有相同的预期，不能有预期差。因此，去风格化、存在唯一最优风险资产组合，其实是一种信息高度充分、方法论高度统一时的均衡状态，是资本市场完全成熟后的终局，并不能直接适用于尚处在发展完善阶段中的 A 股市场。

然而，整套推理过程对 A 股投资仍有较大的指引意义，根据引入的假设的数量和强度，马老师的理论可以分为 4 个层层递进的分论点：①构建组合可以提升收益 – 风险比；②当纳入组合的股票数量足够多时，存在收益 – 风险比最高的有效前沿；③如果允许借贷，切点组合与无风险资产构建的新组合，在收益 – 风险比上好于有效前沿；④如果市场拥有相同的预期，切点组合是市场唯一最优的风险资产组合，全市场都会持有切点组合。

首先，对于第一个分论点，即构建组合可以提升收益 – 风险比，推导过程几乎没有引入外部假设，基本可以被视为定理，而不是假说。就像世界上不存在两片完全相同的叶子，相关系数等于 100% 的股票基本不存在，在收益率线性叠加、标准差非线性叠加的数学规律下，组合的收益 – 风险比可以好于任一个股。

虽然在现实中，我们很难精确预测不同股票之间的收益率协方差，使用历史数据也只是刻舟求剑，但是不妨碍我们做定性判断。当某个行业出现机会时，如果标的数量不是那么稀缺，性价比最高的选择，不是在众多股票中重仓买入我们认为的弹性最大的股票，而是同时购买若干只逻辑类似的股票。

因为无论我们认为一家公司的收益有多么确定，它都会面临着各种各样的预期外风险，比如管理层突然搞事情、仓库被雷劈了、客户欠账不还，甚至是单纯的交易性因素导致的股价波动等。只选择个股意味着硬抗这些风险，很多时候即便我们的选股逻辑兑现了，股价涨幅也会被其他的超预期利空抵掉；或者我们真的押中了最牛个股，超额涨幅也可能来自另外一个故事，而不是我们最初的选股逻辑。

相反，同时购买若干只逻辑类似的股票，是可以大概率“吃到”该逻辑兑现的红利的，而尽可能降低投资中的运气成分。虽然运气很重要，但是我们不能过分注重运气。

对于第二个分论点，即存在收益 – 风险比最高的有效前沿，要证明“存在”不需要额外假设，稍做数学推导即可得到；但是如果想把它算出来，就需要引入可知性假设。可知性是一个比较强的假设，方差相对好判断，难点在于协方差。方差反映单只股票收益率的波动性，协方差则反映两只股票收益率的同向波动性，是两个波动性的交集。

究其根本，任何能带来收益率波动的因素，都能导致个股收益率的方差增大。但是只有当一个因素可以同时影响两只股票时，才会带来两只股票的协方差变化。我们很难知道这样的因素有多少个，以及共性因素占所有可能因素的比例，因此，想得到包含任意两两组合的协方差矩阵，几乎是一件不可能完成的事情。

拿不到精确的协方差矩阵，定量计算有效前沿的意义就大打折扣。第二个结论更多成为一个定性的指引，一方面告诉我们，最优解集是存在的，组合的收益 – 风险比值得持续优化。另一方面，我们可能也不需要那么精确的判断，即便不知道协方差矩阵，靠经验一般也能判断大方向，哪些股票的收益率正相关、哪些负相关，粗略的判断并不影响大局。

按照理论推演，组件之间的相关程度越低越好，最好能是负相关，实现完全对冲。但是在现实中，很少有主动权益基金会如此保守，大家还是喜欢保留一些进攻性。差别在于，投资组合理论是不考虑预期差的，是纯粹的配置思维，而资本市场热衷的进攻性恰恰来自预期差。

然而，两者并不冲突，站在投资者的角度，根据核心预期差及能力圈选择投资大方向，要求投资尽可能集中，只赚能力圈之内的钱。但是在选定的方向内部，个股层面往往存在我们掌控之外的风险，这就需要保持一定的分散性。简单来说，集中能掌控的因素，实现认知变现；分散不能掌控的因素，实现风险对冲。

在整体层面，到底是集中还是分散，取决于不能掌控的因素占比，没有永恒不变的占优策略。一方面，占比会随着客观环境的变化而变化，战术调整需要灵活。另一方面，要对自己诚实，切忌将不能掌控的当成能掌控的，在大趋势面前，要认清个人的力量很渺小。

第三个分论点，即切点组合与无风险资产构建的新组合，收益 – 风险比好于有效前沿，该结论对切点左边的投资者（只求低风险，不求高收益）是无条件成立的，由此也带来了“固收 +”产品的大发展。但是对于切点右边的投资者（希望承担更高风险，以获得更高的预期收益率），该结论只有在允许借贷时成立；如果不允许借贷，切线在切点这里就停止了，没有延长线。

客观而言，允许借贷这个假设比较强，至少在当前的 A 股市场中，机构投资者是不太可能被允许加杠杆的，个人投资者借钱炒股的情况也不太常见。但是，第三个分论点仍然可以给我们带来投资指引。

能不能加杠杆，投资方法论会有根本性不同。如果不能加杠杆，有效前沿就是收益 – 风险关系的最优解。由于有效前沿是一条向下弯曲的曲线，因此当收益率要求提升时，风险是不成比例增长的，更高的收益率意味着“更更高”的风险。

但是一旦允许加杠杆，收益 – 风险的绝对值就不重要了，我们的任务是构建一个收益 – 风险比值最高的组合，然后加杠杆买这个组合。当然，这里的加杠杆也不一定就是借钱炒股，在不满仓的情况下，上仓位也可以视为一种加杠杆。于是上述结论就变成了下重注买低风险、低收益资产的性价比一般要高于下轻注买高收益、高风险资产。

该结论也符合我们的日常直觉，但是笔者始终认为，直觉是不能直接指导投资的，因为大部分直觉，就算被现实反复验证，也都是特定环境下的特殊解，没有适应环境变化的能力。而投资组合理论能有今天的地位，很大程度上是因为其几大推论，都是经过严格数学推导得到的解析解，即便是放宽假设得到的弱化版结论，也都是强有效的。

第四个分论点，即切点组合是市场唯一最优的风险资产组合，全市场都会持有切点组合，基金会逐步去风格化，此分论点建立在一个强到不能再强的假设上——全市场拥有相同的认知。前三个推论都不需要这个假设，每个人都可以根据自己的理解，构建符合自己认知的切点组合，只有当全市场的认知相同时，最优组合才具有唯一性，从而成为符合马老师定义的切点组合。

而且，这里所说的相同认知，并不是对某一只股票而言的，而是指对全市场所有股票的收益－风险特征，以及不同股票之间的互动关系（相关系数）具有一致的认知。要获得相同认知，信息差不是最关键的，我们如今处在一个信息爆炸的时代，各种资讯多到看不完，加之投资者越来越勤奋，基于信息差的预期差很快就会被消灭。

真正关键的，是面对相同的信息，投资者经常会出现截然相反的解读，因为在真实的世界中，完全正面和完全负面的信息都不常见，常见的是类似“虽然……但是……不过……”这种反转几次、喜忧参半的信息。但是投资决策没法折中，只有买与不买两个选项，投资者给予正面因素和负面因素的权重，决定了决策方向，这又是一个很主观的事情。

因此，第四个分论点在现阶段的有效性是比较弱的，但是从边际变化来看，随着市场走向成熟，该分论点的有效性可能会逐渐变强。最大的驱动力是机构投资者占比提高，虽然机构投资者之间的观点分歧并不小，但是相比投资理由五花八门的个人投资者，机构投资者至少在研究方法论上是大致统一的，更能理解马老师的这套理论。这也恰恰是所有投资学相关理论非常有趣的一点，一套理论能不能指导实践，主要取决于有多少人信，股价毕竟是交易的结果。

随着经济增速放缓，沧海桑田式的变化正在减少。我国与发达国家非常大的区别是，我们用了几十年的时间走过了别人几百年的工业化过程，原本 60 年一遇的“康波周期”，在我国可能每几年就能遇到一次同级别的，每轮产业兴衰都能实现无数光荣与梦想。对应到资本市场上，大家都习惯了高景气行业你方唱罢我登场，以及巨大预期差带来的致富传说。

但是从更长的历史维度来看，高速增长不是常态，变化少了，预期差自然就少了。近年来主动权益投资越来越难，指数基金、交易所交易基金（Exchange Traded Fund，ETF）快速兴起，或许就是这一趋势的反映，对大部分资产管理行业从业者而言，这个趋势可能并不友好。

总结来看，马老师是扛得起“现代投资组合理论之父”称号的，从更底层的方法论上讲，马老师的理论最关键的不是上面几个分论点，而是告诉我们不能就个股论个股，要从组合的角度看个股，关注不同标的之间的互动关系，实现组合的收益 – 风险关系最优化。

1.4 CAPM 与风险定价：由组合理论引申出来的假说

在马老师理论的基础上，马老师的学生威廉・夏普（以下简称夏老师）进一步提出了 CAPM（Capital Asset Pricing Model）。这是一个更被人熟知的模型，倒不是因为假设少、结论强，而是因为公式简洁，能够口算。在投资领域，能口算的模型，其普及度一般都不低。

实际上，CAPM 的假设非常强，另一位诺贝尔奖获得者尤金·法马早在 20 世纪 70 年代就发表论文质疑过 CAPM 的有效性，到头来，CAPM 又成了一个“提供思想”的模型。然而，这个模型巧就巧在很容易定量计算，使大家在使用 DCF 模型的时候，总会忍不住用它来算股权折现率。而且由于它被人熟知，完全不使用反而更容易受到质疑。

本节笔者继续沿用理论推理—假设再讨论—应用指引的思路，探讨 CAPM 的来龙去脉，希望能帮各位读者厘清逻辑，避免投资风险。

1.4.1　探寻折现率的底层影响因素：风险定价与风险分类

沿用马老师的思路，组合的风险一般小于组件风险的加权平均，减小幅度取决于组件之间的相关系数。进一步思考，如果将组合的选股范围扩大到全市场，组件数量趋于无穷大时，组合的风险会如何变化？

此处我们舍去复杂的数学推导，继续用盒子里的小球类比，如果盒子里无规则运动的小球足够多，经过充分的碰撞抵消后，将盒子视为一个整体，只有小球之间同向运动的速度分量可以保留下来，其他能量都对冲掉了。但是对于同向运动的速度分量，由于不会发生碰撞，小球再多也无法对冲掉这部分能量。因此，分散化所带来的风险降低是有极限的。

回到投资，由图 1–19 可知，当组合中的股票数量增多时，组合的风险，或者说收益率的标准差快速降低，但是会逐步收敛于一个数值，这个数值就是不可分散风险，由股票之间的收益率协方差决定。至于股票收益率之间为什么会有协方差（类比小球的同向运动），夏老师认为，一定有一个共同因素，可以同时影响所有股票的收益率，这个因素就是市场的宏观变量，我们称之为系统性风险。

在假设马老师的四个分论点全部成立的前提下，夏老师提出，既然切点组合是最优风险组合，所有投资者都持有切点组合，那么将所有投资者的组合加总，就是整个资本市场，将整个资本市场视为一个组合，则市场组合的权重分配和切点组合的权重分配应该是一样的。而全市场的权重分配，就是每只股票流通市值占全市场总流通值的比例。

于是，一个惊人的结论呼之欲出，全市场最宽基的指数，就是投资者追求的切点组合，所谓的最优切线，就是无风险收益率与全市场切点组合的连线。这条线又被称为资本市场线（Capital Market Line，CML），是收益 – 风险比所能取到的极限。有效边界与资本市场线如图 1–20 所示。

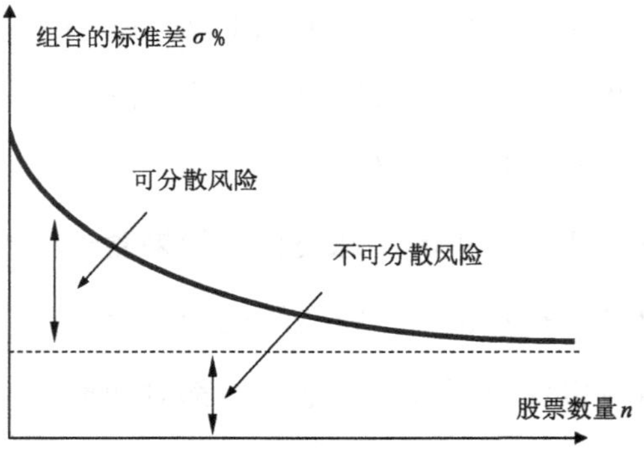

图 1-19　风险的分类与分散化

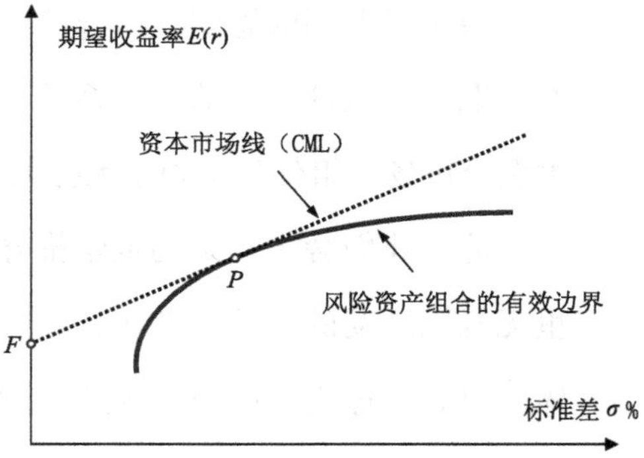

图 1-20　有效边界与资本市场线

例如，假设经过精密的计算，我们得出切点组合中应该持有 5% 的 A 公司股份。如果每个投资者都持有切点组合，将所有投资者的持仓加总后，就是全市场，那么 A 公司流通市值占全市场总流通值的比例也应该是 5%。反过来，A 公司的市值实际上是受其在切点组合中的权重影响的，而切点组合中的权重，取决于 A 公司收益率与其他公司的协方差。

由此得到的结论是，从 DCF 模型来看，协方差显然影响不到模型的分子（代表盈利能力），影响到的只有折现率，一家公司的折现率，与这家公司和其他公司的收益率协方差有关。

在此基础上，夏老师又引入了市场均衡原则。任何一只股票，如果收益－风险比下降，投资者就会降低该股票在组合中的权重，当全市场一起降低时，股价就会下跌（流通市值占比随之下降），从而带来收益率提升，形成新的均衡。在均衡状态下，任何一只股票给组合带来的贡献应该与组合为其付出的成本成正比。

【注】以下推导进行了大量简化，逻辑链条可能存在跳跃，严谨推导极为复杂，此处仅提炼核心思想，以便为后续的讨论奠定基础。

于是，夏老师指出，个股给组合带来的贡献就是收益率，组合为其付出的成本就是组合方差的变化。对于任意股票 i，假设预期收益率为 r_i，纳入组合后的均衡权重是 w_i，无风险利率为 r_f，则其为组合带来的收益率边际贡献为 $w_i \cdot (r_i - r_f)$。组合为其付出的成本，是个股为组合带来的不能通过分散化抵消掉的波动，就是个股收益率与组合收益率的协方差（$\sigma_{i,m}$）乘以个股权重（w_i）。

然后我们就可以得到，对于任意股票（下面式①用下标表示另一只股票），个股的风险溢价与其和市场协方差的比值都相等，都等于全市场平均的风险溢价（$r_M - r_f$）与全市场方差 $\sigma_M{}^2$ 的比值，即

$$\frac{w_i \cdot (r_i - r_f)}{w_i \cdot \sigma_{i,M}} = \frac{w_j \cdot (r_j - r_f)}{w_j \cdot \sigma_{j,M}} = \frac{r_M - r_f}{\sigma_M{}^2} \qquad ①$$

将①式化简后，可得：$r_j = r_f + \frac{\sigma_{i,M}}{\sigma_M^2} \cdot (r_M - r_f)$ ②

定义 β[①] $= \frac{\sigma_{i,M}}{\sigma_M^2}$，上式即可进一步简化为 $r_i = r_f + \beta(r_M - r_f)$ ③

式③就是非常著名的CAPM，该模型可以说是金融学教科书的重点，所占篇幅可能比DCF、PE、PB多得多，化简后的公式也被人们熟知，它给出了个股的股权折现率定量计算方法，看起来比1.2节中的定性分析更有说服力。而且由于这个公式实在是太简洁了，在学生离开学校后，即便他们忘记了所有的推导过程，一般也都能记住结论。

CAPM最直观的结论是，在均衡状态，个股的预期收益率与个股的 β 呈线性关系。以 β 为横坐标，r_i 为纵坐标作图，我们可以得到截距为 r_f、斜率为（$r_M - r_f$）的射线，如图1–21所示。这条射线被称为证券市场线（Security Market Line，SML），用来计算个股预期收益率。相比之下，图1–20中的资本市场线（CML）描述的是组合收益率，证券市场线可以理解为对资本市场线上切点的展开。

证券市场线的另一重要作用是定义收益率的来源，哪些来自beta，哪些来自alpha[②]。市场上有很多关于两者的调侃，例如，“大部分的alpha，都是没拆清楚的beta”“这alpha本是无所谓有、无所谓无的，beta赚多了，便以为有了alpha”。但是按照夏老师的理论，上面两句话根本就不是调侃，而是事实。

由图1–22可知，当一只股票的实际收益率超过了理论上的预期收益

① β（beta）指因承担风险而获得的收益率。

② alpha（α）指实际收益率超过风险均衡收益率的部分。

率时，就会产生 alpha。但是这里涉及一个基准的问题，在大多数场景中，人们习惯于将股价涨幅与大盘涨幅的差值视为超额收益率，而很多人又把“跑赢大盘”直接等价为获得 alpha。

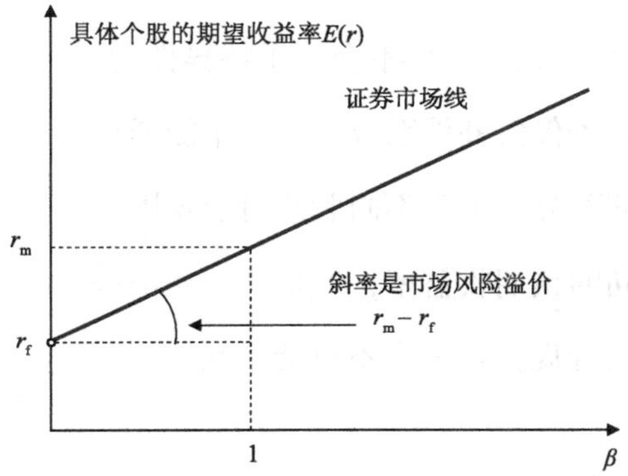

图 1-21　风险溢价与证券市场线

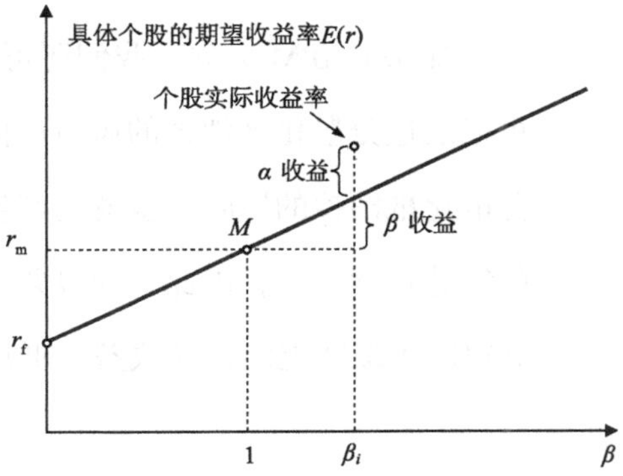

图 1-22　收益率分解：beta 与 alpha

很显然，“跑赢大盘”的部分，包括了 beta 和 alpha 两部分，在大多数情况下，我们是无法将两者精确拆分的，因为我们很难知道一家公司的 beta 具体是多少。按照 beta 的定义，beta 等于个股与市场的协方差除以市场的方差，这是一个没有量纲的数。

而正如 1.3.2 小节所述，协方差是两个随机变量同向变化的部分，因此，beta 的数学含义就是，当市场预期收益率发生波动时，个股预期收益率对市场波动的放大倍数，这个倍数可能是动态变化的，历史不能代表未来。

例如，当市场回暖时，人们往往喜欢买一些弹性大的股票，从而获得更高的超额收益。但是按照图 1–22 的分解，人们这时候赌的不是个股层面的预期差，而是市场回暖这个前提，如果这个前提成立，那么 beta 越大收益率越高，所谓的超额收益便很可能是低估了的 beta。

但是需要注意的是，这里的市场回暖并不是指基本面回暖，而是单纯的大盘回暖。CAPM讨论的是个股收益率与市场平均收益率的关系，并不讨论市场平均收益率本身，而且直接将其视为外生变量。影响市场平均收益率的因素很多，包括实体经济预期、流动性、市场情绪等，并不与基本面一一对应。

如果CAPM成立，我们还可以得到一个结论：市场不会给予特异性的、可以通过分散化抵消掉的风险任何补偿，市场仅仅补偿系统性的、不能通过分散化抵消掉的风险，也就是产生协方差的部分。由于不同股票对宏观因素的敏感程度不一，因此不同股票可以有不同的预期收益率，但是这一切都是和风险等级匹配的，高收益、低风险与合法合规，是一个不可能三角。

【注】该结论与1.2.2小节讨论的超额收益来源有一定的相通性，站在股权投资者的角度，无论公司的基本面多么优质、现金流曲线的形状如何，这些因素都会反映在初始的购买价格中，只要预期完全兑现，股权投资都不会产生任何的超额收益，持有期收益率严格等于折现率。CAPM也自始至终都没有涉及所投公司的利润率、增速等基本面数据，这从另一个角度论证了股权投资收益率和实体投资收益率是两回事。

超额收益只能来自超越市场的认知，但是从全市场的角度看，“超越”是一个相对的概念，至少有一半的资金跑不赢另一半。既然CAPM假定了所有人都有相同的预期，那预期差自然就不存在了，每个人都只能获得与所承担的风险相匹配的收益。

1.4.2 值得商榷的核心假设和一些推论

可以看出，虽然CAPM的公式的传播面很广，但是很多推论并不是非常积极，甚至有点鼓励投资者“躺平”，例如“全市场最宽基的指数就是最优组合”“每只股票都只能获得与其系统性风险等级相匹配的收益率”，似乎有点抹杀二级市场从业者的辛勤付出。

不过还好，CAPM 描述的是一个非常理想化的世界，建设这个理想化的世界，还是需要大家的辛勤付出的。至于在当前的 A 股市场，CAPM 是否具有定量计算的意义，笔者是持保留意见的（定性层面的指导意义永远都有，无须赘言）。

归根结底，CAPM 的推导过程引入了太多的假设，很多假设在现阶段的 A 股市场是明确不成立的。首先，作为马老师的学生，夏老师的 CAPM 是建立在投资组合理论基础上的，而且要求投资组合理论的四个分论点全部成立，包括可知性、一致性、允许借贷等一系列假设，我们已经论证过，这些假设在当前的 A 股市场未必成立。

由此引出一个现象，即市场对投资组合理论最后几个推论的认可度并不高，如“所有投资者，无论风险偏好高低，都应该持有一样的风险资产组合（切点组合）”，但是对 CAPM 公式的认可度往往更高，这着实有一些“幽默”。简洁的通常是美的，但是美的未必是对的。

除了投资组合理论自带的假设之外，真正关键的是 CAPM 引入的新假设。第一条新假设是“将所有投资者的组合加总就是整个市场，因此切点组合中每只股票的权重分配等于每只股票流通市值占全市场总流通值的比例”。这一条在 A 股市场很难成立，A 股市场是一个二元化特征明显的市场，由少量机构投资者和大量个人投资者组成，两者的投资风格乃至方法论都大相径庭，个人投资者虽然占比高，但是更多只提供流动性，而无法形成定价权。

具备定价权的是占比较低但是行动一致性比较高的机构投资者，机构投资者的持仓加总，显然不等于全市场，因此无法得出按照流通市值占比加权的组合就是最优组合这一结论。长期以来，A 股市场机构投资者对冷热门板块的配置权重远远偏离流通市值占比。

由图 1–23 可知，定义行业配置系数 = 偏股型公募基金[①]各行业持仓市值占比 / 各行业流通市值占比，而几乎没有哪个行业的配置系数等于 1，并且不同行业在不同时间点的配置系数也不尽相同，重仓方向受产业周期、利率环境及市场阶段性偏好等多重因素影响。

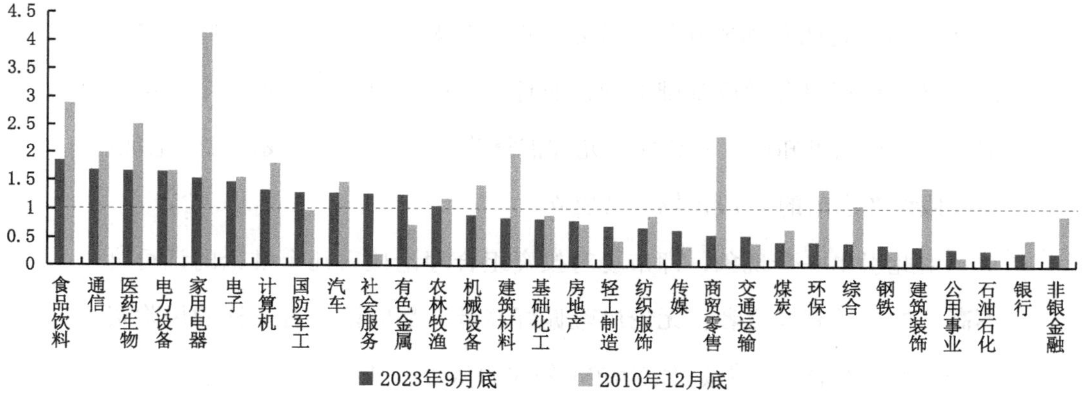

图 1–23　偏股型公募基金行业配置系数

由于股本总数守恒，机构投资者持仓的补集就是个人投资者的持仓，两者的持仓偏重刚好相反，根本原因是信息的传递速度在两者之间是不同的，相当多的股票没有充分定价，导致 A 股市场仍然有金可淘，收益率的主要来源并不是风险补偿，而是错误定价的重新修正。预计随着未来机构投资者占比越来越高，直到成为绝对主导力量时，第一条假设才能满足，

① 偏股型公募基金包括普通股票型、灵活配置型及偏股混合型基金。

届时各个行业的配置系数将全部向 1 收敛。

第二条新假设是“所有的不可分散风险，都是由系统性风险带来的，且可以用 beta 系数唯一表示”。这是一个不太完备的假设，夏老师定义的系统性风险是狭义的，特指市场整体层面的风险。市场风险是不可分散风险，但是反过来不一定，不可分散风险不一定都来自市场风险。

例如，水电公司短期业绩最大的干扰因素是降雨丰枯，降雨丰枯与经济好坏、大盘涨跌都没有关系，beta 系数为零，但是降雨丰枯也是不可分散的，我国几大水电公司的水电站都处在一个气候带里，要丰都丰，要枯都枯。很显然，市场宏观变量不能解释所有不可分散风险。

另一种更常见的情况是可选标的数量不够，想象一下，如果拥有全球各种气候带里的水电公司，降雨丰枯似乎也能对冲。但是现实是，大型水电公司的诞生条件非常苛刻，不仅需要世界级大河、足够的落差，还需要工程技术、输电技术，以及流域尽量位于同一个国家（避免触碰地缘政治），综合几个条件，大型水电上市公司基本就是我国的专利。

当可选标的数量不够时，特异性风险就不能实现完全对冲，从而变成了不可分散风险。核心假设发生动摇后，CAPM 的计算准确性将大打折扣，但是其内涵思想仍然是成立的，重要的结论是，市场只补偿不可分散风险，不补偿可分散风险。

由此可以得出一个推论，构建合适的组合不是可选而是必需，重仓单一个股会承担特异性风险，但是获得不了任何补偿。换个角度看，任何一只股票的估值都是组合赋予的，只有成为组合的一员，才不用考虑可分散风险；一旦脱离了组合，任何风险都要考虑，其就值不了这么多钱了。

我们经常能听到，“某某标的概念稀缺，应给予稀缺性溢价”，但是按照 CAPM 的框架，稀缺性反而应该给予折价，正是因为稀缺，所以板块内没有足够的标的对冲特异性风险，所有的特异性风险都是不可分散风险，估值应该折价。所谓的“稀缺性溢价”，往往是因为巨大的市场资金体量和有限的可选标的带来的供需失衡，更多是交易性因素。在现实中，两个驱动力可能同时存在，至于到底应该溢价还是折价，取决于市场流动性及稀缺标的的市值体量。

此外，从分散风险的角度，实体经济与股票投资还存在一个难以调和的矛盾。凭借二级市场极高的流动性，投资者分散风险的方式是构建组合，因此希望每家公司都高度聚焦主业，变成一个纯粹工具化的收益－风险符号。投资者对公司是没有感情的，如果业绩持续低于预期，投资者随时都会离开。但是对企业家而言，公司往往就是他们的全部身家乃至毕生追求的事业，企业家需要对公司的稳定经营负责，不可能将鸡蛋全部放在一个篮子里。公司分散风险的方式是多元化布局，实现经营层面的对冲，与投资者的思路和诉求有根本性区别。

例如，投资者可能同时投资卖雨伞的公司和卖冰激凌的公司，但是投资者并不希望一家公司同时卖雨伞和冰激凌。多元化布局相当于将不同标的强行捆绑销售，会降低投资者调整组合权重的能力。因此，多元化布局的公司一般都会有一定的估值折价。所谓的“第二增长曲线”，一般都是在投资者已经给予折价的情况下出现的边际利好。从纯粹的投资者利益最大化的角度，公司应该将投资的钱用来分红。

1.5 小结：变化的时代，珍惜超额收益的时间窗口

在 2022 年年底，笔者写第一本书《穿透财报》时，ChatGPT（Chat

Generative Pre-trained Transformer）横空出世，引发了市场的热烈讨论，其中不乏简单脑力劳动被人工智能（Artificial Intelligence，AI）取代的担忧（笔者始终认为，相比致力于改变人类历史进程的硬科技研究，炒股属于简单脑力劳动），多空双方吵得不可开交。

在《穿透财报》的后记中，笔者这样写道："毫无疑问的是，AI 在数据提取、指标分析上拥有人类无法比拟的优势，简单的财务分析均有被替代的风险，但是 AI 能否在具有艺术成分的估值上更进一步尚不得知，估值会不会是二级市场从业者保住饭碗最后的仰仗？"

"不过，也不用过度担心，二级市场交易的是预期差，本质是通过认知差套利。不同的人，甚至不同的 AI 对同一个事物的理解，都是不同的，因此认知差是永远存在的，AI 可以让市场更加有效，但是无法消灭认知差……"

然而，在 2023 年年底笔者写第二本书时，ChatGPT 已经迭代了好几个版本，AI 概念股也炒了好几轮，大模型的智能程度一再刷新市场认知。对于主动投资堡垒的坚固程度，笔者似乎并不像 2022 年那么有信心了。不仅仅是 AI 进化的问题，更关键的是，无论是投资组合理论的最后几个推论还是 CAPM，都预示着当机构投资者占绝对主导地位、市场达到均衡时，主动投资的性价比会越来越低，市场最宽基的指数就是最优组合。

而且，估值的艺术成分或许并不能成为主动投资的护城河。所谓的艺术成分，包括了投资者的喜怒哀乐及市场的各种非理性因素，从大样本、长时间维度来看，这恰恰是主动投资的劣势。在概率计算面前，主观判断是没有招架能力的，无论是在基于完美信息博弈的围棋中，还是在基于不完美信息博弈的德州扑克中，AI 都已经彻底战胜人脑。

真正能成为主动投资护城河的，也许恰恰是投资者天天"吐槽"的信息披露质量。过多的非标准化信息、不完善的数据细节、频繁的收并购与业务拓展，虽然增加了主动投资的工作量，但是极大程度限制了 AI 及量化模型的发挥，导致协方差矩阵、各种收益率因子的有效性大打折扣。简而言之，并不是 AI 算不过人脑，而是提供给 AI 的数据质量太差。

然而，如果以获得超额收益为目标，AI 及量化模型更多是消灭超额收益的催化剂，而不是原始动力。原始动力是市场参与者的专业化，毕竟超额收益不是自己看得有多准，而是比别人看得更准。机构投资者占比提高，固然可以让市场变得更稳定（至少主流观点是这样的），但是势必导致获得超额收益越来越难。

从这种意义上说，虽然长期以来，A 股市场经常被诟病持股体验不佳，但是从相对收益的角度来看，A 股市场对机构投资者（特指主动权益投资）反而是比较友好的。对比主动式股票型基金指数收益率和沪深 300 收益率，如图 1–24 所示，大部分年份主动式股票型基金指数都能跑赢沪深 300。

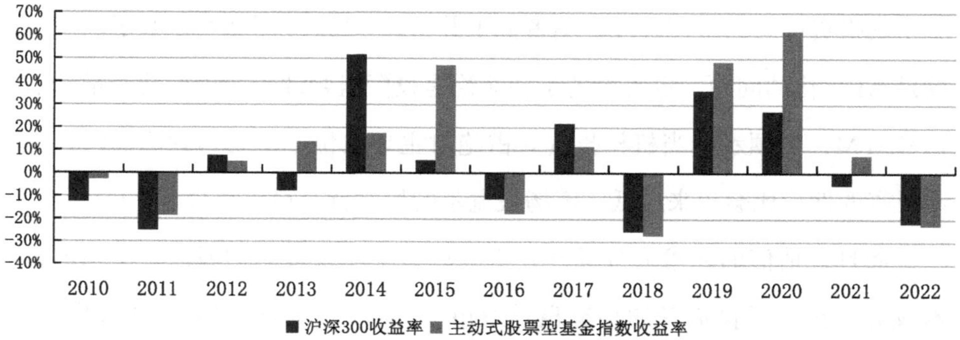

图 1–24　我国主动式股票型基金指数大部分时候能够跑赢沪深 300[①]

① 数据来源：Wind 数据库。

相比之下，在美股市场，跑赢指数则是一件无比困难的事情，“奥马哈先知”的绝大部分超额收益发生在 2010 年之前，甚至是 2000 年之前。2010 年之后，伯克希尔 – 哈撒韦的股价走势与标普 500 全收益指数高度重合，没跑输就已经实属不易，如图 1–25 所示。可以说，在高度成熟、充分定价的美股市场，标普 500 全收益指数基本上接近马老师理论中的切点组合，是风险 – 收益关系的最优解，没有任何组合能长期跑赢切点组合。

图 1–25　伯克希尔 – 哈撒韦 2010 年后没有跑赢标普 500 全收益指数[①]

因此，无论是理论推演还是美股实证，都为 A 股市场的未来提供了指引。之所以“课本无用论”经久不衰，诺贝尔奖理论成为“屠龙之术”，很大程度上是因为 A 股市场尚未到达那个阶段。

但是可以预见，随着市场的演化，当下以挖掘预期差为目的的投资研究体系并不是什么真理，而是阶段性特例，本书后续几章介绍的实战模型也都是暂时性的经验总结，有效期可能非常短暂。未来市场的研究重心会逐步过渡到收益 – 风险关系的判断上，配置思维将取代预期差思维，所以投资者应当珍惜当下的超额收益时间窗口。

① 数据来源：Bloomberg。由于伯克希尔 – 哈撒韦从不分红，收益全部用于再投资，因此此处选择标普 500 全收益指数作为基准。

第 2 章

把握实战中的经验公式：牢记前提，学会变通

从第 1 章可以看出，理论模型描述的往往都是理想情况下，市场应该怎样，或者说市场的发展趋势是怎样的。但是在现实中，仅仅知道应该怎样是远远不够的。实战中要考虑各种因素，估值的严谨性甚至可能都没有那么重要，适用性和稳定性才是更重要的。

因此，市面上更常用的是相对估值法，但是从第一性原理来看，PE、PB、PS（市销率），都是 DCF 模型在特定条件下的简化，有着非常大的局限性。本章将讨论市面上常用的经验公式，审视每种简化模型的适用条件，以及引入哪些新的假设，这些假设是如何演绎的。

2.1 学术研究追求逻辑性，实战应用往往更看重稳定性

从本章开始，我们离开纯净的象牙塔，进入更加贴近实战的讨论。实战应用和学术研究有很大差别，即便是那些如雷贯耳的大人物，能做到学界业界双栖的也屈指可数。究其根本，在于学术研究追求的是逻辑性，所有的额外干扰因素都可以被若干假设一带而过，最终得到的是被高度抽象化的规律。

但是人们在实战中不是这样思考问题的，现实中有各种各样的干扰因素，很多干扰因素对收益率的影响甚至是致命的。而且，由于影响因素太多，最终结果往往是若干规律的叠加，不同因素的影响方向还可能截然相反，如果直接套用理论模型，万一漏掉几个因素，结论可能就完全错了。

因此，实战中很多时候依靠的是经验判断，经验判断往往稳定性更强。加之估值本身就是一个主观性很强的事情，所谓的结论通常都是方向性的，也不需要那么精确，这就是第 1 章提到的理论与经验问题。

然而，两者不能相互否定，而应该携手前行。经验判断的问题是没有适应环境变化的能力。例如，我们都知道高空坠落是非常危险的，这个结论根据经验就可以得出来。但是如果将问题换成“在月球上，从多高的地方跳下来是安全的”，地球上的经验就失效了。

因此，理论模型最重要的作用，是帮助我们适应变化，完成两个经验之间的跃迁，适应版本更新。而经验公式的作用，是在同一个版本内部，极大简化分析工作量，将各种额外干扰因素，全部放入背景设定里，让我们更加聚焦主要矛盾。而且由于经验公式是根据实践总结出来的，只要版

本不更新，背景设定一般都没有什么大问题。

根据背景设定简化假设，不仅非常符合人类的思维方式，往往也更加有效。例如，在描述宏观、低速运动时，我们可以完全不考虑相对论和量子力学效应，考虑了反而容易算错。因此，经验公式的稳定性还包含了不容易出错的含义，模糊的正确胜过精确的错误。

一个很重要的因素是，人类的大脑非常善于分析单变量线性关系，非常不善于分析多变量的交互作用。一个参数的变化，往往带来其他参数的联动变化，例如对于方程 $f=x \cdot y \cdot z$，表面上看输出结果与三个参数都成正比，但是如果假设 $y=1/x$，那么当 x 发生变化时，y 就会跟着变化，综合影响是，方程的输出结果与 x 和 y 都没有关系。

在这种情况下，最好的处理方式，就是将 x 和 y 统一放入背景设定，认为方程的输出结果只与 z 成正比，然后时刻关注 x 和 y 的函数关系是否发生变化。不要将模型做得太复杂，参数多了，很容易漏掉参数间的交互作用，反而降低了预测精确度。尽量拆出来影响利润的独立变量；至于非独立变量，可以把若干个非独立变量合并到一起，视为一个独立变量，再根据经验做整体判断。

笔者实习的时候看过一段时间的周期股与消费股，当时就发现这两类模型有很大区别。周期股的量价关系及成本费用间的交互作用相对较小，独立变量很多，价格基本就取决于供需关系，涨价的结果可以直接作用到利润上，很少被期间费用截留。因此，周期股的成本、价格模型可以做得非常复杂，定量分析每个单独变量的影响。

消费股则不然，消费股的利润表里有大量存在交互影响的科目。举个极端的例子，某些 to C 消费品极度依赖销售渠道和广告推广，销售费用和毛利率存在明显的交互，广告打得多，产品就能卖上价，毛利率就高，想节约销售费用，可能会把收入也一起“节约”了。这种时候，直接根据经验拍一个净利率，看似粗糙，但可能比先拍毛利率再拍销售费用率更有效。

2.2 与报表语言衔接：利润表本身就是追求稳定的产物

我们在讨论1.2节的DCF模型及1.3、1.4节的收益率来源时，一直是从现金流角度讨论的，其中，实体投资收益率专指内部收益率（IRR），股权投资收益专指买卖价差及持有期分红，自始至终都没有涉及财务报表。从原理上说，理论模型描述的都是“如果事实是怎样”，那么“估值应该怎样”。但是在实际操作中，对于所有企业外部的投资者，我们并不知道事实究竟怎样，只能借助工具来推测事实可能是怎样的。

财务报表就是其中非常重要的工具，财务报表根据会计规则编制，而会计的本质是一种语言，量化描述一段时间内的经营成果。笔者在《穿透财报》中进行过总结，由于收付实现制和权责发生制不统一，完整地描述经营成果就需要三张报表，一张存量表和两张流量表，用资产负债表的配平原则，整合利润表和现金流量表。

一家合格的企业需要有三套报表，一套给自己看，一套给投资人看，一套给税务局看，要学会“见什么人说什么话”。这既不是讽刺也不是调侃，因为给投资人看的财务报表和给税务局看的税务报表，本来就是遵照不同的规则编制的，本就不应该一样。

那么问题来了，对于同样的事实，为什么可以编制出好几套报表？引起差别的因素是什么？归根结底，企业的经营周期很长，一笔完整的投资，从投入到收回，可能需要很多年，计算IRR需要拿到全生命周期的现金流数据，但是我们不可能每次都等到项目结束后再进行事后评价，我们需要时刻跟踪项目的阶段性盈利能力。

由此便引出了会计核算的基本前提——会计分期假设，人为规定会计对象的时间界限，将企业连续不断的经营活动分割为若干较短时期，对每个时期进行单独核算。利润表就是会计分期的产物，描述的是公司在一段时间内“应该赚多少钱”，这里有两个关键词，一个是“应该”，另一个是“赚”。

现金流量表是完全按照事实记录的，即便经营性、投资性和筹资性现金流的划分存在一定的主观性，但是总体上流入就是正的，流出就是负的，我们不需要考虑导致现金流入或流出的因素是否来自当前的会计期。因此，编制现金流量表只需要知道起始时间就可以了，不太依赖会计分期假设这个条件。

但是利润表就不一样了，利润表的本质是按照权利和义务的发生时点，对现金流量进行重归类，归类方法的不同导致了利润表可以有很多种（财务报表、税务报表、管理报表等），历次会计规则修订一般都是针对利润表和资产负债表，很少涉及现金流量表。

将会计恒等式移项后，可以得到：

资产 + 成本或费用 = 收入 + 负债 + 所有者权益

对于任何一项支出，如果发生在等式左边，就既可以确认为资产也可以确认为成本或费用。区分原则就是，是否有对应的当期收入，如果有就确认为成本或费用，否则就先确认为资产，等到未来年份再结转为成本或费用。利润表与现金流量表相比，有两个大幅修正：一方面，现实中的投资往往是不连续的，间隔很多年才进行一笔大额的资本开支，而在利润表中，将投资视为是连续的，把一次性的投资，根据折旧摊销规则，打散后摊入每一个会计期。

另一方面，现实中的生意往来存在应收应付，也就是营运资本（working capital，英文表述更加传神，是 working 中的 capital）。本期应该收到的钱，实际上可能没有收到，实际收到的钱，可能来自上一期；应付项目同理。营运资本的存在，进一步加大了现金流的波动。而利润表直接忽略掉了营运资本的变化，默认"应该收的早晚都能收到，应该付的早晚都要付"。

通过以上两个修正，利润表对经营成果的描述更加平滑，可以举个典型例子说明。

假设有一个项目，初始投资 200 元，资产使用寿命 5 年，不考虑建设时间，无负债、无残值。项目投产后，每年生产产品 100 件，原材料成本 0.3 元 / 件，按照 1 元 / 件的价格全部卖出，以销定产无库存，不考虑增值税、所得税及其他成本。假设每年现金流情况如表 2–1 所示。

表 2–1　典型案例的现金流情况（金额单位：元）

	第 0 年	第 1 年	第 2 年	第 3 年	第 4 年	第 5 年
现金流入		80	110	80	110	120
现金流出	200	10	20	35	45	40
权益净现金流	–200	70	90	45	65	80

现金流量表只需如实记录每一笔收支即可，如第 0 年一次性投资 200 元，后续年份获得现金净流入，其中既有收回的本金，也有获得的盈利。

从全生命周期来看，项目一共投出去 200 元，耗时 5 年收回 350 元，净盈利 150 元。

利润表就是对这 150 元的展开，首先，在第 0 年不做任何记录，从正式运营的一刻开始记录，每年分摊 40 元初始投资，作为一个虚拟支出。然后，不管实际收支了多少钱，只记录应该收支多少钱。最后，利润表和现金流量表的差别，全部结转进资产负债表，反映在固定资产和营运资本的变化上。

而随着时间的推移，从全生命周期加总数据来看，所有的固定资产都会被折旧消耗、应收应付都会被兑现，净利润将严格等于权益现金流（否则就计提减值损失、坏账准备）。如在表 2–2 中，第 1 年到第 5 年的净利润合计也为 150 元，但是从实现过程来看，净利润要比权益现金流平滑得多。

表 2–2　典型案例的资产负债表与利润表科目（金额单位：元）

	第 0 年	第 1 年	第 2 年	第 3 年	第 4 年	第 5 年
营业收入		100	100	100	100	100
原材料成本		30	30	30	30	30
折旧		40	40	40	40	40
净利润		30	30	30	30	30
期末固定资产	200	160	120	80	40	0
期末应收账款	0	20	10	30	20	0
期末应付账款	0	20	30	25	10	0

在更贴近现实的场景中，永续经营的企业可以视为若干个生命周期有限的项目叠加，因此每年都有来自存量项目的现金流入和形成新项目的现金流出，对应的就是经营性现金流和投资性现金流，经营性现金流与当期

利润表相关，投资性现金流会影响未来的利润表。

落实到标准化的 A 股报表，如图 2–1 所示，对比净利润与直接法经营活动现金流量净额，除了上面提到的折旧分摊及营运资本变化外，经营性现金流还不包括利息支出（归入筹资性现金流），这是从公司整体角度看问题，没有区分股权人和债权人，而利润表是完全从股权人角度看问题，两者没有绝对的一一对应（为什么这样设计，2.3.1 小节有详细讨论）。

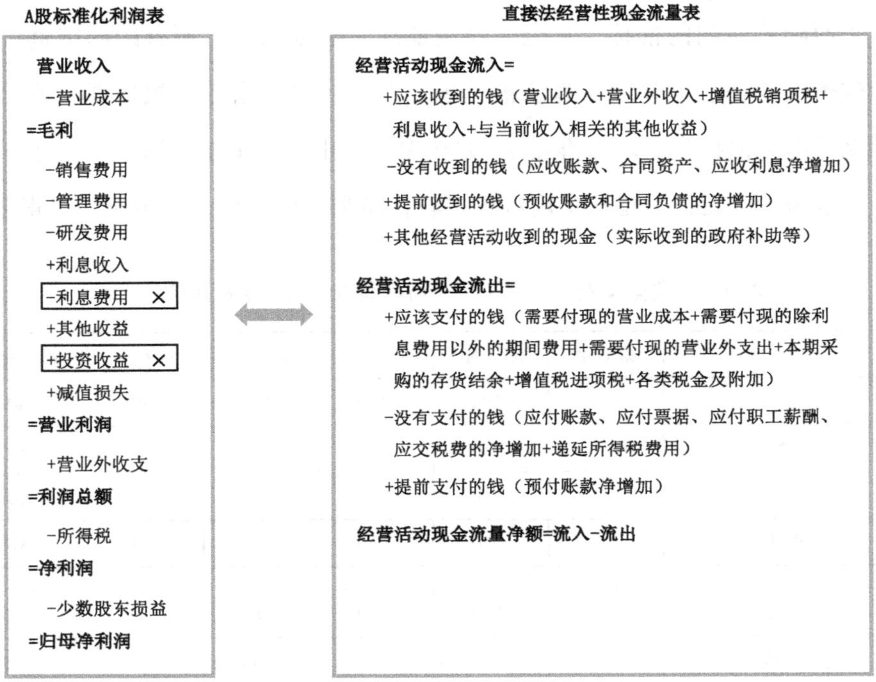
A股标准化利润表
营业收入
-营业成本
=毛利
-销售费用
-管理费用
-研发费用
+利息收入
-利息费用 ×
+其他收益
+投资收益 ×
+减值损失
=营业利润
+营业外收支
=利润总额
-所得税
=净利润
-少数股东损益
=归母净利润
直接法经营性现金流量表
经营活动现金流入=
+应该收到的钱（营业收入+营业外收入+增值税销项税+利息收入+与当前收入相关的其他收益）
-没有收到的钱（应收账款、合同资产、应收利息净增加）
+提前收到的钱（预收账款和合同负债的净增加）
+其他经营活动收到的现金（实际收到的政府补助等）
经营活动现金流出=
+应该支付的钱（需要付现的营业成本+需要付现的除利息费用以外的期间费用+需要付现的营业外支出+本期采购的存货结余+增值税进项税+各类税金及附加）
-没有支付的钱（应付账款、应付票据、应付职工薪酬、应交税费的净增加+递延所得税费用）
+提前支付的钱（预付账款净增加）
经营活动现金流量净额=流入-流出

图 2–1　标准化利润表与直接法经营性现金流量表

虽然用直接法计算现金流比较直观，A 股现金流量表也是默认采用直接法，但是在估值时，间接法往往更加实用，即从净利润开始，倒着还原回去，如图 2–2 所示，经营性现金流量净额 = 净利润 + 财务费用 + 折旧摊

销 – 投资收益 – 营运资本的净增加 ± 其他调整。间接法现金流量表反映了利润表的本质，或者说利润表最重要的作用之一，就是用来计算间接法现金流量表。

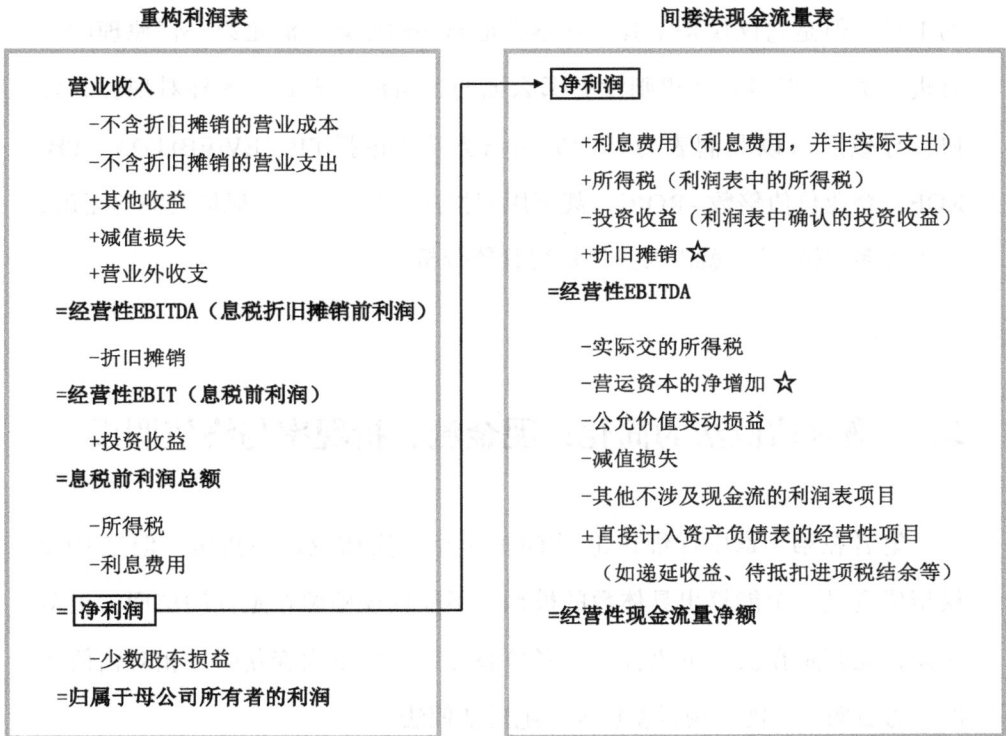

重构利润表

营业收入
-不含折旧摊销的营业成本
-不含折旧摊销的营业支出
+其他收益
+减值损失
+营业外收支
=经营性EBITDA（息税折旧摊销前利润）
-折旧摊销
=经营性EBIT（息税前利润）
+投资收益
=息税前利润总额
-所得税
-利息费用
=净利润
-少数股东损益
=归属于母公司所有者的利润

间接法现金流量表

净利润
+利息费用（利息费用，并非实际支出）
+所得税（利润表中的所得税）
-投资收益（利润表中确认的投资收益）
+折旧摊销 ☆
=经营性EBITDA
-实际交的所得税
-营运资本的净增加 ☆
-公允价值变动损益
-减值损失
-其他不涉及现金流的利润表项目
±直接计入资产负债表的经营性项目
（如递延收益、待抵扣进项税结余等）
=经营性现金流量净额

图 2-2　从净利润到经营性现金流量净额

如之前所述，利润表其实是现金流量表的“平滑化”表述，因此相比现金流，净利润是更好预测的，只要预测了净利润，再把“不平滑”的因素还原回去，就能得到现金流。现金流再和 DCF 模型对接，就完成了从纸面到现实的过渡。

至于非常远期的盈利预测（普遍意义上的，特定商业模式不成立），由于其本身的预测误差就非常大，追求过于精细的现金流时间点是没有意义的，只要知道一个总数就可以了，可以近似认为，净利润就是权益现金流，净利润 + 财务费用就是经营性现金流，从而带来了估值模型的大大简化。

由此，可以认为，利润表本身就是追求稳定的产物，是协助我们估值的工具。但是它仅仅是工具，并不满足第一性原理（满足第一性原理的只有现金流），很多会计规则没有那么强的逻辑性，充满了各种对现实的妥协，导致所有以利润表为基础的估值方法（包括 PE、EV/EBITDA、PB-ROE、企业价值倍数 –ROIC，甚至用间接法计算 DCF），都是模糊的正确，至于有多"模糊"，就需要具体情况具体分析了。

2.3 绝对估值法的简化：现金流、折现率与终值假设

笔者在第 1 章中详细讨论了 DCF 模型的实质及定性指引，但是 DCF 模型毕竟是一个能算出具体数的模型，不能仅仅停留在定性的层面，很多时候，尤其是在没有可比公司或者核心假设发生重大变化时，相对估值法的效力更弱，只能采用误差极大的绝对估值法。

与第一性原理中的 DCF 模型相比，实战中应用的 DCF 模型在分子和分母上都进行了大量的妥协和简化，目的也是提高输出结果的稳定性，使之更加接地气。

2.3.1 FCFF 在 DCF 模型的各种变体中脱颖而出

从估值的第一性原理来看，DCF 模型的分子就是现金流，但是并没有

对现金流做出明确定义，可以理解为，“想对谁估值，就用归属于谁的现金流”。在实战中，一般有三种现金流，分别是自由现金流（Free Cash Flow of Firm，FCFF）、股权现金流（Free Cash Flow of Equity，FCFE）及分红（Dividend），与之对应的，分别用公司加权资本折现率、股权折现率及分红对应的折现率（也可以近似用股权折现率代替）折现。

其中，自由现金流（FCFF）是站在公司整体层面看的，不区分股权人和债权人，是公司一个会计期内，扣除了所有经营支出、投资支出和税收之后的，在清偿债务之前的剩余现金流量，也可以理解为筹资性现金净流出加上库存现金净增加额。如果从净利润入手，则自由现金流计算公式如下。

自由现金流（FCFF）= 净利润 + 折旧 + 财务费用 – 营运资本净增加 – 资本开支 – 其他非现金调整 ≈ 经营性现金净流入 – 投资性现金净流出 = 筹资性现金净流出 + 货币现金净增加

从定义上看，自由现金流既包括运营存量资产形成的现金流入（经营性现金流），也包括形成增量资产所需的现金流出（投资性现金流），是一段时间内可供股权人和债权人分配的现金流结余。自由现金流从根本上是由经营性现金流决定的，只要公司停止追加投资，所有的经营性现金流就都是自由现金流，追加投资是为了获得未来更多的经营性现金流。

因此，存量资产和增量资产可以分开来看，只要我们相信公司“新增投资的 IRR 不低于折现率”，可以直接用经营性现金流代替自由现金流折现，将其视为公司价值的下限。如果因为当下资本开支较多而担心自由现金流不佳，则实际上隐含了“新增投资的 IRR 不行”的假设。

在不考虑财务舞弊和管理层侵占的情况下，经营性现金流量净额是衡量公司质量最有效的指标，无论利润表数据有多好、账面 ROE 有多高，拿不回来钱，那些都是纸上谈兵。但是如果考虑财务舞弊和管理层侵占，经营性现金流可能就不是最有效的指标了，只能看真正的自由现金流，即便不分红也没事，拿去还债了，至少证明现金流是真实的（债权现金流很难造假）。

由图 2–3 可知，在三步循环法下，利用投资性现金流配合财务舞弊及管理层侵占小股东利益，容易出现经营性现金流量净额虚高、自由现金流较差的情况。先用体外循环虚增利润、做高经营性现金流量净额，再虚构投资、虚开发票，将现金通过投资性现金流转移出去，形成注水的资产（笔者在《穿透财报》的第 3 章有更详细展开）。此时，资本开支就是完全无效的，违背了上述“新增投资的 IRR 不低于折现率”的假设。至于如何甄别这种公司，实话实说，在舞弊 / 侵占初期很难甄别，根本上取决于投资者对管理层的信任。

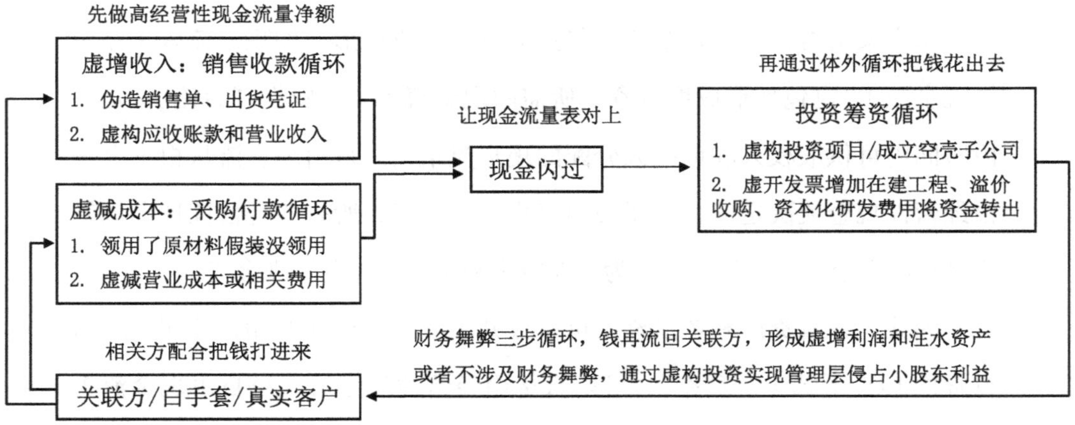

图 2-3　三步循环法——利用投资性现金流配合财务舞弊或管理层侵占

股权现金流（FCFE）是在公司整体自由现金流的基础上，减去了给债权人的净现金往来（其中既包括本金也包括利息），只剩下归属于股权所有人的部分，即

股权现金流（FCFE）= 自由现金流（FCFF）– 利息支出 – 偿还本金 + 新增债务 ≈ 股息 + 现金净增加

无论是自由现金流还是股权现金流，都要减去资本开支，还有一种现金流是分红，等于净利润 × 分红率，并且认为没有分红的部分就是资本开支及应收应付的变化。按道理讲，直接将分红金额折现，更符合股票估值的第一性原理，但是实战中却很少这么做。

一方面，如果公司尚处于高速成长期，短期内可能根本没有分红；另一方面，更关键的是，如 1.2 节的讨论，DCF 模型本质上并不是给短期的业绩估值，而是给终局估值，随着公司走向成熟，分红比例是动态变化的，整体上会持续提高，因此分红金额的增速一般不等于净利润的增速，一旦公司停止资本开支，分红比例还可以超过 100%。

由此，看似直接对分红金额折现，只用分红率一个参数就代替了股权现金流公式后面的“一长串”，但是由于分红率并不是一个常数，而是一个变量，这实际上反而增大了预测难度。相比之下，自由现金流和股权现金流与财务报表的衔接程度更高，有现成的利润表和现金流量表作为预测依据，因此也就更加常用。

在折现时，如果选择股权现金流（FCFE）作为分子，用股权折现率（r_e）对 FCFE 折现，可以直接得到股权价值。但是如果选择自由现金

流（FCFF）作为分子，需要先用公司加权平均资本成本（r_{wacc}）[①]对FCFF折现，得到公司整体的价值，再减去归属于债权人的部分，才能得到股权价值，即

$$\text{FCFE 法} = \text{对归属于母公司普通股东的现金流折现} = \sum_{t=1}^{\infty} \frac{\text{FCFE}_t}{(1+r_e)^t}$$

$$\text{FCFF 法} = \text{对自由现金流折现} - \text{债务余额} = \sum_{t=1}^{\infty} \frac{\text{FCFF}_t}{(1+r_{\text{wacc}})^t} - \text{债务余额}$$

其中，r_{wacc} = 股权折现率 · 权益占比 + 税后债务利率 · 债务占比

FCFE 是在 FCFF 的基础上，扣掉了债务本息净支出。如果市场定价准确，未来债务本息净支出的折现值就是当前的有息负债余额。因此，无论是 FCFE 法在分子中减掉债务本息净支出，还是 FCFF 法直接在最终结果中减掉有息负债余额，算出来的结果理论上是一样的。

表面上看，FCFF 法稍显麻烦，还需要专门计算 r_{wacc}，FCFE 法看起来更直观，但是在实际应用中，FCFF 法反而更常用，FCFE 法只有在特定场景下才会用到。核心原因是，无论是分子端还是分母端，FCFF 法都比 FCFE 法稳定，任何落地实战的模型，都绕不开稳定性要求。可以说，从三张财务报表体系到计算自由现金流，再到定义加权平均资本成本，本质上都是提高 DCF 模型实用性的努力（至少是目的之一）。

首先，在不考虑税盾的情况下，企业经营层面能产生多少现金流与资本结构没有关系。资本结构决定了经营层面产生的现金流，多少属于股权

① wacc 即为加权平均资本成本的英文 Weighted Average Cost of Capital 的缩写。

人、多少属于债权人，前者是造蛋糕，后者是分蛋糕。因此，企业经营层面的收益率只受经营情况本身的影响，但是权益所有者的收益率同时受到企业经营层面的收益率、资本结构及债务成本三部分的影响。

从净资产收益率（ROE）的展开式来看（更准确的收益率指标应该是全投资 IRR 和资本金 IRR，但是 IRR 的计算较为复杂，难以纸质化展示，ROE 可以理解为是资本金 IRR 在特定会计期的截面数据，两者原理一致），当资产本身的盈利能力大于税后有息负债率时，资本结构的作用就是通过财务杠杆效应，利用两者的差值增加权益所有者的回报率。

$$\text{净资产收益率（ROE）}=\frac{\text{税后经营净利润}-\text{税后利息费用}}{\text{所有者权益}}$$

$$=\frac{\text{税后经营净利润}}{\text{总投入资本}}\cdot\frac{\text{总投入资本}}{\text{所有者权益}}-\frac{\text{税后利息费用}}{\text{资本性负债}}\cdot\frac{\text{资本性负债}}{\text{所有者权益}}$$

$$=\frac{\text{税后经营净利润}}{\text{总投入资本}}\cdot\left(1+\frac{\text{资本性负债}}{\text{所有者权益}}\right)-\frac{\text{税后利息费用}}{\text{资本性负债}}\cdot\frac{\text{资本性负债}}{\text{所有者权益}}$$

$$=\text{经营性资产净利率}+(\text{经营性资产净利率}-\text{税后债务利率})\cdot\text{净杠杆}$$

因此，FCFF 法相比 FCFE 法的第一个优势是更加结构化，可以更清楚地看出企业价值的构成及计算股权价值的过程。只要我们知道了不考虑资本结构时的企业整体价值，无论企业未来是选择提前还债还是加杠杆回购，股权价值都可以通过企业整体价值减有息负债余额算出，不用每次都重新计算股权现金流。相比之下，FCFE 法是直接算出股权价值，没有清晰的分步过程，对于绝对估值法，过程或者说中间结论可能比最终结论更重要。

其次，从分子端来看，正是因为 FCFF 描述的是企业经营层面的现金流状况，不受资本结构影响，因此用FCFF法计算股权价值时，不用考虑还债节奏。FCFE是在FCFF的基础上减去了每一期支付给债权人的利息和本金，其中，利息支出还比较好算，属于刚性支出；而本金部分一定程度上属于柔性支出，企业很多时候可以自由选择是否提前还债，外部投资者事先很难知道。

提前还债不仅影响当期的FCFE，还会通过财务费用影响未来的FCFE，导致FCFE的波动性远大于FCFF。但是从股权价值的角度，如果债务的定价是公允的，提前偿还债务不会影响股权价值（相比将还债的钱用于分红），也就是说FCFE法在分子端增加的工作量没什么意义，不如直接使用FCFF法。在现金流量表中，经营性现金流量净额之所以设计成不区分股权人和债权人，在净利润的基础上把财务费用加回去，就是为了方便投资者计算FCFF。

至于债务定价不公允的情况，例如存量债务利率很高，当前环境利率很低，债务的公允价值大于账面价值，提前还债是可以增厚股权价值的。但是此时也可以用FCFF法，只需将最后的扣减项由债务账面价值换成公允价值即可，提前还债带来的股权价值增厚，就是偿还部分的公允价值与账面价值之差（按照账面价值还，获得公允价值对应的价值增厚）。公式如下。

$$\text{修正后的 FCFF 法}=\sum_{t=1}^{\infty}\frac{\text{FCFF}_t}{(1+r_{\text{wacc}})^t}-\text{债务的公允价值}$$

$$\text{债务的公允价值}=\sum_{t=1}^{n}\frac{\text{面值}\cdot\text{票面利率}}{(1+\text{最新利率})^t}+\frac{\text{面值}}{(1+\text{最新利率})^n}$$

最后，从分母端来看，加权平均资本成本（r_{wacc}）也比股权折现率更稳定。表面上，r_{wacc} = 权益占比 · 股权折现率 + 债务占比 · 税后债务利率，这是我们最常用的计算 r_{wacc} 的公式。由于股权折现率通常远高于债务利率，上述公式经常给人一种错觉，即权益占比越高，r_{wacc} 越高；权益占比越低，r_{wacc} 越低。

但是事实上，如果不考虑税盾，r_{wacc} 不受资本结构影响。根据第 1 章所述的学术理论，折现率等于无风险利率加上风险溢价，在给定无风险利率的情况下，折现率取决于现金流所承担的风险。按照分子分母匹配的原则，r_{wacc} 是对企业自由现金流折现，因此其反映的是企业经营层面的风险，是造蛋糕的过程，与如何分蛋糕（资本结构）没有关系，因此改变权益占比不会导致 r_{wacc} 发生变化。

相反，改变权益占比会带来股权折现率自身的变化。从两个角度看，一方面，权益占比越低意味着资产负债率越高，企业发生债务危机、破产清算的概率就越高，从而需要给予股权折现率一定的补偿，因此权益占比与股权折现率存在内生性。

另一方面，资产负债率越高，意味着每年的刚性利息支出越高，权益现金流的波动性就会变大，也会抬高股权折现率。大家通常说的波动性，是按照百分比计算的。例如，假设某公司的自由现金流取值范围为 100 ± 20 元（期望值为 100 元，根据宏观环境正负波动 20 元），当刚性利息支出为 30 元时，权益现金流的取值范围就是 70 ± 20 元，当刚性利息支出为 50 元时，权益现金流的取值范围就会降低到 50 ± 20 元，波动的绝对值没变，但是百分比显然是扩大了。

这就是著名的无税MM定理[①]，当公司的资本结构发生变化时，r_{wacc}可以视为一个常数，而权益折现率却是一个变量。如果公司提前还债，势必导致权益–负债的比例发生变化，因此，如果用FCFE法计算权益价值，理论上需要对每一期的股权现金流，单独估算一个与之匹配的股权折现率。但是用FCFF法就不需要考虑这个问题，用任何一个时点的股权折现率、债务利率和资本结构计算r_{wacc}都可以，无论未来资本结构如何变化，之前算的r_{wacc}都能用。

由此也可以解释一个现象，虽然理论上用FCFF法和FCFE法计算的结果应该相等，但是初学者经常会发现，用FCFF法算出的结果往往大于用FCFE法算出的结果。举一个典型例子。

假设存在一个使用寿命为5年的项目，初始投资300元，其中资本金100元，债务融资200元，贷款利率5%。投产后，每年产生自由现金流100元，债务采用5年等额本息法还款，项目结束时贷款还清。由此可计算权益现金流，如表2–3所示。

---

① MM定理由莫迪利亚尼（Modigliani）和米勒（Miller）于1958年提出，简称MM定理，包括无税和有税两个版本。不考虑税盾时，企业的价值和加权平均资本成本都不受资本结构影响，不存在最佳资本结构。考虑税盾后，由于利息支出可以抵税，增加负债可以降低加权平均资本成本，增加企业价值。但是实际上增加幅度非常有限，而且自由现金流和股权折现率估算误差的影响，已经远远超过了税盾的价值增厚。直接使用无税MM定理的结论，问题一般不大。

表 2-3 典型项目自由现金流及权益现金流情况（金额单位：元）

年份	0	1	2	3	4	5
自由现金流	–300	100	100	100	100	100
期初债务余额		200.0	163.8	125.8	85.9	44.0
偿还债务本息合计		46.2	46.2	46.2	46.2	46.2
其中：偿还本金		36.2	38.0	39.9	41.9	44.0
利息费用		10.0	8.2	6.3	4.3	2.2
期末债务余额	200.0	163.8	125.8	85.9	44.0	0
权益现金流	–100.0	53.8	53.8	53.8	53.8	53.8

站在第 0 年末时间点，假设项目已经投产即将运营，当前时点的股权折现率 r_e 为 8%（给定数据）。不考虑税盾影响，可得 $r_{wacc} = 200 \div 300 \times 5\% + 100 \div 300 \times 8\% = 6\%$。分别按照 6% 的折现率和 8% 的折现率对自由现金流和权益现金流折现，项目股权价值估算结果如表 2–4 所示。

表 2-4 典型项目 FCFF 法和 FCFE 法折现情况（金额单位：元）

年份	0	1	2	3	4	5
自由现金流		100	100	100	100	100
折现值（加权平均资本成本 = 6%）		94.3	89.0	84.0	79.2	74.7
折现值合计（企业价值）	421.2					
FCFF 法股权价值（减债务余额）	221.2					
年份	0	1	2	3	4	5
股权现金流		53.8	53.8	53.8	53.8	53.8
折现值（股权折现率 = 8%）		49.8	46.1	42.7	39.5	36.6
FCFE 法股权价值	214.7					

可以看出，用 FCFF 法算出来的股权价值为 221.2 元，而用 FCFE 法算出来的结果是 214.7 元，用 FCFF 法算出的结果稍微高一点，问题就出在

FCFE 法的分母上。案例中给定的 8% 股权折现率，对应的是第 0 年时点的资本结构，随着公司持续偿还债务，资产负债率降低，股权现金流的风险也在降低，因此股权折现率应该是逐年下行的，用恒定的 8% 来折现导致结果低估了。

总结来看，对比 FCFF 法和 FCFE 法，FCFF 法无论是在结果展示、分子稳定性还是分母稳定性上，都全面胜过 FCFE 法，由此奠定了 FCFF 法在 DCF 模型诸多变体中的核心地位。在实战应用中，FCFE 法由于可以直接落实到股权价值，因此更多用于定性判断，例如 1.2.3 小节中的三阶段增长模型。一旦涉及计算，能用 FCFF 法就尽量用 FCFF 法。

以下是一些计算 r_{wacc} 的技巧。

（1）债务利率可以使用税后综合利率。税后综合利率 = 利息支出 / 有息负债余额 ×（1– 所得税税率）。对于分子端，利润表中的利息费用仅仅是费用化的利息支出，还要加上资产负债表中资本化的利息支出，否则将导致计算结果低估。对于分母端，有息负债主要包括长期借款、短期借款、应付债券、长期应付款、租赁负债等，不包括应付账款、预收账款等经营负债，以及递延收益、递延所得税负债等因会计规则产生的负债。

（2）股权折现率更依赖定性判断。虽然用 CAPM 可以直接算出个股的股权折现率，其中，无风险利率取十年期国债收益率；市场风险溢价通过宽基指数（如沪深 300）的点位倒算，即计算隐含 ERP；beta 系数等于个股与市场收益率的协方差除以市场收益率的方差，用 Excel“拉”一下历史股价数据即可。

但是正如 1.4 节所讨论的，CAPM 的很多假设过强，可能并不适用于当下的 A 股市场。而且，通过历史股价计算的 beta 系数也只能反映历史情况，历史未必代表未来。因此，CAPM 的计算结果只能仅供参考，更多时候还是依赖经验判断。用宽基指数的点位倒算市场平均回报率要求，然后根据市场风格和个股风险特征，在市场回报率的基础上进行调整。

（3）资本结构不要直接参考资产负债率。资产负债表中有大量的营运资本、货币资金及递延所得税资产负债等非生产性科目，导致资产负债率并不能反映真实的资本结构。

债务部分可以参考上述第一点只选取有息负债。权益部分应使用扣除营运资产、货币资金、递延所得税资产等之后的总资产，减去有息负债余额；不能直接使用所有者权益数据，因为如果公司的利润变成了应收账款，会导致所有者权益（未分配利润）被动增加，而这并不意味着股东投入的资本变多了。

2.3.2　进一步提高稳定性的努力：一些细节的讨论

根据笔者的经验及交流体会，使用 FCFF 法计算股权价值时，还可能遇到三个棘手的问题：（1）当公司处于快速扩张期时，经常遇到权益现金流为正，自由现金流为负的情况；（2）如何计算公司进入稳定期后的终值；（3）当核心要素存在不确定性时，公司不同阶段的现金流可能具有不同的风险属性，如短期业绩高度确定，长期业绩难以判断，无法使用统一的折现率。本小节就这三个问题依次展开讨论。

（1）权益现金流为正，自由现金流为负的情况。当公司处于快速成长期时，通常需要高强度资本开支，投资性现金净流出远大于经营性现金净流入，不足部分依靠债务融资满足，导致自由现金流为负。但在此时，公司往往也会保持一个较低的分红比例，在没有现金结余的情况下，分红金额就可以视为权益现金流，权益现金流为正。

在这种情况下，如果直接对自由现金流折现，就要判断自由现金流何时转正，但是很多公司的成长期可能持续很长时间，自由现金流迟迟不能转正。如果对权益现金流折现，虽然不涉及转正的问题，但是仍要面临2.3.1小节所说的分子、分母不稳定的问题。举一个典型例子。

以表2–3的案例为基础，假设存在一个使用寿命为5年的项目1，初始投资300元，其中资本金100元，债务融资200元，贷款利率5%。投产后，每年产生自由现金流100元，债务采用5年等额本息法还款，项目结束时贷款还清。

假设在第1年末，公司将项目1产生的权益现金流的30%用于分红，70%作为资本金投入项目2，项目2的净杠杆率也是2倍，IRR和项目1完全一样，自由现金流和权益现金流可参考项目1进行等比缩放。假设在第2年末，公司再将项目1和项目2合计的权益现金流的30%用于分红，70%用于再投资，形成项目3，IRR维持不变。

项目1的自由现金流和权益现金流的计算见表2–3，表2–4直接展示结果。第1年项目1的权益现金流为53.8元，按照30%分红，剩下的37.7元投入项目2，按照2倍净杠杆率借款75.3元，后续现金流参照项目1等比缩放。第2年项目2开始产生正现金流，用同样的方法形成项目3，从第3年开始不再追加投资，将权益现金流全额分红，具体数据如表2–5所示。

由于每年都有分红，因此站在股东的角度，公司权益现金流始终为正，但是前两年由于债务净流入，自由现金流为负，第三年开始转正，自由现金流的反弹力度远大于权益现金流。

表 2-5　典型权益现金流为正、自由现金流为负的案例（金额单位：元）[①]

年份	0	1	2	3	4	5	6	7
项目 1 自由现金流	–300	100	100	100	100	100		
项目 1 债务现金流	–200	46.2	46.2	46.2	46.2	46.2		
项目 1 权益现金流	–100	53.8	53.8	53.8	53.8	53.8		
项目 2 自由现金流		–113.0	37.7	37.7	37.7	37.7	37.7	
项目 2 债务现金流		–75.3	17.4	17.4	17.4	17.4	17.4	
项目 2 权益现金流		–37.7	20.3	20.3	20.3	20.3	20.3	
项目 3 自由现金流			–155.5	51.8	51.8	51.8	51.8	51.8
项目 3 债务现金流			–103.7	24.0	24.0	24.0	24.0	24.0
项目 3 权益现金流			–51.8	27.9	27.9	27.9	27.9	27.9
合计自由现金流	–300.0	–13.0	–17.9	189.5	189.5	189.5	89.5	51.8
合计权益现金流	–100.0	16.1	22.2	102.0	102.0	102.0	48.2	27.9

假设公司的加权平均资本成本为 6%，如表 2–6 所示，在第 0 年末的时间点（初始投资已完成），按照 6% 的折现率对自由现金流折现，可得公司的企业价值为 520.3 元。

然而，这个案例非常模板化，假定了新增项目的现金流高度可预期，且从第 3 年开始公司不再追加投资。在现实中，不同项目的内部收益率往往不一样，而且如果公司持续追加资本开支，自由现金流可能很长时间不能转正。投资强度的变化会带来自由现金流大幅波动，给 FCFF 法估值带来难度。

① 表中个别数字与按照相关数据计算得出的结果存在细微差别，系由修约规则导致的影响，表 2–6、表 2–7 与此相同，特此说明。——编者注

表 2-6　典型自由现金流折现情况（金额单位：元）

年份	0	1	2	3	4	5	6	7
合计自由现金流		–13.0	–17.9	189.5	189.5	189.5	89.5	51.8
折现值		–12.3	–15.9	159.1	150.1	141.6	63.1	34.5
企业价值	520.3							

在这种情况下，一个行之有效的方法是分解处理，将存量项目与增量项目单独计算。由表 2–7 可知，存量项目的自由现金流就是公司当前的经营性现金流，对经营性现金流折现，即可得到存量项目的价值。然后，只要我们假定公司坚守“投资的内部收益率一定大于折现率”，那么追加投资就可以增厚企业价值，我们可以将公司未来每一笔投资的净现值（Net Present Value，NPV）折现到现在，与存量项目的价值加总，得到公司整体价值。该案例中，整体折现和分解折现的结果都是 520.3 元。

表 2-7　典型自由现金流折现情况（金额单位：元）

年份	0	1	2	3	4	5	6	7
分解：存量项目自由现金流		100	100	100	100	100		
折现值		94.3	89.0	84.0	79.2	74.7		
存量项目价值（①）	421.2							
项目 2 自由现金流		–113.0	37.7	37.7	37.7	37.7	37.7	
项目 2 净现值（②）	43.1							
项目 3 自由现金流		0	–155.5	51.8	51.8	51.8	51.8	51.8
项目 3 净现值（③）	55.9							
企业价值合计（①＋②＋③）	520.3							

新增项目的 NPV 只取决于内部收益率、折现率和项目期限，通过上述分解，即可将对外投资质量与企业价值建立定量联系。对于资本开支很大的公司，分解算要好于整体算，对外投资的本质是减少当期的自由现金流，换取未来的经营性现金流增长，而增长是要考虑代价的，并不是所有的增长都有意义。考虑到非常远期项目的 NPV 折现到现在可能也没有多少钱，而且还有很大的不确定性，所以实战中一般只需要考虑未来 3 ～ 5 年的对外投资。

如果对公司的投资质量不放心，如认为回报率低于折现率，对外投资毁灭价值，也可用该方法计算。先对经营性现金流折现，算出存量项目的价值，增量项目的 NPV 为负，在存量项目价值的基础上扣减即可。增量项目的 NPV 为负是一个很严重的事情，意味着公司的投资理念有问题，影响范围可能就不止未来 3 ～ 5 年了。

在此也提醒所有企业家，决定一笔投资是否增厚企业价值的，是内部收益率与折现率孰高，并不是说投资不亏损或者收益率高于国债收益率就可以了。对投资者而言，投资是有机会成本的，发挥机会成本的定价功能，恰恰是金融服务实体、提高全社会投资效率的体现。

（2）如何计算公司进入稳定期后的终值。如第 1 章所述，在 DCF 框架下，真正决定企业价值的是进入稳定状态后的终值，所谓的增速和增速的持续时间，都是为了判断终值能够达到的高度。因此，“相对科学”地计算终值对 DCF 模型估值结果的稳健性“生死攸关”，不然就会导致前面的一切努力都付诸东流。

按照数学模型，当公司进入稳定期后，我们可以假设一个起点、永续增长率 g 和折现率 r，终值就等于稳定期起点的自由现金流除以 r 与 g 之差。但是正如笔者在 1.2.2 小节强调的，在实战中，尽量不要采用永续增长率，否则极易导致估值结果脱离现实。

永续增长是一个非常强的假设，基本上只存在于理论模型中。并不是说公司一定会衰落，而是因为增长不会是无源之水，其是用资本开支换来的。任何分母端的调整，都要同步调整分子端，因为在永续状态下，任何公司都不可能在没有资本开支的情况下实现业绩增长，否则经过足够长的时间，公司的 ROE 就会上升到无限大。这才是 DCF 模型估值结果对永续增长率异常敏感的根本原因，本质是调分母的时候，没有同步调分子，平白无故多出来一个增速。

如果我们承认公司的壁垒不是永远坚不可摧、无限可复制的，那么公司真正的稳态期，就是再投资回报率等于社会平均回报率的时候，此时公司不论是选择用投资换增长还是全额分红，都是没有区别的。而且更多时候，随着产业周期迭代，再投资回报率大概率跟不上全社会平均水平，投资者宁可不要永续增长。因此，直接按照无投资、无增长计算终值，反而还算乐观，计算公式如下。

$$\text{终值}=\frac{\text{再投资前的现金流}\times(1-\text{再投资率})}{r-g}\approx\frac{\text{再投资前的现金流}}{r}$$

进一步地，建议在上述结果的基础上进行修饰。万物皆周期，能够真正永续存在的公司是不存在的。而且上述结果还要求公司完全按照股东价值最大化原则进行投资决策，这也是一个比较“没有容错率”的假设，因此，建议根据行业属性，再打一个折。笔者比较欣赏一句话：DCF 模型的估值结果非常容易高估，如果算不出 50% 到 100% 的空间，所谓的目标涨幅可能都是计算误差。

此外，市面上还存在一种简化版的终值计算方法，即直接用稳定期的利润乘以给定的 PE。因为公司此时已经没有增长了，综合业绩稳定性和存续期长短，给予一个较低的 PE（比如个位数），对于一些永续性不强的公司，可能比强行假设永续更合理。

但是笔者非常不认可另一种估值方法，即在公司还没有进入稳定期时，就用几年后的业绩乘以一个预期的 PE，作为若干年后的“合理市值”，再用 DCF 折现回来。

这种估值方法在个人投资者中有着强大的生命力，在专业投资者中也不乏传播，但是这种估值方法实际上是将一切都押注在了几年后的预期 PE 上，不仅没有融合绝对估值法和相对估值法的优点，反而是两者缺点的“集大成者”。影响 PE 的因素很多（2.5 节有详细讲解），但是当下的 PE 至少还有可比公司，预期的 PE 则几乎全靠拍脑袋；折现率是风险的衡量，那么对于一个拍脑袋的估值，到底应该用多少折现率折回来，需要再拍一次脑袋。

（3）当核心要素存在不确定性时，公司不同阶段的现金流可能具有不同的风险属性。这种情况下，理论上应该用不同的折现率对不同阶段的现金流分别折现，若近期业绩的可预测性较强，则用一个低一点的折现率；若远期不确定性因素太多，谁都看不准，则用一个高一点的折现率。

但是在实战中，这种方法的局限性很大，一方面非常麻烦；另一方面，由于折现率在分母端，对估值的影响是非线性的，很难建立与风险大小的直观对应关系，导致我们很多时候并不知道多大的风险应该给多少折现率。笔者认为更有效的方法是仍然使用统一折现率，直接在分子端进行调整。可以引入不同的情景分析，算出未来某一期现金流的期望值，然后根据不同情景的波动性大小，给予期望值一定折扣。

例如，假设在乐观和悲观情况下公司的现金流分别是 120 元和 80 元（等概率，下同），则期望值是 100 元。如果在乐观和悲观情况下的现金流变成 140 元和 60 元，虽然期望值仍然是 100 元，但是波动变大了，理论上应该用更高的折现率。我们可以简化处理，不调整折现率，直接调整分子，如按 90 元参与 DCF 的计算。

2.4 相对估值法的逻辑与陷阱：人类的直觉是单线程的

从本节开始，我们进入另一大估值流派——相对估值法的讨论。虽然说绝对估值法满足估值的第一性原理，但是在 A 股市场环境下，相对估值法的适用面可能远广于绝对估值法，PE、PEG①、权益现金流 – 市值倍数、经营性现金流 – 企业价值倍数、EV/EBITDA、PB、PB-ROE、PB– 权益现金流 / 净资产、企业价值倍数 –ROIC、单位产能市值、市销率、单位经营指标市值等，总有一“款”能套用上。

如之前所述，并不科学的相对估值法之所以能够挤压绝对估值法，实际上源于投资上的两大 bug②：“人类思维的单线程性”及“法不责众”。所有的相对估值法都是在绝对估值法基础上，选出一个对估值影响最大的参数，然后假设类似的公司其他所有参数都相等，得出的单变量敏感性分析。也就是说，相对估值法本质是对绝对估值法的极端简化，非常符合人类的

① PEG 是 Price/Earnings to Growth Ratio 的首字母缩写，译为市盈率相对盈利增长比率。——编者注

② bug 原指程序错误，现延伸为指代缺陷、问题、漏洞等。本书余同。——编者注

单线程思维，先设定一个框架（选择要看的倍数），然后把所有精力聚焦在主要矛盾上。

例如，在风险等级一样的情况下，我们认为增速差不多的公司，应该有大致相当的 PE，从而建立目标市值和净利润的关系；认为 ROE 差不多的公司，应该有大致相当的 PB，并建立目标市值与净资产的线性关系；PS、EV/EBITDA、单位经营指标市值等都是同一个思路。在相对估值法的逻辑体系里，世界是线性的。

然而，从 DCF 模型推导相对估值法时，有一个非常容易被忽略的底层假设，即所有公司都呈现规模无关性，无论公司的净利润、净资产体量如何，只要各种比例参数大致相等，不同规模的公司仍然是可比的。这是一个比较强的假设，公司的生产经营是存在规模效应的，规模无关性假设只能用在体量相差不悬殊的公司之间。

一个常见的解释是，体量大的公司增速慢，体量小的公司增速快，但是如果用 PE 估值，增速已经反映在 PE 里了，所谓"一档增速，一档 PE"。真正导致规模不无关的因素应该是抗风险能力，体量越大的公司往往抗风险能力越强，抗风险能力会影响折现率，进而对增速的质量产生影响。因此，即便是相同的行业，不同体量的公司的增速也不是完全可比的，并不是说公司增速差不多，PE 就一定可以看齐。同理，也并不意味着只要小公司的增速更高，就一定会获得 PE 溢价。

落实到 A 股市场，由于抗风险能力在宏观经济高速增长、产业趋势一帆风顺时往往不会体现出来，因此在 2016 年之前，尤其在 2007 年和 2015 年两轮牛市中，规模大可能还是劣势，市场异常热衷于小票的高弹性，给予中小公司更高的 PE。但是从 2016 年开始，随着市场回归理性，行业"龙头"的抗风险能力及增速的持续性开始显现，从规模折价到规模溢价，这些因素为 2017 年之后的白马股行情提供了一部分动力。

但是正如笔者在第 1 章反复强调的，优质并不会带来超额收益，带来超额收益的只有“低估”。2021 年之后，白马股行情“熄火”，这种情况在一定程度上可以理解为规模价差基本修复完毕，而并不是“龙头”不再优质。规模相关性是所有相对估值法的“死穴”，使用相对估值法时要根据市场的客观环境，对规模因素做出定性调整。只看增速不看风险，很可能导致小票高估、大票低估。

相对估值法的另一个问题是，要求市场比较有效，但是又不能过于有效。相对估值法用一个简单的倍数代替了 DCF 模型中各种参数的组合，其默认假设是，类似行业、类似阶段的公司，各种参数应该也类似，所以直接将所有参数打包起来，将其他公司的估值倍数作为标准答案，认为标的公司也应该获得差不多的倍数。这就要求市场比较有效，其他公司的估值是合理的，但是又不能过于有效，否则标的公司的估值也是合理的，“便宜有便宜的道理”。

因此，相对估值法无法形成逻辑闭环，尤其是可比公司比较少的时候，大公司说自己有“龙头”优势，应该获得估值溢价，小公司说自己增速快，也应该有估值溢价，结果整个板块左脚踩右脚，将价值投资变成趋势投资而螺旋上升或者踩踏式下降。

从这种意义上看，笔者认为最适用相对估值法的是行业内的二、三线公司，若这个行业的板块性驱动力比较强，个股性驱动力比较弱，在一个比较短的时间内，二、三线公司的估值倍数跟着业内“大哥”走，可以节省很多研究精力，也不会错得太离谱。但是对于业内“大哥”，估值倍数“向下看齐”多少有些“有损身份”，“大哥”要承担起 DCF 估值的重任，给行业“打个样儿”。

此外，虽然说从本质上，股价是由未来现金流的折现值决定的，但是在流动性极强的二级市场，投资者并不一定要一直持有股票：只要有人比我更乐观，我就可以用更高的价格把股票卖给他。如果对方的乐观程度高于真实情况，及时卖掉就比一直持有更好，价差收益高于现金流折现。

因此，相对估值法是一种时刻经历市场检验的估值方法，很多时候有自己独立的运行逻辑，不完全是 DCF 模型的简化，而是融入了更多的预期思维和交易思维，更加关注边际变化。由此也就解释了，在以寻找预期差为主要目的的 A 股市场，相对估值法应用如此广泛。而在以配置思维占主导的海外市场，DCF 模型更受欢迎。

【注】导致该现象的另一大因素可能是对分红和股东利益最大化的重视程度，如果投资支出无法通过分红回收，股票市场就极易沦为击鼓传花，交易性因素对估值的影响将特别大。

然而，既然融入了交易思维，那么估值倍数的有效期就非常短，只能用于当下时点的横截面对比，比如我们认为某公司的业绩大超预期，PE 对标行业平均水平，股价就可以实现一波可观涨幅；不能用于带有时间序列的长期展望。用当前的估值倍数外推未来，一定会“刻舟求剑”，未来的市场环境、公司层面的增长潜力都不能和现在相比，相对估值法很多时候只能走一步看一步，展望远期前景最好用 DCF 模型。

本章 2.5 ～ 2.7 节将对各种常见的相对估值法进行逐一分析，聚焦每种倍数的核心假设、适用场景及应变策略。笔者在《穿透财报》第 2 章中也对相对估值法有所涉及，出版后收到大量读者反馈。本书余下章节将对相对估值法的部分问题进行进一步讨论。

2.5 PE：单一指标整合增速与风险，直观而粗糙

PE（市盈率）是A股市场最常用的估值方法，只要不是处于亏损、盈亏边缘或者业绩波动过大的公司，一般都适用。PE的内涵是建立目标市值与净利润的线性联系，原理类似的还有权益现金流－市值倍数、经营性现金流－企业价值倍数、EV/EBITDA等。这些估值方法都可以归为一类，即业绩（流量指标）与目标市值的倍数关系，其核心假设、驱动力及陷阱都存在一定共性，本节在一个框架内讨论这些估值方法。

相比之下，PB、PB-ROE、PB–权益现金流/净资产、企业价值倍数－ROIC、单位产能市值等也可以归为一类，即资产（存量指标）与目标市值的倍数关系，这些笔者将在2.6节集中讨论。

2.5.1 核心指标与关键假设：增速与折现率

PE是最基础的“流量指标－目标市值”估值方法，虽然有着种种缺点，但是在与DCF模型衔接方面，引入的额外假设已经非常少了。从第一性原理出发，DCF模型的本质就是将未来所有期限内归属于投资者的现金流折现。以股权现金流折现模型（FCFE法）为例：

$$P=\frac{\mathrm{FCFE}_1}{(1+r)^1}+\frac{\mathrm{FCFE}_2}{(1+r)^2}+\frac{\mathrm{FCFE}_3}{(1+r)^3}+\frac{\mathrm{FCFE}_4}{(1+r)^4}+\frac{\mathrm{FCFE}_5}{(1+r)^5}+\cdots+\frac{\mathrm{FCFE}_n}{(1+r)^n} \quad ①$$

但是如2.2节所述，在实战中，现金流量表预测难度很高，利润表被

发明出来，一定程度上就是为了方便投资者进行预期管理，是对现金流量表做出的平滑、近似处理。从全生命周期来看，净利润严格等于权益现金流，因此，我们可以对①式进行简化：

$$P=\frac{E}{r-g} \qquad ②$$

其中 E 是公司的净利润，g 可以理解为全生命周期加权平均增速。

②式没有用每一期的现金流，而是直接用了净利润及净利润的全生命周期加权平均增速来代替。与三阶段增长模型衔接，加权平均增速是一个抽象化的概念，由两个子参数决定，分别是增速和增速的持续时间。进一步地，将②式变形可得：

$P=E\cdot\frac{P}{E}=E\cdot\frac{1}{r-g}$，等式两边同时除以 E，可得 $\text{PE}=\frac{1}{r-g}$

至此，我们得到一个至关重要的定义式，在权益现金流能够被净利润近似表示时（这本身就是一个并不弱的假设），PE 只取决于两个参数，折现率及净利润的全生命周期加权平均增速。

理论上，PE 是一个归一化的无量纲模型，只要两家公司有大致相当的增速和风险等级，两家公司就应该有大致相当的 PE，并不需要一定属于同一个行业。更激进的处理方法是 PEG，即 PE 除以增速后的数值保持恒定，在给定市场偏好的情况下，一档增速对应一档 PE，两者大致呈线性关系。

然而，从实战观察来看，笔者非常不建议用 PE 进行跨行业比较，并且坚持认为 PEG 是一个有严重缺陷的估值方法。首先，从 PE 的定义式来看，增速 g 是全生命周期加权平均增速，是对利润曲线形状的抽象化描述，既不是某一年的增速，也不是未来几年的复合增速（无论复合期有多长，3年、5年还是10年）。由表1–7可知，在20%的增速下，不论是维持10年还是维持15年，看起来似乎差不多，但是DCF模型估值结果几乎相差1倍，合理PE也几乎相差1倍。

利润增长曲线的形状取决于行业天花板及进入壁垒，不同行业可能截然不同；而且PE的定义式中还有折现率，不同行业的风险特征、对宏观环境波动的抵抗能力也是有“天壤之别”的。因此，即便两个行业看上去增速差不多，甚至在过去相当长的时间内，增速确实差不多，但是不同行业之间的可比性仍然很弱。PE是一个高度简化的模型，影响折现率和利润曲线形状的因素太多，贸然对比一定会遗漏变量。

例如，在2016—2017年白马行情如日中天时，笔者正在“实习”看定制家具，当时盛行消费升级逻辑，定制家具的估值远高于白酒，原因无他，只因其增速更高。但是从后续表现来看，至少在2021年之前，显然是白酒的后劲更足，抗风险能力和增速持续性都更胜一筹。

结合DCF模型，在增速已然不低的情况下，持续时间对估值的影响才是决定性的，但是由于其不如增速数据那样直观可得，在应用PE时经常被有意无意地淡化，导致投资者过度关注短期业绩增速（更有趣的是，上市公司也知道投资者关注短期增速，因此往往会用尽各种会计规则的合法可调空间，把短期增速做高）。

PEG估值无疑就是把这种短视发挥到极致，这种估值方法存在根本性缺陷。不仅是前面所说的，用短期增速偷换全生命周期加权平均增速，而且即便增速选对了，在PE的定义式中，增速位于分母端，与PE也不呈线性关系。由此，PEG不妨成为一个判断市场极度亢奋、股价到达阶段性高点的预警指标，当全市场都在使用PEG时，“盛宴”可能就快散场了。

从更本质上说，决定 PE 的既不是增速，也不是增速的持续时间，而是天花板高度。增速和持续时间都是在我们不知道天花板高度时，用来推算业绩天花板高度的工具。如果给定终局高度，增速快持续时间就短，增速慢持续时间就长，增速快慢对 PE 的影响其实不大。

以模板化案例说明，假设某公司当前净利润为 1（无量纲，表达倍数关系，现金流 = 净利润），业绩天花板为当前的 2 倍，业绩在达到天花板后进入稳定期，维持至永续。由表 2–8 可知，在匀速增长情况下，假设业绩到达天花板用时 10 年，则每年业绩增速为 7.2%。按照 7% 的折现率将现金流折现，可得公司的合理市值为 24.6。定义 PE 为合理市值除以未来一年的净利润，则合理 PE=24.6 ÷ 1.07=23.0 倍。

表 2–8　净利润 10 年 2 倍的情况下，合理 PE 的测算（一）（折现率取 7%）

年份	0	1	2	3	4	5	6	7	8	9	10	……
净利润 = 现金流	1.00	1.07	1.15	1.23	1.32	1.42	1.53	1.63	1.75	1.88	2.00	2.00
增速		7.2%	7.2%	7.2%	7.2%	7.2%	7.2%	7.2%	7.2%	7.2%	7.2%	0%
现值（折现率 7%）		1.00	1.00	1.00	1.01	1.01	1.01	1.02	1.02	1.02	1.02	14.52
合理市值	24.6	给定公司的业绩天花板为当前利润的 2 倍，假设公司业绩 10 年内匀速增长至业绩天花板，维持至永续										
合理 PE（动态）	23.0 倍	假设净利润 = 权益现金流，合理 PE= 根据 DCF 模型算出的合理市值 / 未来一年的净利润										

换一种情景，由表 2–9 可知，假设公司的业绩天花板仍然是当前的 2 倍不变，但是用时 5 年就可以达到，每年业绩增速为 14.9%，继续按照 7% 的折现率折现，可得公司的合理市值为 26.6。但是由于增速更快了，未来一年的净利润变成 1.15，合理 PE=26.6 ÷ 1.15=23.1 倍，分子分母同时变大，相除的结果变化非常小。

表 2-9　净利润 5 年 2 倍的情况下，合理 PE 的测算（二）（折现率取 7%）

年份	0	1	2	3	4	5	6	7	8	9	10	……
净利润 = 现金流	1	1.15	1.32	1.52	1.75	2.0	2.0	2.0	2.0	2.0	2.0	2.0
增速		14.9%	14.9%	14.9%	14.9%	14.9%	0%	0%	0%	0%	0%	0%
现值（折现率 7 %）		1.07	1.15	1.24	1.34	1.43	1.33	1.25	1.16	1.09	1.02	14.52
合理市值	26.6	给定公司的业绩天花板为当前利润的 2 倍，假设公司业绩 5 年内匀速增长至业绩天花板，维持至永续 假设净利润 = 权益现金流，合理 PE= 根据 DCF 模型算出的合理市值 / 未来一年的净利润										
合理 PE（动态）	23.1 倍											

将业绩天花板调高一点，假设公司 10 年后的业绩是当前的 10 倍（之后稳定），则每年增速为 25.9%，由表 2–10 可知，按照 7% 的折现率折现后，合理市值为 99.9，合理 PE=99.9 ÷ 1.26=79.3 倍。

表 2-10　净利润 10 年 10 倍的情况下，合理 PE 的测算（三）（折现率取 7%）

年份	0	1	2	3	4	5	6	7	8	9	10	……
净利润 = 现金流	1.0	1.26	1.59	2.00	2.52	3.17	3.99	5.02	6.32	7.96	10.0	10.0
增速		25.9%	25.9%	25.9%	25.9%	25.9%	25.9%	25.9%	25.9%	25.9%	25.9%	0%
现值（折现率 7%）		1.18	1.39	1.63	1.92	2.26	2.66	3.13	3.68	4.33	5.08	72.62
合理市值	99.9	给定公司的业绩天花板为当前利润的 10 倍，假设公司业绩 10 年内匀速增长至业绩天花板，维持至永续 假设净利润 = 权益现金流，合理 PE= 根据 DCF 模型算出的合理市值 / 未来一年的净利润										
合理 PE（动态）	79.3 倍											

如果公司业绩 5 年就能增长至原来的 10 倍，则每年增速为 58.5%，由表 2–11 可知，折现率仍然取 7%，计算可得公司的合理市值为 120.8，合理 PE=120.8 ÷ 1.59=76.0 倍。虽然和 10 年 10 倍的结果略有偏差，但是仍在可接受范围内。因此可以说，在给定折现率的情况下，PE 就是由业绩天花板

高度决定的，和增长路径关系不大，高度确定了，增速高一点低一点都没关系。

表 2-11　净利润 5 年 10 倍的情况下，合理 PE 的测算（四）（折现率取 7%）

年份	0	1	2	3	4	5	6	7	8	9	10	……
净利润＝现金流	1	1.59	2.52	3.99	6.32	10.0	10.0	10.0	10.0	10.0	10.0	10.0
增速		58.5%	58.5%	58.5%	58.5%	58.5%	0%	0%	0%	0%	0%	0%
现值（折现率 7%）		1.49	2.20	3.26	4.82	7.13	6.66	6.23	5.82	5.44	5.08	72.62
合理市值	120.8	给定公司的业绩天花板为当前利润的 10 倍，假设公司业绩 5 年内匀速增长至业绩天花板，维持至永续										
合理 PE（动态）	76.0 倍	假设净利润＝权益现金流，合理 PE= 根据 DCF 模型算出的合理市值 / 未来一年的净利润										

由此，可以认为，在永续经营假设下，PE 是业绩天花板高度与折现率的二元函数，表 2–12 展示了两者对 PE 的敏感性分析（到达业绩天花板所用时间统一为 10 年，用时不同会导致结果产生细微偏差，但是不会影响量级）。在使用 PE 估值时，我们需要建立起对 PE 数字与其背后的隐含参数之间关系的清晰认识。

表 2–12　业绩天花板高度与折现率对 PE 的影响（假设到达业绩天花板后永远稳定）

动态 PE		公司业绩天花板较当前业绩的倍数					
		0.5	1	2	3	5	10
折现率	5%	12.5	20.0	33.4	45.7	68.9	122.1
	6%	10.7	16.7	27.3	37.0	55.2	97.0
	7%	9.3	14.3	23.0	30.9	45.6	79.3
	8%	8.3	12.5	19.8	26.3	38.6	66.3
	10%	6.9	10.0	15.3	20.1	28.8	48.6

通过上述测算，我们可以进一步理解，为什么“假设估值（PE）不

变，赚业绩增长的钱”非常值得商榷，这也是 PE 估值法的一大陷阱。表面上看，股价 =EPS · PE，如果 PE 不变，业绩增长就可以直接对应到股价增长上。但是通过计算 DCF 可知，当公司业绩增长后，PE 是一定会变化的，如果天花板不上修，公司与天花板的距离会越来越近，若 PE 持续下降，将导致股价与业绩增速脱钩。

如果想让 PE 不变，就要持续等比例上修天花板，也就是前文所说的“稍微上调增速的持续时间”，随着时间的推移，上修难度和积累的风险都会快速增加。这也许就是大部分成长股的宿命，当公司短期业绩超预期后，很多时候 PE 不仅不会下降，甚至还会上调，从而实现股价的“戴维斯双击”。

但是从坚守价值的角度，除非公司通过业绩证明了自己的商业模式和竞争力，带来基本面的根本性变化，否则任何“戴维斯双击”都是透支未来涨幅，过度透支对应着深度回调，会形成股价波动的“放大器”。当然，尝试驾驭波动也是一种投资流派，踩对节奏往往收益不菲。

由表 2–12 得出的进一步推论是，个股 PE 的历史分位数是没有意义的，因为如果没有预期差，那么随着公司业绩增长，PE 每时每刻都应该是历史最低；而如果有预期差，那么 PE 可以调整，但是调整后的 PE 与调整之前没有可比性，因为之前的预期不对。即便用指数 PE 的历史分位数作为市场情绪的指标，该指标的有效性也不如隐含 ERP，后者还剔除了无风险利率的影响。

图 2–4 展示了一家业绩 5 年增长 5 倍的公司，在 7% 折现率下的理论 PE 走势（假设之后业绩稳定），高增速持续消化 PE，直到公司不再增长时，PE 收敛为折现率的倒数。

需要注意的是，PE 收敛对业绩下滑的公司也成立，只要我们认为一家公司的业绩是有底的，随着业绩逐步回落，PE 反而是持续上升的。图 2–5 展示了一家业绩 5 年下滑 50% 的公司的 PE 走势，PE 最终也收敛为折现率的倒数（假设之后业绩不再下滑，折现率取 7%）。在这个过程中，如果公司的业绩出现超预期反转，发生“戴维斯双击”的概率可能更大。

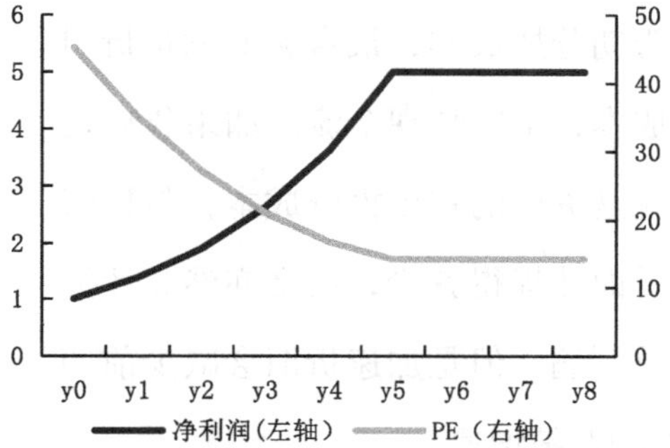

图 2–4 5 年 5 倍匀速增长的 PE 走势

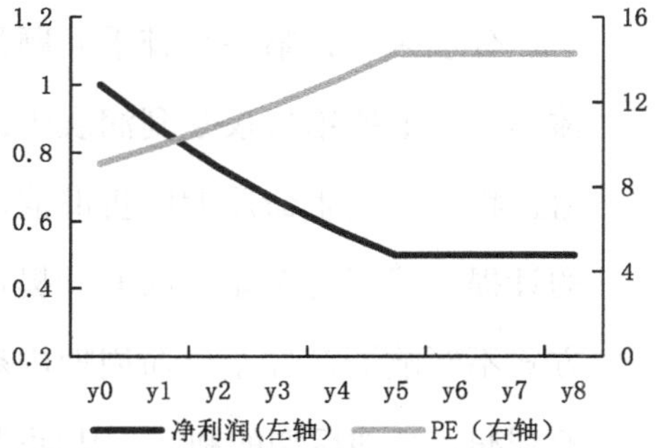

图 2–5 5 年减半匀速下跌的 PE 走势

2.5.2 易被忽视的陷阱：净利润与权益现金流未必等价

由于 PE 估值法是直接对利润表估值的，因此其缺点大部分都是利润表本身的缺点，规避这些陷阱可能确实需要一点财务基础，尤其需要厘清三张报表的逻辑关系。2.5.2 小节中的所有案例都默认了一个前提，即净利润 = 权益现金流，而这恰恰是 PE 估值法最强的假设。

如 2.2 节所述，净利润是对权益现金流的跨期平滑处理，虽然从全生命周期的角度看，净利润的加总数严格等于权益现金流，但是从每一个单独的会计期看，两者大概率不相等。如果用 DCF 模型估值，由于加总数相等，用净利润代替权益现金流，折现结果通常不会偏差太大。但是 PE 是给予某一期的净利润一定倍数，利润表的“平滑”方式就会产生决定性影响。

从三张报表的原理来看，利润表主要是对两类科目进行重分期，第一类科目“影响净利润但是不影响现金流”，如折旧摊销及与资产相关的政府补助，第二类科目“影响现金流但是不影响净利润”，如应收应付及各种资本化处理。也就是说，当一家公司这两类科目非常多的时候，净利润和权益现金流就会产生较大差别，导致 PE 失真。

分项来看，第一个棘手问题是各种跨期分摊成本，最常见的就是折旧摊销。折旧摊销仅仅是利润表中的虚拟成本，不影响现金流。如果忽略残值，将资产全生命周期的折旧值加总，就是资产的初始投资成本，与折旧的计提方式没有关系，前面计提得多，后面计提得就少，反之亦然。计提方式不影响资产在全生命周期内获得的总利润，但是加速折旧会减少前期的利润，增加后期的利润，从而带来更高的业绩增速。

折旧年限小于真实使用年限的情况，也可以视为一种加速折旧，因此，折旧政策不同的公司，PE 是没有可比性的，必须进行归一化处理。举个典型例子。

假设某公司初始投资 200 元购买机器用于出租，机器使用寿命 10 年，每年租金 100 元，运营成本 40 元 / 年（现金成本），不考虑税费及其他费用，无资金拖欠。

由表 2–13 可知，折旧政策不影响现金流，公司每年的现金流为 60 元，按照 10% 的折现率折现可得，公司的股权价值为 368.7 元。但是从利润表来看，如果该机器的折旧年限等于使用寿命，如情景 1，每年折旧为 20 元，净利润为恒定 40 元。项目投产后的首年 PE 为 9.22（368.7 ÷ 40）倍，ROE 为 20%（40 ÷ 200 × 100%）。

如果缩短折旧年限，按照 5 年折旧，如情景 2，则前 5 年的折旧为 40 元 / 年，后 5 年继续使用不再计提折旧，则公司前 5 年净利润为 20 元 / 年，后 5 年净利润为 60 元 / 年。两种情况下的全生命周期总利润都是 400 元，但是情景 2 的净利润走势前低后高，首年 PE 为 18.44（368.7 ÷ 20）倍，ROE 为 10%（20 ÷ 200 × 100%）。

表 2-13　典型项目在不同折旧政策下的 PE 及 ROE（折现率取 10%，金额单位：元）

年份	1	2	3	4	5	6	7	8	9	10
营业收入（①）	100	100	100	100	100	100	100	100	100	100
付现成本（②）	40	40	40	40	40	40	40	40	40	40
现金流	60	60	60	60	60	60	60	60	60	60
现值（折现率 10%）	54.5	49.6	45.1	41.0	37.3	33.9	30.8	28.0	25.4	23.1
股权价值	368.7									
情景 1：按照 10 年匀速折旧										
折旧（③）	20	20	20	20	20	20	20	20	20	20
净利润（① − ② − ③）	40	40	40	40	40	40	40	40	40	40
首年 PE	9.22 倍									
	20%									
情景 2：缩短折旧年限，按照 5 年折旧										
折旧（④）	40	40	40	40	40	0	0	0	0	0
净利润（① − ② − ④）	20	20	20	20	20	60	60	60	60	60
首年 PE	18.44 倍									
首年 ROE	10%									

该案例可以作为一个经典反例来证明 ROE 和 PE 没有关系，情景 2 的 ROE 只有情景 1 的一半，但是 PE 却是情景 1 的两倍。因此，很多把 ROE

和 PE 联系在一起的观点都是经不起推敲的，它们错把相关性当成了因果性，比如“某某公司的 ROE 非常高，可以给一个高一点的 PE”，或者“某某公司的 ROE 好低呀，根本不值这么高的 PE”。

从定义式 PE=1/（$r-g$）来看，PE 仅取决于增长空间和风险（或者按照三阶段增长模型，取决于净利润的增速、增速的持续时间和折现率），完全不涉及 ROE。情景 2 初期的净利润和 ROE 虽然较低，但是从第 6 年开始，净利润就可以实现一轮跃升，显然有着更高的“全生命周期加权平均增速”，因此就可以有更高的 PE。

很多高 ROE 的公司之所以会有较高的 PE，是因为这些公司竞争力强、行业壁垒高、供需紧俏，同时拥有更大的增长空间和更高的 ROE，高 PE 是增长空间带来的，而不是高 ROE 带来的。影响 ROE 的因素有很多，ROE 高低与增长空间大小没有必然联系。就像我和树一起长高，推不出树长高促使我长高，是时间促使我们共同长高。

针对加速折旧问题，市面上还有一种常见的观点“某某公司的折旧年限很短，等折旧到期后，之前的折旧都会变成利润”。这句话本身没有问题，“全生命周期折旧总额”守恒，折旧前高后低，净利润自然就是前低后高。但是很多时候，这句话的潜台词是，在公司折旧快到期的时候买入，持有至折旧到期，在业绩大增的同时，股价也会跟着大涨，这种观点对 PE 的理解过于静态（也可能是基于交易性因素的“割韭菜”）。

以表 2–13 中的情景 2 为例，由表 2–14 可知，任何一年年初的股权价值都等于后续年份的现金流折现值加总（不包括已分红的金额），折现率取 10%，PE 等于当年年初的股权价值除以当年的净利润。可以看出，随着时间的推移，由于投资者能获得的现金流期限越来越少，股权价值是逐渐下降的。在第 6 年的时候，由于折旧到期，净利润增加，合理 PE 随之骤降，投资者显然赚不到这笔“业绩增长”的钱。

表 2-14　折旧到期后合理 PE 的测算（折现率取 10%，金额单位：元）

年份	1	2	3	4	5	6	7	8	9	10
情景 2：缩短折旧年限										
折旧	40	40	40	40	40	0	0	0	0	0
净利润（①）	20	20	20	20	20	60	60	60	60	60
现金流	60	60	60	60	60	60	60	60	60	60
历年股权价值（②）	368.7	345.6	320.2	292.2	261.4	227.5	190.2	149.2	104.1	54.5
合理 PE（② / ①）	18.4 倍	17.3	16.0	14.6	13.1	3.8	3.2	2.5	1.7	0.9

在现实中，除了水电等可以近似视为永续的资产外，大部分资产的实际使用寿命不会偏离折旧年限太大，因此当折旧到期后，资产的剩余寿命一般都比较有限，就算利润再高，也给不了高 PE。虽然为了简化处理，上述推导过程使用了单项目模型，但是结论对永续经营的公司依然适用，永续经营的公司就是若干个单项目模型的叠加。

第二个棘手问题是，如果营运资本增长过快（如应收账款回款太慢），用净利润近似代替权益现金流的效果就会大打折扣，导致 PE 虚高。与折旧摊销刚好相反，营运资本的变化影响现金流但不影响净利润，虽然从原理上看，如果不考虑坏账风险，营运资本仅仅会增大现金流的波动性，不影响现金流总额，但是从估值的角度，营运资本会减损企业价值。

首先，现金流存在时间价值，收不到钱的纸面利润肯定给不了太高的估值，分红比例也没法提高。而且相比“什么时候收回来”，市场更加担心“根本收不回来”，后期一旦计提大额坏账，前面的利润就都是假的。

“虚增营业收入—虚增利润—虚增应收账款—择机计提坏账”是一套常

见的财务舞弊流程，如果一家公司的回款能力很弱，且频繁计提坏账准备，从外部投资者的角度看，很难区分该公司是真的差还是故意差。而且，即便该公司的应收账款是完全真实的，回款困难这个事实本身也能反映该公司的商业模式和产业链竞争力，引发市场对该公司长期增长潜力的重估。

理论上讲，除了特定行业，很难出现一家公司赛道好、竞争力强、增速快、各种利润表指标全面优秀，但是长期收不到钱、现金流量表一塌糊涂的情况。即便公司处于高速扩张期，资本开支金额巨大，自由现金流为负，但是经营性现金流量净额或者至少是单向的经营活动现金流入，要和利润表指标对应，否则就很难自圆其说。

然而，对营运资本导致的估值折价，很难有定量的规律，只能根据经验，如回款周期、坏账风险、舞弊概率等进行定性判断，给予 PE 一定折扣。

第三个棘手问题更加常见。虽然从全生命周期来看，净利润与权益现金流等价，但是在大多数情况下，我们并不是给全生命周期估值，而是从全生命周期的中间开始估值。最直接的表现就是，权益现金流完全面向未来，不考虑沉没成本，但是净利润通过折旧摊销规则，考虑了沉没成本，由此导致权益现金流和净利润出现较大偏差，尤其是一些初始资本开支金额极大、资产使用寿命极长的重资产行业，运营期现金流可能远远好于净利润。

继续用典型案例来说明。我们对表 2–13 的案例稍加改造。

假设某公司购买机器用于出租，机器使用寿命 10 年，每年租金 100 元，运营成本 40 元 / 年（现金成本），不考虑税费及其他费用，无资金拖欠，折旧年限等于实际使用年限。但是初始投资分三种情景讨论：情景 1 初始投资 200 元；情景 2 初始投资 300 元；情景 3 初始投资 400 元，但是政府补助 300 元。

站在第 1 年的时间点，初始投资属于沉没成本，不影响估值结果，假设折现率取 10%，股权价值为 368.7 元。但是利润表需要考虑沉没成本，在情景 1 中，每年计提折旧 20（200 ÷ 10）元，净利润 40 元，首年 PE 为 9.22 倍，ROE 为 20%（40 ÷ 200 × 100%）。在情景 2 中，每年计提折旧 30（300 ÷ 10）元，净利润 30 元，首年 PE 为 12.29 倍，ROE 为 10%（30 ÷ 300 × 100%）。

在情景 3 中，初始 400 元投资计入固定资产，政府补助 300 元属于补资产型的政府补助，不能直接计入当期利润表，而是先计入"递延收益"科目（负债），再随着资产折旧，每年分摊计入利润表"其他收益"科目。因此，补资产型的政府补助与折旧类似，相当于负的沉没成本，后续年份影响净利润但是不影响现金流，算 DCF 时应该扣掉。用会计科目理解如下。

建设期处理（不影响利润表）

借：货币资金　　　　　　　　300（收到补助金额）

　　贷：递延收益　　　　　　　　300（负债科目）

借：在建工程或固定资产　　　400

　　贷：货币资金　　　　　　　　400（实际资本开支）

运营期处理（不影响现金流）

借：主营业务成本　　　　　　40（分摊初始投资）

　　贷：累计折旧　　　　　　　　40

借：递延收益　　　　　　　　　　　　　　30（分摊初始补助）

　　贷：其他收益　　　　　　　　　　　　　　30（利润表科目）

由此，情景 3 中的净利润高达 50 元 / 年，ROE 为 50%，但是由于公司的真实价值由未来的现金流决定，在分子不变的情况下，情景 3 的首年合理 PE 只有 7.37 倍。初始投资不同的情况下的 PE 及 ROE 如表 2–15 所示。

表 2–15　初始投资不同的情况下的 PE 与 ROE（金额单位：元）

年份	1	2	3	4	5	6	7	8	9	10
营业收入（①）	100	100	100	100	100	100	100	100	100	100
付现成本（②）	40	40	40	40	40	40	40	40	40	40
现金流	60	60	60	60	60	60	60	60	60	60
现值（折现率 10%）	54.5	49.6	45.1	41.0	37.3	33.9	30.8	28.0	25.4	23.1
股权价值	368.7									
情景 1：初始投资 200 元，10 年折旧										
折旧（③）	20	20	20	20	20	20	20	20	20	20
净利润（① – ② – ③）	40	40	40	40	40	40	40	40	40	40
首年 PE	9.22 倍									
首年 ROE	20%									
情景 2：初始投资 300 元，10 年折旧										
折旧（④）	30	30	30	30	30	30	30	30	30	30
净利润（① – ② – ④）	30	30	30	30	30	30	30	30	30	30
首年 PE	12.29 倍									
首年 ROE	10%									
情景 3：初始投资 400 元，政府补助其中的 300 元，10 年折旧										
折旧（⑤）	40	40	40	40	40	40	40	40	40	40

（续表）

情景 3：初始投资 400 元，政府补助其中的 300 元，10 年折旧										
其他收益（⑥）	30	30	30	30	30	30	30	30	30	30
净利润（① − ② − ⑤ + ⑥）	50	50	50	50	50	50	50	50	50	50
首年 PE	7.37 倍									
首年 ROE	50%									

该案例提供了 ROE 和 PE 没有必然联系的第二个反例。从定义式 PE=1/（$r-g$）来看，这次出问题的不是增速，而是定义式本身。在非全生命周期估值的情况下，沉没成本导致净利润和权益现金流出现较大偏离，用 DCF 模型推导不出 PE。考虑到权益现金流一般都远好于净利润，如果沿用 PE 估值法的框架，那么沉没成本越大，PE 的溢价应该越高。

另一个有效的处理方法是用权益现金流、经营性现金流或者 EBITDA（息税折旧摊销前利润）替代净利润，比较权益现金流倍数或 EBITDA 倍数。其中，权益现金流倍数直接对应股权价值，经营性现金流倍数和 EBITDA 倍数都是先算出企业整体价值，再减去有息负债余额。

在不存在营运资本趋势性增加的情况下，EBITDA 倍数是一个更好的选择，EBITDA 是从利润表的角度，对经营性现金流量净额做出的近似，忽略了营运资本的变化。由于所有的相对估值法都是给予某一年的某个指标一定倍数，因此相对估值法对指标稳定性的要求高于 DCF 模型，营运资本的波动可能会导致某一年的现金流指标不具备代表性。

计算 EBITDA 时，折旧摊销是广义的，所有“只影响利润表、不影响现金流”的科目都要还原回去，这类科目除了上述与资产相关的政府补助外，还包括资产减值损失、与外币负债相关的汇兑损益、预提费用等。这些科目不一定都是非经常性损益，比如与资产相关的政府补助，只要资产处于折旧期内，就年年有、月月有，一般都算“经常性”。

在表 2–15 的三种情景中，把折旧加回去、其他收益减掉后，EBITDA 都等于 60 元 / 年，从而 EV/EBITDA 就可比了，均为 6.1（368.7 ÷ 60）倍。当然，该案例没有考虑负债，在有负债的情况下，EV/EBITDA 是一个自带杠杆的估值方法，估值结果对 EV/EBITDA 非常敏感。

例如，假设某公司的净利润是 10 元，给予 10 倍 PE，则目标市值是 100 元；若给予 12 倍 PE，则目标市值是 120 元。估值结果与 PE 呈线性关系。

但是对于 EV/EBITDA，假设某公司的 EBITDA 是 10 元，有息负债余额是 70 元，给予 10 倍 EV/EBITDA，在先得到企业价值 EV=100 元后，再减去有息负债余额，得到的目标市值为 30 元；如果给予 12 倍 EV/EBITDA，EV=120 元，有息负债余额还是 70 元，则目标市值变成了 50 元。EV/EBITDA 提高 20%，目标市值提高 67%，估值结果与 EV/EBITDA 并非呈线性关系。

此外，在特定情况下需要注意，并不是所有的折旧都不影响现金流，不能不加区分一律加回去，最典型的是租赁资产的折旧。如果一家公司的租赁资产很多，尤其是商超、餐饮店铺、药店等这类商业模式下，计算 EBITDA 时需要把租赁资产单独拆出来。

在会计处理上，租赁资产最早有两种处理方式，租赁期较短的归类为经营租赁，直接按照应付租金确认成本费用；租赁期较长的归类为融资租赁，并表固定资产和长期应付款。

2021 年 1 月 1 日起，A 股上市公司全面执行新租赁准则，取消了经营租赁，所有的租赁均按照融资租赁模式处理，新增“使用权资产”和“租赁负债”科目，承租日按照应付租赁款的现值同时确认使用权资产和租赁负债，对使用权资产按照直线法计提折旧，对租赁负债按照摊余成本法处理（类似等额本息还款），处理方法非常复杂。我们用案例来说明。

假设某公司承租资产，租赁期 5 年，约定租金每年 100 元。

在旧租赁准则下，如果租赁期占资产的使用寿命比例较小，可以归类为经营租赁，每年记入利润表的成本费用就是 100 元，简明直观。但是在新租赁准则下，所有租赁均按融资租赁处理，在表 2–16 中，先按照一定的折现率将未来支付的租金折现到现在，折现率参考公司平均融资成本，本案例中假设为 10%，然后根据租金现值同时确认使用权资产和租赁负债。

表 2–16　在新租赁准则下对未来支付的租金折现（金额单位：元）

年份	1	2	3	4	5
每年支付租金	100	100	100	100	100
折现率	10%				
每年租金折现值	90.9	82.6	75.1	68.3	62.1
租金现值	379				

借：使用权资产　　　　　379（根据未来租金的现值确认使用权资产）

租赁负债——未确认融资费用 121（未确认融资费用逐年摊入财务费用）

贷：租赁负债——应付租赁款　　500（资产负债表中以净值列示）

然后，每年对使用权资产和租赁负债分别处理，使用权资产采用直线法折旧，每年计提折旧 75.8（379 ÷ 5）元。租赁负债采用摊余成本法处理，相当于等额本息还款，借款初始金额为 379 元，每年还款 100 元，借款利率为折现率 10%，每年确认财务费用。

由表 2–17 可知，每年对利润表的影响是使用权资产折旧和租赁负债财务费用两部分的合计，前几年高于实付租金，后几年低于实付租金，但是整个租赁期的影响合计仍然是 500 元。在算 EBITDA 时，这部分折旧就不能加回来，因为它不是沉没成本，确实有对应的现金流。

表 2-17　新租赁准则下对使用权资产计提折旧和对租赁负债按照摊余成本法处理（金额单位：元）

年份	1	2	3	4	5
资产部分的处理					
期初使用权资产（①）	379.0	303.2	227.4	151.6	75.8
使用权资产折旧（② = ① /5）（直线法）	75.8	75.8	75.8	75.8	75.8
期末使用权资产（③ = ① − ②）	303.2	227.4	151.6	75.8	0.0
负债部分的处理					
期初租赁负债余额（④）	379.0	316.9	248.6	173.5	90.9
确认利息费用（⑤ = ④ ×10% 折现率）	37.9	31.7	24.9	17.4	9.1
支付租金（⑥）	100.0	100.0	100.0	100.0	100.0
期末租赁负债余额（⑦ = ④ + ⑤ − ⑥）	316.9	248.6	173.5	90.9	0.0
对利润表的整体影响					
每年折旧 + 财务费用（② + ⑤）	113.7	107.5	100.7	93.2	84.9
未来 5 年合计	500				

2.5.3　读透报表：牢记权责发生制弊端，重视现金流指标

在 2.5.2 小节非付现成本收益分摊中，我们已经了解到，利润表有非常大的调节空间。如果将视角扩大，在利润表中，从收入成本的确认时点、各种支出资本化，到预提费用、金融资产的损益确认，几乎每一个项目都可能存在主观判断空间。既然选择了权责发生制，就必须接受权责发生制的缺点，利润表只是公司对经营结果发表的一种意见，仅仅盯住利润表，很容易中了公司的圈套。

笔者在《穿透财报》中进行了详细分析，在绝对规范的完美报表与完全非法的舞弊报表中间，有一个巨大的灰色地带，即合法但是经过深度粉饰的报表，不能说公司的记账方式不对，但是报表呈现出的结果可能有极强的误导性。报表粉饰和财务舞弊的最大区别为是否"无中生有"，报表粉饰通常是在不同会计期内"挪利润"，很难界定性质，而财务舞弊则是凭空"变利润"，是绝对意义的触碰监管红线。利润表中的每一项几乎都存在主观判断空间，如图 2–6 所示。

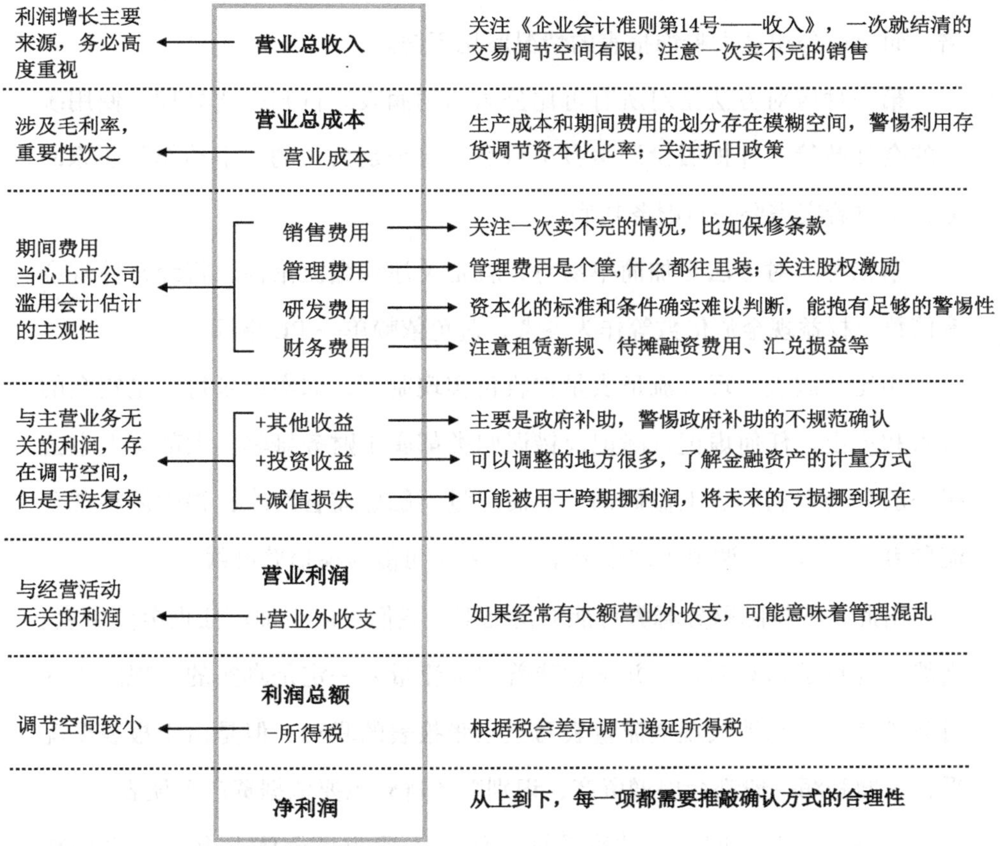

图 2–6　利润表中的每一项几乎都存在主观判断空间

根据股价 =EPS · PE，利润调节分为两种流派。一种是调高 EPS，如提前确认收入、提高支出资本化比例、降低预提费用比例等，让当期利润表显得更好看。另一种则是调低 EPS，将前一会计期的利润挪到后一会计期，从而实现更高的增速，通过 PE 来提高股价，这对投资者的误导性可能更大。

识别报表粉饰的技巧有很多，本书不再进一步讨论，详情可见《穿透财报》第 4 章。从估值的角度看，PE 是受报表粉饰影响最大的估值方法，净利润只要稍微偏差一点，乘上 PE 后，偏差瞬间就能放大十几倍乃至几十倍，而上市公司这类粉饰报表的情况屡见不鲜。

第一种应对方法是对所有可比公司的利润表进行归一化处理，使用统一的会计政策、计提假设调整各个科目，将个别公司的“小动作”还原回去，不过着实需要一点财务功底。

第二种应对方法更加简单易行，就是关注现金流指标，将经营性现金流倍数、权益现金流倍数等作为参考，避免依赖单一 PE 指标。

相比利润表，现金流量表是在收付实现制下，如实记录每一笔资金的流入和流出，任何虚记、漏记及错误归类都属于财务舞弊。大部分上市公司一般只会在利润表上做修饰，从而尽量不触碰监管红线；很少调整现金流量表，因为一旦调整了现金流量表，就很可能触碰监管红线。

由此，在排除财务舞弊可能的情况下，我们可以更加信任现金流量表。当然，也只是相对而言，并不意味着现金流量表一定是真实的。现阶段的财务舞弊大多都涉及现金流量表乃至三张报表的联动，但是由于报表要配平，虚增利润一般都会虚增资产，识别财务舞弊主要依据资产负债表。

利润表调节空间过大的直接证据便是 A 股市场全体上市公司的 ROE 呈现非正态分布，尤其是在 0 值附近严重右偏。按道理讲，全市场中 ROE 特别高和特别低的公司都比较少，ROE 应该大致呈现以全社会平均回报率为中心、左右对称的正态分布。

但是由图 2–7 可知，左边是 2014 年全 A 样本的 ROE 分布，数据取自 2014 年年报，披露时点为 2015 年 4 月，正值牛市期间，ROE 为负的公司非常少，ROE 接近 0 但是为正的公司异常多，分布非常不正态。右边是 2022 年全 A 样本的 ROE 分布，数据取自 2022 年年报，披露时点为 2023 年 4 月，正值熊市期间。可以看出，虽然 0 值附近的变化还是有一点陡峭，但是相比 2014 年的数据，ROE 的分布已经正态很多了。

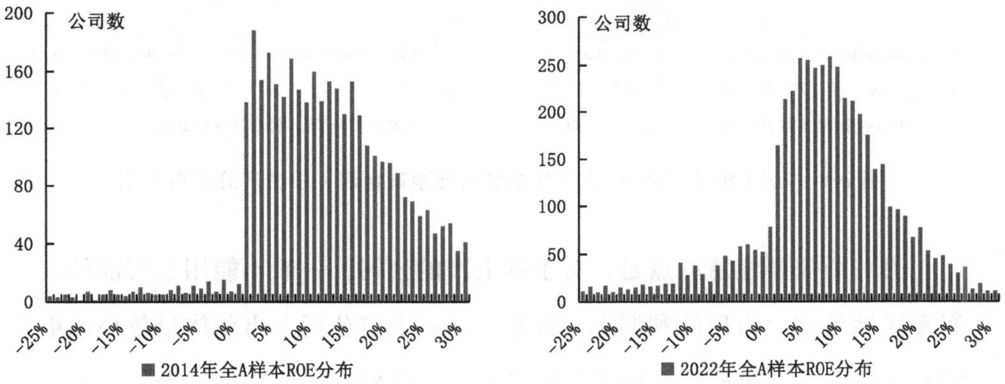

图 2-7　2014 年及 2022 年全 A 样本 ROE 分布直方图

从 2014 年到 2022 年利润表质量的变化，固然有部分市场行情的影响；但是更重要的，笔者认为近年来监管趋严、会计政策持续迭代的效果开始显现，健全的资本市场离不开每一位参与者的努力。

相比利润表数据（ROE），现金流量表数据一直都可靠得多，我们使用“经营性净现金流 / 总资产”作为衡量上市公司创造现金流能力的指标。由图 2–8 可知，无论是 2014 年的样本还是 2022 年的样本，现金流指标的分布都非常正态，这从侧面证明了现金流量表质量更高。

由此也可以推论，A 股市场上真正触碰红线的财务舞弊是不多的，更多的是在红线边缘徘徊，对利润表进行修饰（游离在监管之外）。对于大部分公司，现金流量表是值得信赖的。

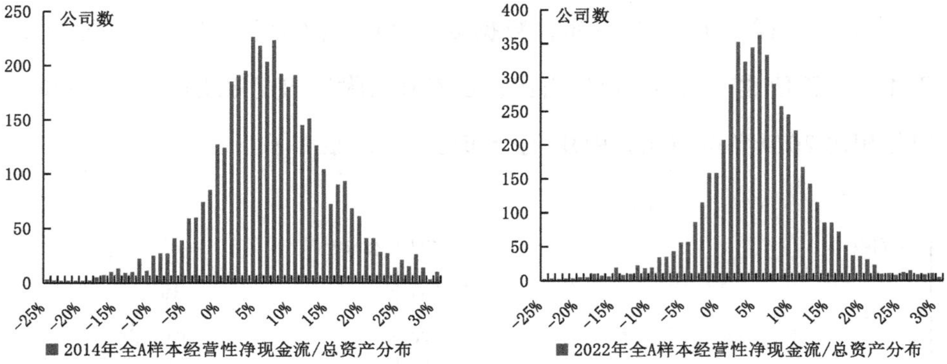

图 2-8　2014 年及 2022 年全 A 样本经营性净现金流 / 总资产分布直方图

另一个需要注意的点是，对于刚上市的公司，一般不能用上市前的利润率线性外推上市后的利润率。首先，一些上市公司上市前体量较小，更容易“轻资产”运行，存量资产质量较高，募投的新项目可能无法复制存量资产的高回报率。

其次，不排除一些公司为了冲击首次公开发行（Initial Public Offering，IPO），通过提前确认收入、延后确认成本等方式，故意调高 IPO 前几年的利润。而且，相比粉饰上市后的报表，粉饰上市前的报表有天然优势。根本原因在于，权责发生制中有大量的估计项，比较适合展望未来，不太适合回顾过去。当公司上市后，每次编制报表都是对过去一个会计期的实时总结，公司并不知道未来会发生什么，在涉及估计项时，属于向前看，很难做到完美的“跨期统筹”。

但是在 IPO 时，公司可以对上市之前若干年的报表进行重新整理（原始报表往往不规范，不满足上市要求），属于向后看，在“已经知晓答案”的情况下，实现利润表数据的“跨期统筹”就容易得多。对招股说明书中的业绩披露进行监管是一大难题，确实没有太好的解决办法。

从 A 股市场数据来看，图 2–9、图 2–10 均为笔者自制的蜡烛图，每一根“蜡烛”均涵盖了 A 股市场当年进行 IPO 的所有上市公司样本，分别对比上市两年前与上市两年后的毛利率均值、净利率均值，空心表示阳线，即上市两年后的数值高于上市两年前的数值；实心表示阴线，即上市两年后的数值低于上市两年前的数值[①]。

可以看到，在 A 股市场的发展历史上，除了 1996 年、1997 年、2009 年和 2013 年上市的公司上市两年后毛利率是上升的，其余都有小幅下降。净利率的下降幅度更大，只有 1993 年、2009 年和 2013 年走出“阳线”。

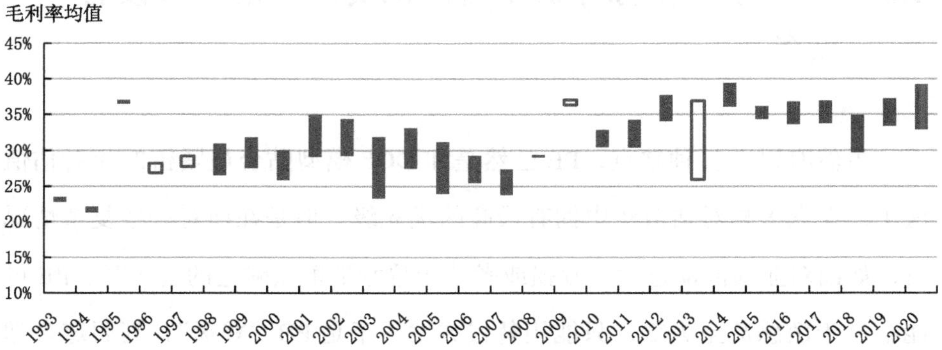

图 2–9　全 A 样本历年上市公司上市两年前与两年后的毛利率均值

---

① 图 2–9 中的 2013 年，空心表示阳线，即 2013 年上市的公司，上市两年后的毛利率均值高于上市两年前，两年后的毛利率均值为空心柱上沿（37%），两年前的毛利率均值为空心柱下沿（26%）；实心柱反之。

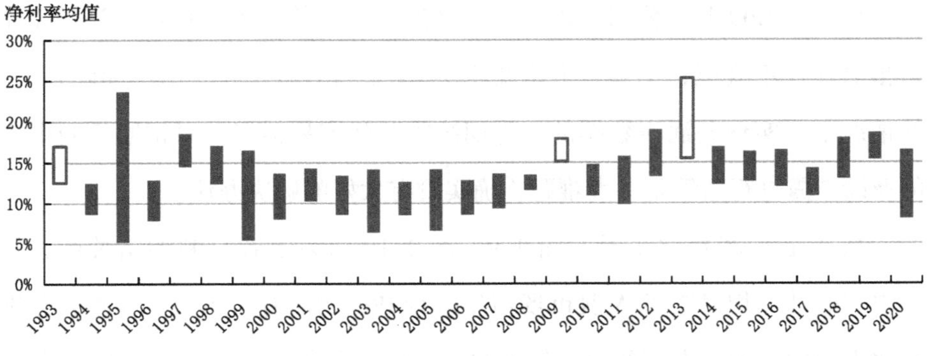

图 2-10　全 A 样本历年上市公司上市两年前与两年后的净利率均值

图 2–9、图 2–10 提示我们应该更加谨慎使用招股说明书中的数据，尤其是其中的利润表指标。

2.6　PB：单一指标评估不可辨认资产，前提假设有点多

虽然有以上种种缺点，PE 已然是和 DCF 模型贴合最紧密的相对估值法了，在众多相对估值法中拥有最高的优先级。但是在面对一些复杂情况时，如面对业绩波动过大、亏损或者处于盈亏平衡点附近的公司时，PE 可能会过于敏感甚至失效，只能用替代方案。于是 PB“登场”，其假定合理市值与净资产的账面价值成一定比例。

PB 是最常用的“存量指标 – 目标市值”估值方法，本节笔者将讨论 PB 估值的本质、PB-ROE 框架及资产负债表估值法的修正与推广。

2.6.1　PB 估值的本质：用账面价值推测公允价值

从原始的定义来看，PB 并不是一种很科学的估值方法，甚至有着严重缺陷。一方面，大部分生产性资产按照初始投资成本入账，在估值语境下属于沉没成本，而资产的公允价值取决于未来现金流的折现，两者可以说没有太大关系，尤其在初始投资距今较为久远时。

另一方面，公司的公允价值并不是单个资产公允价值的加总，公司作为一个整体，有很多没有体现在报表上的不可辨认资产，如企业家的个人能力、长期以来形成的口碑、贸易渠道、牌照资源等，以及最关键的产业组织形式，即将所有生产要素有机整合起来的能力。

正如 1.2.2 小节所讨论的，如果公司对外投资的内部收益率等于折现率，也就是投资者要求的必要收益率，该笔投资的净现值就是 0，PB 严格等于 1 倍。如果想让 PB 大于 1 倍，所投资产的内部收益率必须大于折现率，而折现率是全社会相同风险等级资产的平均回报率，若公司的投资回报率大于全社会平均水平，其一定具备其他公司没有的东西。

能用钱轻易买来的东西，显然是不能构成壁垒的，能构成壁垒的大多是不可辨认资产。这些独有资源贡献了盈利能力，但是不满足资产的确认条件，或者公司不用为这些资源按照公允价值付费，导致在计算收益率时，分子与分母不匹配，从而带来了收益率提高。

也就是说，超额利润并不是由报表上列示的资产带来的，而是由报表以外的资产带来的。PB 估值的本质，就是假定报表内外的资源价值成一定比例，用净资产的账面价值推算公司整体的公允价值，其逻辑严谨性是值得商榷的，通常只适用于可辨认资产占比较高、不可辨认资产影响较小的行业（典型反例就是在大部分轻资产行业、以人力资源为主的行业，桌子板凳根本不值钱，用 PB 估值的意义较小）。

继续沿用 1.2.2 小节的推导思路，任何一家公司都可以被视作由若干生命周期有限的项目叠加而成的，公司用存量项目赚的钱滚动投资新项目，实现公司的发展壮大。

因此，我们可以将公司的股权价值进行如下分解，对于每一个会计期，经济增加值（EVA）=（资本金 IRR– 股权成本）× 每期期初的权益面值，单个项目的股东价值增厚即为项目未来所有期限的 EVA 折现值加总。公司的股权价值增厚等于所有现有资产的价值增厚加上未来资产的价值增厚，在此基础上再加上投资本金就是公司的股权价值。用公式表示如下。

$$\text{经济增加值}(\text{EVA}_t)=(\text{资本金 IRR}-\text{股权成本})\cdot\text{每期期初的权益面值} \quad ①$$

$$\text{单笔投资的股东价值增厚}=\sum_{t=1}^{\infty}\frac{\text{EVA}_t}{(1+r)^t} \quad ②$$

$$\text{公司的股权价值}=\text{初始投入资本金}+\sum_{t=1}^{\infty}\frac{\text{EVA}_{t\,(\text{现在资产})}}{(1+r)^t}+\sum_{t=1}^{\infty}\frac{\text{EVA}_{t\,(\text{未来资产})}}{(1+r)^t} \quad ③$$

式③等式两边同时除以净资产就是 PB，如果认为初始投入成本就是净资产，PB 就等于本金 1 加上现有资产的价值增厚比例及未来资产的价值增厚比例。如果认为超额收益都是不可辨认资产变现带来的，那么现有资产的价值增厚就是已经变现的不可辨认资产，未来资产的价值增厚就是还没变现的不可辨认资产。

由此，又回到了第 1 章 DCF 模型中讨论的公司估值决定因素：壁垒及壁垒的可复制性。式③同时也反映出 PB-ROE 框架的一个严重缺陷（详细讨论见 2.6.2 小节），ROE 可以近似视为资本金 IRR 在某个会计期上的切片数据，因此 ROE 直接影响式③中的第二项。但是式③中的第三项和 ROE 没有关系，至少和存量资产的 ROE 没有关系。也就是说，PB-ROE 框架看重的是壁垒的强度，忽略了壁垒的可复制性，而对很多行业而言，可复制性更重要。

当然，壁垒也不一定都是正贡献，沉没成本较大而无法即时退出的行业就相当于拥有负壁垒，式③中的第二项为负，导致合理 PB 小于 1 倍。

不过，以上讨论均针对生产性资产，近年来随着产业链分工的深化，对外投资、交叉持股、衍生品套期等愈发成为公司的经常性行为，金融资产占比越来越高，应收应付等营运资本的管理也在变得复杂化，两类资产都没有 IRR 和经济增加值一说，无法套用 PB–ROE 框架。

而且，随着会计规则的迭代，各类资产的确认方式千差万别，根据资产 = 负债 + 所有者权益，当生产线运作起来以后，净资产通常不是用投入本金算出来的，而是通过资产与负债作差得到的，账面价值的可靠性成为 PB 估值的又一大挑战。

具体来看，对于负债端，除了预计负债、预提费用等涉及一定的主观性外，大部分负债的账面价值与公允价值相差不大。但是对于资产端，金融资产一般按照公允价值计量，根据公允价值变化同步调整所有者权益；营运资本按照账面价值计量，考虑到坏账概率和货币的时间价值，公允价值通常小于账面价值。

因此，加上金融资产及营运资本后，净资产的计算结果可能失真，而且这两类资产也无法创造超额收益（公允价值不会高于 1 倍 PB）。笔者建议在计算净资产时剔除金融资产和营运资本，给予剩下的净资产一定 PB 后，再按照 1 倍 PB（或者根据实际情况微调）把两者加回来，得到股权的合理价值。计算 ROE 时同理，分母应该用真正创造收益的生产性资产。

表 2–18 总结了资产负债表主要资产科目的记账方式及要点。

表 2–18　资产负债表主要资产科目记账方式及要点

科目	记账方式	要点
流动资产：		
货币资金	公允价值	公允价值严格等于账面价值
交易性金融资产	公允价值	以股权类投资为主，以公允价值计量且其变动计入当期损益
衍生金融资产	公允价值	形成套期关系的衍生品投资，按照净敞口列示
应收账款及票据	账面价值	考虑到货币的时间价值以及减值风险，应收账款的公允价值一定小于账面价值，银行承兑汇票的减值风险相对较小
应收款项融资	账面价值	同应收账款
预付款项	账面价值	要看合同性质，可以暂且等于账面价值
其他应收款	账面价值	注意各类细节，需要仔细拆解
存货	账面价值	大部分产成品以生产成本列示，除非长期积压，公允价值（售价）一般大于账面价值；原材料情况需要具体分析
合同资产	账面价值	同应收账款
待摊费用	账面价值	已经付出的成本，大部分情况下公允价值小于账面价值
其他流动资产	账面价值	注意各类细节，需要仔细拆解。此外，待抵扣进项税一般也归入其他流动负债（或其他非流动负债），考虑到货币的时间价值，该项的公允价值也小于账面价值
非流动资产：		
债权投资	账面价值	持有至到期的债券，采用摊余成本法逐季调整账面价值，在市场利率变化不大的情况下，账面价值可以近似等于公允价值
其他债权投资	公允价值	持有待交易的债券，以公允价值计量且其变动计入其他综合收益
其他权益工具投资	公允价值	持有的股权类资产，尚无法对对方产生重大影响，以公允价值计量且其变动计入其他综合收益
其他非流动金融资产	公允价值	持有的股权类资产，尚无法对对方公司产生重大影响，以公允价值计量且其变动计入当期损益

（续表）

科目	记账方式	要点
长期股权投资	账面价值	持有的股权类资产，可以对对方公司产生重大影响，采用权益法计量，如果时间久远，账面价值与公允价值可能相差较大
固定资产	账面价值	账面价值与公允价值可能相差较大，公允价值的本质是重置成本，具有地理位置稀缺属性的资产，公允价值一般大于账面价值；技术进步速度较快的机器设备，公允价值一般小于账面价值
在建工程	账面价值	账面价值与公允价值可能相差较大，需要看所投资产盈利能力
使用权资产	账面价值	租赁的资产，按照未来租金的现值入账，同时增加资产和负债，不影响净资产
无形资产	账面价值	自己研发的专利按照研发支出的一定比例入账，账面价值与公允价值可能相差较大，甚至毫无关系，需要重点评估
商誉	账面价值	由非同一控制下的企业并购产生，账面价值与公允价值可能相差较大，甚至说毫无关系，建议打折估值

2.6.2　易被忽视的陷阱：PB-ROE 框架的分解与适用条件

可以看出，2.6.1 小节我们对 PB 的讨论大部分都是理念性的，无法落地到具体估值。对这一问题，常见的处理方式是将 PB 与简化版的 DCF 模型衔接，以现有净资产为分母，计算净资产的账面盈利能力，进而将公司估值的溢价倍数与净资产的盈利能力挂钩，这就是著名的 PB-ROE 框架。

相关公式推导过程非常简单，继续从最原始的股权现金流折现模型入手。

$$P=\frac{\mathrm{CE}_1}{(1+r)^1}+\frac{\mathrm{CE}_2}{(1+r)^2}+\frac{\mathrm{CE}_3}{(1+r)^3}+\frac{\mathrm{CE}_4}{(1+r)^4}+\frac{\mathrm{CE}_5}{(1+r)^5} \quad ①$$

参照 2.5.1 小节中的方法对①式进行化简，得到：

$$P=\frac{E}{r-g} \quad ②$$

其中E是公司的净利润，g为净利润的全生命周期加权平均增速。

进一步引入净资产B，将②式变形：

$$P=B\cdot P/B=B\cdot \frac{E}{r-g}/B$$

等式两边同时除以B，可得：

$$PB=\frac{1}{r-g}\cdot ROE$$

由此，我们可以得到另一个关键的定义式，PB取决于三个参数，分别是折现率、净利润的全生命周期加权平均增速及ROE，其中$1/(r-g)$就是PE，因此PB还可以写成PE · ROE。从定义式上看，如果两家公司有大致相同的风险（r）、净利润增长空间（g）和盈利能力（ROE），两家公司应该有大致相同的PB。

然而，需要强调的是，从推导过程可以看出，PB-ROE框架引入的假设非常多，需要严格遵循适用条件，否则极易“刻舟求剑”。首先，由于PB可以写成PE · ROE，因此PE估值的所有缺陷都会完完整整地传递给PB-ROE框架。

在上式中，我们用净利润代替了权益现金流，直接实现了从现金流量表到利润表的过渡，这一步要求公司不能有太多应收应付，或者营运资本净额不出现趋势性变化；各项会计政策，如折旧方法等必须统一；而且最关键的，折旧等非付现成本占营业成本的比例要较少，资产使用寿命不能太长，否则当估值对象为非全生命周期时，对净利润折现的结果与对现金流折现的结果相差太大，上式就不再成立。

最后一点恰恰是很多公司不能直接比较 PB–ROE 的主要原因（需要对 ROE 进行修正）。大部分适用 PB 估值的行业都是重资产行业，没有太多“看不见摸不着”的资产，绝大部分资产都是可辨认资产，但是这类行业的折旧占比一般都非常高，资产使用寿命通常也不短，再加上很多行业都是周期类行业，沉没成本很多，估值对象多为非全生命周期，净利润与权益现金流相差甚远，ROE 无法衡量资产真实的现金流创造能力。

其次，从分母端来看，PB–ROE 框架要求可比公司之间的风险（折现率 r）、净利润增长空间（全生命周期加权平均增速 g）大致相等，当满足以上全部条件后，公司的 PB 才与 ROE 成正比，一档 ROE 对应一档 PB。

然而在现实中，不同行业的利润增长空间很难相同，从前文即可看出，增速和增速的持续时间稍微差一点，估值就可能差一大截（也就是 2.6.1 小节所说的壁垒可复制性）；不同行业的现金流稳定性、风险等级也各有千秋，因此并不建议使用 PB-ROE 框架进行跨行业比较，PB-ROE 框架更适合在同行业（除非两个行业均处于稳定状态，都没有什么增长，风险等级也差不多）内部筛选低估标的。

一个明显的证据就是不同行业的 PB 并不与其 ROE 成正比。图 2–11、图 2–12 分别为 2020 年年底和 2022 年年底 31 个申万一级行业的 PB 与 ROE 的分布散点图，横向对比来看，除了食品饮料行业的 ROE 和 PB 遥遥领先外，其他行业的 PB 与 ROE 并没有太大关系，线性拟合 R^2 均在 0.05 以下，硬要说成正比似乎有点勉强。

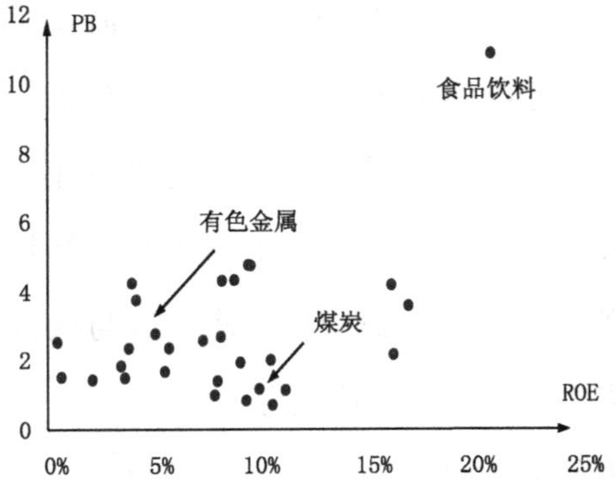

图 2-11 2020 年年底申万一级行业 PB 与 ROE

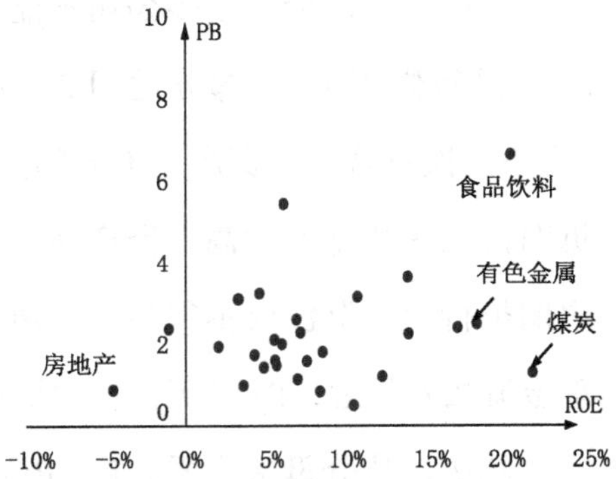

图 2-12 2022 年年底申万一级行业 PB 与 ROE

纵向对比来看，同一个行业不同时间的 ROE 也没有可比性。对于成长股，由于业绩天花板不可能无限上修，公司每增长一步，利润的潜在增长空间（比例关系）就会被压缩，即使 ROE 不变，PB 也会趋于下行。对于周期股，不同年份的 ROE 将大幅波动，PB 反而会相对稳定，用数学理解就是，虽然 ROE 变了，但是利润的增长空间也跟着变了，两者实现了对冲。

与 PE 原理一样，PE 容易给人的错觉是，业绩增速越快的公司，股价涨幅越大；PB 则是 ROE 越高的公司，股价涨幅越大。但是正如笔者在前文反复强调的，超额收益只能来自预期的修正，与利润曲线的形状无关，无论是业绩增速还是 ROE，本质都是对利润曲线形状的描述，随着公司的增长，PE 和 PB 是动态变化的。

上述现象也印证了 PB 估值的本质，ROE 仅仅是表象，PB-ROE 框架是通过账面净资产的盈利能力，衡量可辨认净资产的公允价值，并推测不可辨认资产的价值的。对大部分行业而言，除非行业基本面发生重大趋势性变化，否则两部分价值具有一定的稳定性。成长股的账面价值会随着公司的增长而变多，分母变大后 PB 自然下降；周期股祸兮福之所倚，福兮祸之所伏，PB 的波动幅度远小于业绩的波动幅度。

在排除以上陷阱后，与 PE 类似，PB 还需要警惕净利润不等于权益现金流的情况，此时 PB 与 ROE 并不成正比（本质是 ROE 不等于 IRR）。

第一种典型情景依旧是折旧政策不同导致的净利润不同，如 2.5.2 小节中的表 2–13，无论折旧政策如何，公司的股权价值均为 368.7 元，如果按照 10 年折旧，公司首年的净利润为 40 元，ROE 为 20%；如果按照 5 年折旧，则公司首年的净利润为 20 元，ROE 为 10%。但是由于折旧政策不影响公司的内在价值及初始净资产，两种情况下的理论 PB 是一样的。当 ROE 无法体现资产的真实盈利能力时，可以用权益现金流 / 净资产代替 ROE。

第二种典型情景是历史投资成本不同，但是重置成本相同的情况。在公平市场竞争条件下，两者除折旧外其他参数均相同（如产品售价、现金成本等），合理 PB 与 ROE 也不成比例。这里涉及一个很基本的问题：折旧到底是面向过去的还是面向未来的，是纯粹的历史成本分摊，还是为了维持永续经营假设所需要的虚拟支出，相当于预提再投资准备金？

毫无疑问，从三张报表的逻辑关系来看，配平原则决定了折旧必然是面向过去的，本书及《穿透财报》中都进行了详细阐述，此处不再详细讨论。但是从估值的角度看，折旧应该是面向未来的，是为了弥补生产性资产损耗的支出，更准确地应该用重置成本来计算。举个例子。

假设某项目使用寿命为 5 年，投产后每年产生营业收入 100 元，除折旧外无其他成本，不考虑应收应付及相关税费，即权益现金流 = 营业收入，折现率取 10%。分三种情景讨论，初始投资分别为 300 元、500 元和 800

元，其他条件相同。

初始投资成本不影响运营期现金流，直接按照10%的折现率将未来5年的现金流全部折现，可得项目的股权价值为379元，如表2–19所示。但是在利润表上，初始投资成本通过折旧影响净利润，在资产负债表上，初始投资成本直接影响净资产，由此导致ROE的分子、分母都受沉没成本影响。

很显然，初始投资成本越高，ROE越低，在公允价值不变的情况下，PB也越低，PB与ROE存在相关性，但是不成正比。在情景1中，ROE为13.3%，合理PB有1.26倍；在情景2中，ROE降至0，合理PB为0.76倍；在情景3中，利润表亏损，ROE为–7.5%，但是现金流为正，合理PB仍有0.47倍。

表2–19　典型项目初始投资成本、ROE与合理PB的关系（金额单位：元）

年份	1	2	3	4	5
营业收入＝权益现金流	100	100	100	100	100
现值（折现率10%）	90.9	82.6	75.1	68.3	62.1
股权价值	379				
情景1：初始投资为300元，折旧年限为5年					
折旧	60	60	60	60	60
净利润	40	40	40	40	40
首年ROE（40÷300）	13.3%	只对比首年，后续年份净资产变化，也会使ROE变化			
合理PB（379÷300）	1.26倍				
情景2：初始投资为500元，折旧年限为5年					
折旧	100	100	100	100	100
净利润	0	0	0	0	0

（续表）

情景 2：初始投资为 500 元，折旧年限为 5 年					
首年 ROE（0÷500）	0%	合理 PB 与 ROE 不成比例			
合理 PB（379÷500）	0.76 倍				
情景 3：初始投资为 800 元，折旧年限为 5 年					
折旧	160	160	160	160	160
净利润	–60	–60	–60	–60	–60
首年 ROE（−60÷800）	–7.5%	合理 PB 与 ROE 不成比例，ROE 为负，PB 也为正			
合理 PB（379÷800）	0.47 倍				

在实际应用中，PB-ROE 框架的目的就是建立起 PB 与 ROE 的比例关系，从而给 ROE 不同的企业估值，但是初始投资成本的差异破坏了这种比例关系。使用权益现金流 / 净资产代替 ROE 固然是一种解决方案，但是权益现金流受应收应付影响，可能出现较大波动。一个更合理且简便的处理方式是用重置成本计算折旧，再用修正后的净利润计算 ROE。

在表 2–20 中，假设情景 1 中的初始投资 300 元是当下的资产重置成本，使用重置成本计算折旧，则每年折旧金额为 60 元，于是三种情景的净利润均为 40 元 / 年。使用修正后的净利润计算 ROE，分母仍然是初始投资成本，则每种情景的合理 PB 与修正后的 ROE 成正比。

表 2-20　使用重置成本修正 ROE 后，PB 与 ROE 成正比（金额单位：元）

情景 2：初始投资为 500 元，折旧年限为 5 年，假设重置成本为 300 元					
年份	1	2	3	4	5
用重置成本计算折旧	60	60	60	60	60
修正后的净利润	40	40	40	40	40
首年 ROE	8%	0.76 ÷ 8%=1.26 ÷ 13.3% 使用重置成本计算折旧后，PB 与 ROE 成正比			
合理 PB	0.76 倍				

（续表）

情景 3：初始投资为 800 元，折旧年限为 5 年，假设重置成本为 300 元					
年份	1	2	3	4	5
用重置成本计算折旧	60	60	60	60	60
修正后的净利润	40	40	40	40	40
首年 ROE	5%	0.47 ÷ 5%=1.26 ÷ 13.3% 使用重置成本计算折旧后，PB 与 ROE 成正比			
合理 PB	0.47 倍				

第三种典型情况是资产的使用寿命不同。ROE、权益现金流 / 净资产等指标都是截面数据，计算 IRR 则需要全生命周期的时间序列数据，当资产的使用寿命存在差别时，时点 ROE 相同不代表 IRR 相同。

这里也涉及财务报表的底层逻辑，利润表是对现金流量表的跨期重述。IRR 是从现金流量表角度计算的投资回报率，ROE 则是从利润表角度计算的投资回报率，真正影响 PB 的是 IRR，而非 ROE。沿用表 2–19 中的情景 1，举例如下。

项目初始投资 300 元，使用寿命 5 年，投产后每年现金净流入 100 元，不考虑除折旧外的其他任何成本及税费，权益现金流就是营业收入。

根据现金流数据易得，该项目的资本金 IRR 为 19.9%。IRR 其实是一种摊余成本计算方式，每年收到的 100 元净现金流中，一部分视为投资收益，剩余部分视为收回的本金。由表 2–21 可知，每年的投资收益都等于期初本金乘以 IRR，期末本金 = 期初本金 – 收回的本金。随着本金的持续收回，每年的收益率不变（均为 IRR），因此投资收益部分的绝对额是逐年减少的，全生命周期投资收益加总后，等于 200 元，与全生命周期的现金流加总数据相等。

ROE 是另一种计算方式，在利润表中，每年的营业收入和折旧都不变，因此净利润恒定为 40 元 / 年，全生命周期加总数据仍为 200 元。但是随着资产折旧，净资产逐年减少，ROE 逐年升高。因此，同样是 200 元的总收益，IRR 的分摊方法是恒定收益率、变动收益额，ROE 的分摊方法是恒定收益额、变动收益率。虽然可以将 IRR 理解为全生命周期 ROE 的加权平均值，但是加权方法很复杂，无法建立简单的函数关系，受到资产使用期限的影响。

表 2-21　IRR 与 ROE 的关系（金额单位：元）[①]

IRR 处理规则							
年份	0	1	2	3	4	5	全生命周期加总
权益现金流（①）	–300	100	100	100	100	100	200
资本金 IRR（②）	19.9%						
其中：投资收益部分（③＝⑤ × ②）		59.6	51.5	41.9	30.4	16.6	200
收回本金部分（④＝①－③）		40.4	48.5	58.1	69.6	83.4	300
期初本金（⑤＝上一期期末）		300	259.6	211.1	153.0	83.4	
期末本金（⑤－④）	300	259.6	211.1	153.0	83.4	0.0	
财务报表及 ROE 处理规则							
年份	0	1	2	3	4	5	
期初净资产（⑥＝上期期末）		300	240	180	120	60	
年度折旧（⑦）		60	60	60	60	60	300
期末净资产（⑥－⑦）	300	240	180	120	60	0	
营业收入		100	100	100	100	100	
净利润（⑧）		40	40	40	40	40	200
ROE（⑧／⑥）		13.3%	16.7%	22.2%	33.3%	66.7%	

① 表中个别数值与按照相关数据计算得出的结果存在细微差别，系由修约规则导致的影响，特此说明。——编者注

因此，只有当两家公司的资产剩余使用寿命差不多，或者公司有源源不断的新项目，完全滚动起来以后，时点 ROE 才可以作为资产盈利能力的反映，否则不能直接比较。

由表 2-22 可知，在情景 1 中，初始投资为 300 元，使用寿命为 5 年，投产后每年的现金流入为 100 元，不考虑其他成本和税费，首年 ROE 为 13.3%，合理 PB 为 1.26 倍。在情景 2 中，假设初始投资上升到 400 元，使用寿命延长到 8 年，其他条件不变，首年 ROE 降低到 12.5%，但是合理 PB 增长到 1.33 倍。资产使用寿命对 PB 至关重要，如果用 PB=ROE/（$r-g$）来理解，资产使用寿命会影响到全生命周期加权平均增速。

表 2-22　使用寿命不同的资产，不能直接适用 PB-ROE 框架（金额单位：元）

情景 1：初始投资为 300 元，可以使用 5 年，投产后每年的现金流入为 100 元								
年份	1	2	3	4	5	6	7	8
权益现金流	100	100	100	100	100			
现值（折现率 10%）	90.9	82.6	75.1	68.3	62.1			
投产后股权价值	379.0							
合理 PB（379.0÷300）	1.26 倍							
营业收入	100	100	100	100	100			
折旧（300÷5）	60	60	60	60	60			
净利润	40	40	40	40	40			
首年 ROE（40÷300）	13.3%							
情景 2：初始投资为 400 元，可以使用 8 年，投产后每年的现金流入为 100 元								
年份	1	2	3	4	5	6	7	8
权益现金流	100	100	100	100	100	100	100	100
现值（折现率 10%）	90.9	82.6	75.1	68.3	62.1	56.5	51.3	46.7

（续表）

情景 2：初始投资为 400 元，可以使用 8 年，投产后每年的现金流入为 100 元								
投产后股权价值	533.5							
合理 PB（533.3÷400）	1.33 倍							
营业收入	100	100	100	100	100	100	100	100
折旧（400÷8）	50	50	50	50	50	50	50	50
净利润	50	50	50	50	50	50	50	50
首年 ROE（50÷400）	12.5%	由于存续时间更长，虽然 ROE 更低，但是合理 PB 更高						

综上，笔者认为使用 PB-ROE 框架需要严格遵守适用条件，包括：①行业较为成熟，净利润增长空间不大（价值展开式中的第三项占比较低）；②会计政策一致；③使用重置成本重新计算折旧，对净利润和 ROE 进行修正；④资产剩余使用寿命相当，或者均为永续稳定的公司，否则容易低估长久期资产。

2.6.3　进一步探讨：资产负债表估值法的修正与推广

在满足以上条件后，PB-ROE 框架不失为一种简单易行的估值框架，通过 ROE 建立起净资产与盈利能力的关系，再给予净资产一定倍数，即可得到目标市值。但是如果硬要较真，不考虑难以直观计算的 IRR，投入资本收益率（Return on Invested Capital，ROIC）则是比 ROE 更好的指标，用 ROIC 代替 ROE，可以构建企业价值 / 总投入资本倍数 –ROIC 框架。

正如前文所述，估值体系可以大致分为绝对估值法和相对估值法两大流派，前者追求第一性原理，所有计算均基于现金流指标；后者追求便捷性与稳定性，多使用利润表指标。资本金 IRR、全投资 IRR、ROE、ROIC

都是对盈利能力的衡量，只不过前两个指标是 DCF 框架下的，后两个指标是财务报表框架下的，ROE 对应资本金 IRR，ROIC 对应全投资 IRR。

类比 FCFF 和 FCFE 的关系，公司经营包括造蛋糕和分蛋糕两个过程，ROE 是站在股东角度的回报率，并不能完全反映公司造蛋糕的能力，其中还包含了财务杠杆的作用。

站在公司整体角度重构财务报表，真正创造价值的是生产性资产，而非净资产，净资产是一种产权概念。同理，在利润表中，税后经营净利润才是公司创造的总价值，股权人和债权人都是经营利润的索取者，只不过后者获得约定额度，前者获得剩余价值。重构利润表与资产负债表的关系如图 2–13 所示。

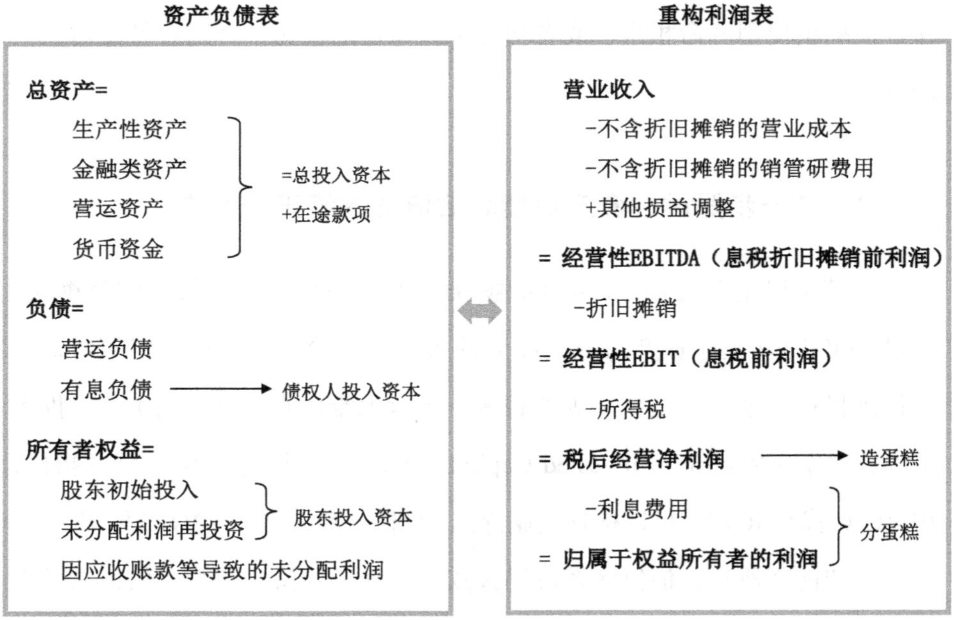

图 2–13　重构利润表与资产负债表的关系

我们定义总投入资本 = 股东投入资本 + 有息负债，虽然根据会计恒等式，资产 = 负债 + 所有者权益，但是总投入资本不等于总资产，公司经营过程中会产生营运资本，如应收账款会同步增加资产和未分配利润，导致计算收益率的分母变得臃肿。

在实战中，有息负债和营运负债比较好拆分，但是所有者权益很难拆分，股东投入资本包括初始投入资本和盈利再投资，前者体现为“股本”和“资本公积”，后者可能还停留在“未分配利润”里，和单纯没有收到钱的纸面利润混在一起。

因此，计算总投入资本更多从资产端入手，当公司净营运资本为正时（即应收类科目大于应付类科目），可以认为总投入资本 = 生产性资产；如果净营运资本为负，说明公司的产业链议价能力极强，可能将一部分应付账款变成了生产性资产，可以用生产性资产减净营运负债作为总投入资本。

至此，我们可以将 ROE 展开：

$$\text{ROE}=\frac{\text{归属于权益所有者的利润}}{\text{股东投入资本}}=\frac{\text{税后经营净利润}-\text{税后利息费用}}{\text{总投入资本}-\text{有息负债}}$$

$$=\frac{\text{税后经营净利润}}{\text{总投入资本}}+\left(\frac{\text{税后经营净利润}}{\text{总投入资本}}-\frac{\text{税后利息费用}}{\text{有息负债}}\right)\cdot\frac{\text{有息负债}}{\text{总投入资本}-\text{有息负债}}$$

$$\text{ROIC}=\frac{\text{税后经营净利润}}{\text{总投入资本}}$$

$$\text{ROE}=\text{ROIC}+(\text{ROIC}-\text{税后债务利率})\cdot\text{净杠杆}$$

可以看出，ROE 由 ROIC、税后债务利率和财务杠杆三部分构成。但是在公式 PB = ROE / ($r-g$) 中，财务杠杆不仅影响 ROE，同时也会影响折现率。如果两家公司的 ROE 的差别是杠杆率不同带来的，即便两家公司满足 2.6.2 小节的所有条件，PB 与 ROE 也不成正比，企业价值 / 总投入资本倍数 –ROIC 是适用面更广的框架。

企业价值 / 总投入资本倍数 –ROIC 与 PB-ROE 的关系，可以类比 DCF 模型中 FCFF 法和 FCFE 法的关系，优缺点都有一定相似性。当可比公司处于类似行业、类似发展阶段时，可以认为企业价值 / 总投入资本倍数与 ROIC 成正比（如果追求严谨性，也可以按照 2.6.2 小节的方法调整 ROIC），先求出企业价值，然后有股权价值 = 企业价值 – 有息负债 + 货币资金 + 金融资产账面价值 × 调整系数 1+ 净营运资本账面价值 × 调整系数 2。

从更广义上讲，PB、PB-ROE、企业价值 / 总投入资本倍数 –ROIC 都是基于资产负债表的估值方法，沿着这个思路，更激进的做法还有单位产能市值法、资源储量市值法，甚至更夸张的规划产能市值法等。

以单位产能市值法为例（包括新媒体行业根据粉丝量估值，都属于这个范畴），有一说一，虽然“每单位产能应该给多少市值”基本“看心情”，但是从可比性来说，这种估值方法还挺科学的。使用产能指标代替资产负债表指标，一步到位解决了沉没成本问题、折旧政策差异、重置成本修正。而且，一般只有新型行业、风口行业才会使用这种激进的估值方法，各家的生产设备（包括随时准备充钱的粉丝）都是新的，也不太涉及寿命不一致问题。

唯一不足的地方在于忽视了资产负债率的影响，可以用单位产能企业价值估值法修正，先算出企业价值，再把有息负债余额减掉。

至于规划产能市值法，如同 PEG 一样，笔者认为该方法更多是一种预警指标，当市场开始交易这种逻辑时，基本上就快到顶了。一方面，所有的相对估值法都是建立在当前时点的横向对比基础上的，随着时间的推移，业绩增长空间、折现率（风险偏好）、盈利能力等都可能发生变化，任何相对估值指标都不能线性外推。

另一方面，存量资产和增量资产的估值逻辑是不一样的，存量资产不用考虑沉没成本，只需计算运营期的现金流；增量资产需要考虑初始投资，只有 IRR 高于折现率时，才能带来价值增厚。对于大部分“风口行业”，在周期高点扩产能，其实际 IRR 大概率低于预期。

2.7　PS：用收入代替利润——特定场合下的妥协

在《穿透财报》第 2 章中，笔者曾经提到一个观点：除了 PE、PB 之外（包括各种变体），其他估值倍数大多属于花式估值法，一般都是常规估值方法的结果太难看了，强行找一个比值的产物。

结论固然有些武断，但是在大部分场合下是成立的，我们将 PE、EV/EBITDA、权益现金流 – 市值倍数、经营性现金流 – 企业价值倍数等统称为 PE 系，将 PB、PB–ROE、企业价值 / 总投入资本倍数 –ROIC、单位产能市值等统称为 PB 系，从与 DCF 模型的衔接程度来看，PE 系 >PB 系 >> 其他倍数，越往后逻辑性越弱、引入的假设越多，适用范围自然就越窄。

PS（市销率）就是一个适用面很窄的倍数。表面上看，一家公司可以没有利润，也可以没有多少净资产，但是一定有营业收入，无论如何都能算出来一个 PS，PS 的适用面似乎很广。但是从 DCF 模型来看，影响企业价值的是净现金流，之所以说 PE 的逻辑性更强，是因为在满足一系列假设后，净利润可以作为净现金流的近似替代，但是营业收入只与单项的现金流入有关，和净现金流差得有点远。

沿着 PE、PB 章节的思路，可以从股权现金流折现模型推导 PS 的影响因素：

$$P=\frac{CF_1}{(1+r)^1}+\frac{CF_2}{(1+r)^2}+\frac{CF_3}{(1+r)^3}+\frac{CF_4}{(1+r)^4}+\frac{CF_5}{(1+r)^5}+\cdots+\frac{CF_n}{(1+r)^n} \quad ①$$

引入净利润约等于权益现金流的假设，对①式进行化简，可得：

$$P=\frac{E}{r-g} \quad ②$$

其中 E 是公司的净利润，g 为净利润的全生命周期加权平均增速。

②式等式两边同时除以营业收入（以 S 表示），可得：

$$PS=\frac{E}{r-g}/S=\frac{1}{r-g}\cdot 销售净利率=PE\cdot 销售净利率 \quad ③$$

从③式可以看出，影响 PS 的三个决定性参数分别是销售净利率、折现率及净利润的全生命周期加权平均增速。当然，如果我们认为公司的销售净利率能保持稳定，净利润增速也可以替换为营业收入增速。这个公式的作用是告诉我们，稳态下的 PS 与销售净利率有关。

然而，对于真正适用 PS 的场景，上述公式几乎没有任何用处。首先，销售净利率稳定就是一个一票否决项，如果销售净利率稳定，直接看 PE 就可以了，轮到用 PS 估值的时候，销售净利率一般都不稳定甚至为负。其次，与 ROE 的缺点类似，销售净利率也并非完全反映公司的实体竞争力，同样受到财务杠杆的影响，而财务杠杆会影响股权折现率，从而破坏 PS 与销售净利率的比例关系。

因此，PS 估值更多是根据经验，直接给予营业收入一定倍数，作为公司尚未盈利或者微利阶段的估值。暗含的假设是，虽然公司现在还没有利润，但是随着公司收入规模的扩大，收入可以迅速转化为利润，利润增速远高于收入增速。

上述要求意味着公司的商业模式应具备极强的规模效应，固定成本极高，边际成本极低甚至可以忽略，产品高度标准化，如部分软件公司，完成初始投入后，后续工作基本就是复制粘贴。在这种情况下，营业收入规模更像是一个进度条，由于成本大致固定，一旦公司的收入规模迈过临界点，多出来的收入就会完全转化为利润。

而且，除初创企业，PS 多用于对公司的某个产品或者某项新业务进行分部估值。产品全生命周期的总收入由所在市场的容量决定，收入规模扩大的过程，同时也是新产品证明自身竞争力的过程，从 DCF 模型的角度看，不确定性的降低会带来折现率的下降。于是，从式③来看，随着收入规模的扩大，销售净利润上升、进一步增长空间下降、折现率下降，三个参数形成了一定对冲，导致在一段时间内，市值与营业收入成正比。

此外，PS 还有一个相对小众的估值领域，即一次性投资的收租类行业，如水电、高速公路、BOT（Build-Operate-Transfer，建设 - 经营 - 转让）市政工程项目等。这类行业的营业收入往往比净利润更贴近现金流，PS 可以更好地反映公司价值。更严谨一点，考虑资本结构的影响，也可以参考 PE 系、PB 系的处理方式，先算企业价值，再扣减有息负债余额。

总之，PS 估值最核心的假设就是公司扩大收入规模几乎不需要成本，或者成本增速远小于收入增速。大部分公司都不满足这个条件，因此 PS 估值的适用面非常窄，一旦发现公司的边际成本高于预期，或者扩大收入规模存在瓶颈，就需要对 PS 估值的适用性进行再评估，没有利润就不要强行估值。

使用 PS 估值时，还需要注意两点。

（1）重视公司的营业收入确认原则，判断数值合理性。相比净利润，营业收入对应现金的单项流入，如果存在大量应收账款，可能还没有现金流入，因此，虚增营业收入比虚增净利润容易得多。典型手法有两种，一种是业务互换，如两家传媒公司，同时在自己的平台上给对方打广告，双方同时记录收入和支出，把价格都定高一点，再让现金流“配合”转一圈。净利润和净现金流都没变，但是收入却增加了。

另一种是滥用总额法，通过销售费用增加营业收入。该漏洞已经被 2017 年修订的《企业会计准则第 14 号——收入》堵住了大部分（境内上市公司 2020 年开始实行），但是不排除部分公司由于商业模式新颖，游离在监管之外。

例如，某平台做促销活动，购买商品满 100 元，奖励价值 10 元的积分。在准则修订之前，不考虑增值税，公司可以记 100 元的营业收入和 10 元的销售费用；但是在准则修订之后，价值 10 元的积分属于应付客户对价，只能按照 90 元净额记营业收入，剩下的 10 元视为预收账款。

然而换一个场景，公司销售了 100 元的商品，赠送了公允价值为 10 元的保修服务，按照修订后的会计准则，保修服务仍然记在销售费用里。但是保修服务与销售积分并不是绝对的泾渭分明，保修服务中可以塞入各种用积分兑换的增值服务。

因此，需要警惕销售费用畸高的公司，尤其是销售费用与营业收入成正比的公司（不是说这类公司本身有问题，而是说对这类公司用 PS 估值可能有问题）。

（2）淡化 PS 倍数与销售净利率的关系。本节的式③给人极大的误导，仿佛 PS 倍数与销售净利率成正比，但这个等式只在稳态情况下成立，而 PS 估值往往用在公司发展初期。一个常见的错误是认为销售净利率越高，PS 越高，当公司收入增长后，同步上修 PS 倍数，实现“戴维斯双击”。很显然，PS 还可以写成销售净利率乘以 PE，当业绩增长后，PE 肯定会跟着下降，所有的相对估值法都很难用于动态展望。

而且用 PS 估值的公司（除了水电、高速公路等特殊场景），一般风险都比较大。表面上一段时间内 PS 不变，收入增长就直接变成了股价增长，实际上赚的是商业模式得到持续验证，确定性提高、折现率下降的钱。

2.8　小结：根据核心驱动力选择估值方法，警惕先射箭再画靶

虽然纵观前文，笔者反复强调第一性原理，致力于将 DCF 模型与相对估值法整合起来，但是在实际应用中，相对估值法往往更依赖经验判断，“因为市场一直是这样交易的，所以就应该这样估值”。究其根源，还是现实太复杂了、影响因素太多，人们倾向于剥离出影响程度最大的变量，假设其他变量都暂时不重要，从而提高估值结果的一致性。

这既是相对估值法的优点，也是相对估值法的缺点。所有的相对估值倍数都是在 DCF 模型的基础上，锁住一部分假设而形成的特例，每种倍数适用不同的场景，虽然使用方便，但是缺乏连贯性。实体企业的发展是连贯的，各种变化会逐步积累，直到上一种估值倍数不再适用，市场会集体迁移到下一种估值倍数上。

比如初创企业先看 PS，成长到一定阶段后看 PE；周期股亏损的时候

看 PB，实现盈利后看 PE，稳定下来看 PB-ROE。估值方法的跃迁可能会带来股价的大幅波动，而很多时候这恰恰是超额收益（抑或超额亏损）的来源，正如本章标题所说的，对待经验公式，要牢记前提，学会变通。

但是在这个信息爆炸、预期分歧极大的时代，笔者认为使用相对估值法更难，更需要抓住核心驱动力，切勿先射箭再画靶。比如，因为 DCF 模型涉及的计算太复杂，所以就得找可比公司；PE 不好使用就试试 PB；轻资产行业不能使用 PB 就使用 PS；实在不行还有单位产能市值法、单位资源储量市值法、单位市场份额市值法等，这么多种估值方法，总有一种能使用。

这种为了估值而估值的做法，非常容易导致羊群效应，所有人都去对标其他人的估值结果，默认“市场永远是对的”“是不是自己想得少了”，追涨杀跌的结果很可能是财富和智慧都没获得，与之相反，坚守信念、静观其变最起码还能获得智慧。

虽然说有时候投资是一门艺术，在进行投资博弈时，揣着明白装糊涂也是一种本事，但是应然与实然必须严格区分，表 2–23 对实战中常见的估值方法进行了总结。

表 2-23　实战中常见估值方法总结

估值方法	核心参数及常见陷阱
FCFE 法	简单直观，符合估值的第一性原理。分子端减掉了给债权人的本金和利息支出，稳定性不如 FCFF 法，分母端股权折现率受资本结构影响。计算结果偏差较大，多用于定性分析
FCFF 法	将股权人和债权人视为一个整体，先求出企业整体价值，再减去不属于权益所有人的部分。除了麻烦和算不准之外，几乎没有什么缺点，逻辑严谨，是最常用的绝对估值法。在具体计算中可以引入一些技巧，降低结果敏感性

（续表）

估值方法	核心参数及常见陷阱
PE	定义式 PE=1/（$r-g$），增速、增速的持续时间及折现率共同影响 PE。但是真正决定 PE 的不是增速，而是业绩的潜在增长空间，业绩增长后，PE 一定趋于下降；PE 不变实际上是滚动上修了增速的持续时间，不可持续；ROE 与 PE 没有必然联系
PEG	笔者并不认同该估值方法。PE 定义式中的增速是全生命周期加权平均增速，是一个抽象化的概念，并不是未来几年的复合增速，无论复合期有多长。PEG 可以作为市场极端情绪的预警指标
EV/EBITDA	PE 的变体，相比净利润，EBITDA 更贴近经营性现金流，剔除折旧因素，且不受应收应付影响。所有先算企业价值，再算股权价值的估值方法都自带杠杆，敏感性高于 PE
权益现金流 – 市值倍数	PE 的变体，适用折旧占比较高、权益现金流与净利润偏差较大的情况，用权益现金流代替净利润，其余类比 PE
经营性现金流 – 企业价值倍数	EV/EBITDA 的变体，与 EV/EBITDA 相似，适用营运资本影响较大的情况，EBITDA 不能完全反映现金流，其余类比 EV/EBITDA
PB	从定义式 PB=ROE/（$r-g$）来看，ROE、增长空间、折现率共同决定 PB。但是股权价值高于账面价值，更根本的因素是公司存在不可辨认资产，无法完全通过报表衡量。ROE 只能反映公司当前的壁垒强度，不能反映壁垒的可复制性；一般适用于重资产行业、壁垒可复制性不高的行业
PB-ROE	建立起 PB 与 ROE 的关系。警惕 ROE 的计算方法，一方面净利润和净资产均存在较大的调节空间；另一方面判断权益现金流与净利润是否等价，当重置成本不同时，应对 ROE 进行修正；资产的剩余使用寿命不同也会降低 ROE 的可比性
企业价值 / 总投入资本倍数 –ROIC	PB 的变体，能够更好地处理资本结构问题，其余类比 PB
PS	适用面极窄的估值法，适用于固定成本极高、边际成本极低的行业。关注营业收入的确认原则，警惕利用会计规则虚增收入；不要轻易建立 PS 与销售净利率的联系

第3章

从应然到实然：了解游戏规则，融入人性博弈

前两章的讨论都是理想化的，是尝试计算一家公司应该值多少钱。但是，如果承认市场至少是弱有效的，所谓的应该就已经反映在当前股价里了，一切超额收益都来自预期差，否则收益率将严格等于折现率。因此，投资是一个对各种假设动态修正的过程。

此外，仅仅了解股价应该怎样演化是远远不够的，股价归根结底是投资者之间交易的结果，投资者也并不都是理性的。交易规则、制度性摩擦、投资者结构与行为金融学都会深刻影响估值结果、股价走势，进而影响投资决策、塑造市场生态。所有的研究都要落地到交易，而交易需要理解游戏规则与人性博弈。

3.1 市场大部分时候是有效的，占优策略存在保质期

无论是象牙塔中的理论模型还是实战中的经验公式，我们都致力于给定各种假设条件，计算一家公司的合理市值，然后希望公司当前市值低于合理市值，实现精准抄底。

然而按照 CAPM 的推论，如果承认市场有效，那么“所有命运的馈赠，都在暗中标好了价格”，再精细的估值模型也无法获得超额收益，主动投资也就没有意义了。但是如果不承认市场有效，即便预期差被发掘出来，股价也无法即时反应，主动投资的效果依然会大打折扣。因此，市场是否有效，或者说在多大程度上有效，决定了主动投资的生态。

投资者内心希望的，其实是“市场在自己买之前无效，买了之后立马有效”的微妙状态，但是在愈发“勤奋”的 A 股市场，这显然不是稳态。就如一个经典调侃：聪明人都知道，为了避免堵车，节假日应该早点出门，结果上了高速一看，原来大家都挺聪明的。

3.1.1 有效市场理论的悲观推论：超额收益注定越来越难

从金融学定价理论来看，投资收益来自三部分，第一部分是无风险收益率，可以理解为全社会延迟消费所需的贴水；第二部分是承担不可分散风险的补偿；第三部分是核心参数预期差带来的估值修正。

三部分投资收益在性质上存在很大差别，无风险收益率和风险补偿加起来就是折现率，是市场均衡的结果，同时也是时间的函数，想获得这部

分收益，必须持有足够长的时间。但是预期修正与前两者相反，恰恰是市场不均衡的产物，收益率与时间无关，理论上只要预期差被市场意识到，股价可以一瞬间反应完毕，是一种“赚快钱”的方式。

大部分学术模型讨论的都是前两部分，对第三部分的讨论很少，甚至在马老师的投资组合理论和夏老师的 CAPM 中，直接就假定了投资者具有一致的预期，没有考虑认知差的存在。但是从 A 股实践来看，市场对预期差的关注度远远高于前两部分，毕竟赚折现率的钱太慢了。而且在过去相当长的时间内，我国产业结构的“沧桑巨变”及 A 股市场的迭代发展，确实也带来了足够多的预期差，市场远远没有达到均衡。

然而，并不是所有预期差都能贡献超额收益，预期差分为两种。第一种是由现有信息的获取和解读差异带来的。理论模型中的观点一致性在现实中并不存在，每个投资者的信息来源、认知深度都不一样，观点有分歧才是正常的，没有分歧反而不太正常。

第二种是由纯粹的增量信息带来的，所有投资者都不能事前预知，至多进行概率推演，哪怕再笃定，也仅仅是概率比较高。当事情真正发生时，概率函数瞬间坍缩，变成一个确定的点，从而带来估值修正。

由于不能事前预知，第二种估值修正本质上仍然是对投资所承担风险的补偿（如果亏损就是代价），无法带来可预期的超额收益。人们默认语境下的预期差一般是第一种，本质是反映投资者能力的认知差。但是如果将全市场视为一个整体，认知差仅仅是投资者内部的博弈，实现投资者之间的财富再分配，不会影响全市场整体的收益。从超额收益的角度看，无论怎样优化策略，注定了有一半的资金“跑不赢”另一半。在这种压力下，市场的大趋势一定是越来越有效。

按照教科书中的分类，市场的有效程度可以分为三个等级，分别是弱有效、半强有效和强有效。简单来说，弱有效指市场已经充分反映了股票所有的历史交易信息，技术分析无法获得超额收益；半强有效指市场已经充分反映了股票所有的公开基本面信息，基本面分析也无法获得超额收益；强有效指市场已经充分反映了股票所有的信息，包括非公开的部分，即便是内幕交易也不能获得超额收益，它是有效市场的最强形态。

至于A股市场，根据笔者有限的观察，在市场发展初期，尤其是2005年之前，A股市场可能连弱有效都达不到，典型证据就是当时各种技术分析流派层出不穷，现在网上能搜到的“炒股秘籍”也大多形成于那个时期。但是在2005年之后，随着专业机构投资者的发展壮大，市场主流力量开始转向基本面研究，并持续至今。

从投资者结构来看，A股市场拥有大量的个人投资者，个人投资者为市场提供了充足的流动性，同时也带来了巨大的观点分歧，导致在相当长的时间内，很多股票并没有被充分定价，突出表现就是“好公司不够贵，差公司不够便宜”。在这种背景下（深入的基本面研究无疑是“降维打击”，甚至简单的“买入高ROE公司”就能跑赢市场），也诞生了一种固有印象：只要公司“质地”上佳、增长强劲，长期持有就能获得超额收益。

很显然，就像前文反复提及的，超额收益只能来自预期差，来自初始购买价格的不公允，与现金流曲线的形状无关。只不过由于投资者结构、小市值公司壳资源等问题，A股市场过去对“优质”的理解不充分，给予了很多不同“质地”等级的资产相同的估值，导致“资产‘质地’是否优质”本身就是最大的预期差。但是经过2016—2017年、2019—2021年两轮以核心资产为代表的市场整体性估值修复后，单纯凭借资产优质已经无法获得超额收益了。

由图 3–1 可知，申万绩优股指数[①]（全市场 ROE 前 100 的公司）在 2016 年之前与沪深 300 走势几乎完全一致，市场并未意识到高 ROE 公司的价值。从 2016 年开始，两者走势出现分化，高 ROE 公司一度显著跑赢市场整体，尤其是 2017 年和 2020 年。但是从 2021 年下半年开始，申万绩优股指数大幅回调，不仅超额收益不再，反而大幅跑输沪深 300。

考虑到申万绩优股指数每半年调整一次，其成分股永远是全市场 ROE 最高的前 100 家公司，因此 2021 年之后申万绩优股指数与沪深 300 走势的相对变化，很难用经济周期来解释。更可能的原因是，在 2019—2020 年市场对核心资产的极度偏好中，高 ROE、强赛道、宽护城河的公司已经被充分定价，很难再发掘出新的预期差，甚至在资金和情绪的影响下，部分公司被过度修复，为后续的深度回调埋下了伏笔。

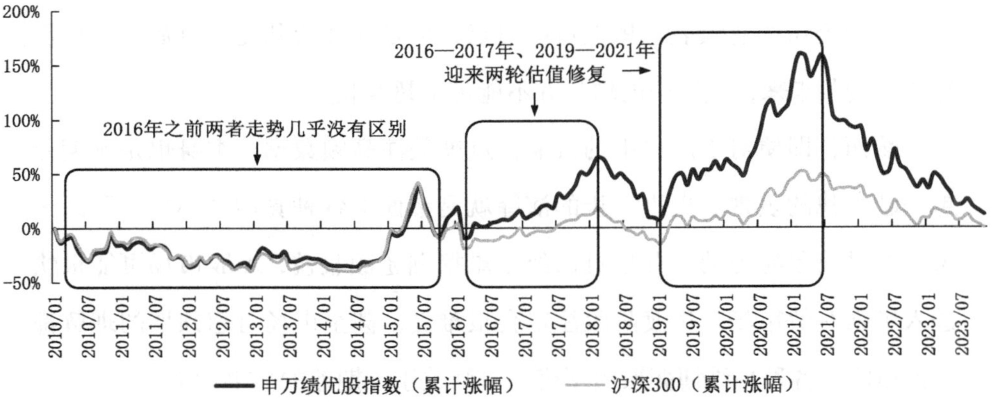

图 3–1　申万绩优股指数与沪深 300 走势对比

---

① 数据源：Wind 数据库。申万绩优股指数容量为 100 只，与 ROE 挂钩，纳入全市场 ROE 前 100 名的股票，每年调整两次；沪深 300 与流通市值挂钩，选取流通市值前 300 名的股票，也是每年调整两次。

从细节上也能看出一些端倪，结合笔者的观察，在2016—2017年的第一轮修复中，投资者是可以靠认知层次赚钱的，即对相同信息做出领先时代的解读，而且往往停留在商业模式、竞争格局、护城河等定性层面就可以了。尤其是2017年被很多机构投资者誉为“最舒服的一年”，这一年各个板块百花齐放，价值、成长、周期均有较好表现。

但是在2019年开始的第二轮修复中，很多上一轮超额收益明显的公司的业绩依然强劲，股价表现却突然“泯然众人”。只能说A股投资者的学习能力太强，一个超前认知从被发现到成为全市场常识，一般也就用时半年到一年。没有了认知层次的领先，剩下的就只能比拼信息速度，于是专家会议、高频数据顺势进入“舞台中央”，“赚舒服钱”的时代一去不返。

由此也就可以理解2021年之后的板块极致轮动行情——预期差集中在少部分行业中，即便部分行业的业绩并不理想；对于大部分行业，虽然相当一部分公司的业绩表现依然可圈可点，但是在经历几轮修复后，股价已经“看透”未来，预期中的增长并不能带来超额收益。

然而，即便对于风口中的行业，过度关注高频数据，本身也是预期差越来越难找的表现。更进一步的演绎就是市面上各种真假“小作文”满天飞，通过简单易得的公开信息已经很难挖掘超额收益，A股市场可能很快进入半强有效市场。过渡阶段注定会很难受，甚至市场对超预期的理解都变得扭曲，各种高维博弈层出不穷。一则关于预期差的故事如下。

一阶导数：为什么公司发布业绩后第二天股价高开？

答：因为业绩超预期。

二阶导数：为什么股价又高开低走了？

答：因为有人提前知道了业绩超预期，早早埋伏好了，等业绩出来后趁着高开卖掉了，“割了一阶导数的韭菜”。

三阶导数：为什么股价前几天就有异动？

答：因为有人更提前知道了业绩会超预期，预期到了有人会提前知道业绩超预期，所以更早地埋伏好了，“割了二阶导数的韭菜”……

3.1.2　投资收益率不是线性的：长时的平庸与短暂的繁华

很多人都听说过一个经典的对比，$1.01^{365}=37.8$，$0.99^{365}=0.026$，用来比喻每天只需进步一点点，持之以恒就会大有不同。在指数的作用下，再微小的复利都会被时间赋予无比强大的力量，颇有一种“给我一根杠杆和一个支点，我便能撬动地球”的感觉。

复利的概念也经常被用在投资上，笔者在入行不久的时候接到过一个电话，说要拉我进群，里面有专业老师免费指导投资。笔者欣然答应，并全程听完了免费讲座，核心意思就是，要从现在开始培养理财思维，不要追求动辄翻倍的收益，人生是一场修行，要相信复利的力量，只要每年实现 10% 的收益率，30 年后财富就可以增长 17 倍；如果收益率达到 15%，30 年后财富将变为 66 倍……

讲到最后，老师激动地说道：“这就是神奇的复利，是财富保值增值的密码，是投资界公认的世界第八大奇迹。”在群友们“刷屏式”的点赞中，笔者非常不合时宜地问了一句“前七大是啥”，然后被踢出了群聊。

与该故事类似，还有两个经常被提及的数字，7% 和 26%，分别是 10 年 2 倍和 10 年 10 倍所需的复合收益率，乍一看好像也不是特别高。

然而，对大部分追求高收益的投资者而言，复利仅仅是一个数字游戏，对投资没有太多指导意义，因为它脱离了世界运行的真实逻辑。对于复利创造的种种“奇迹”，笔者更愿意称之为“复利的谎言”。所谓“复利的力量”，无非每一期的收益率都是一个乘数，然后将所有历史累计存量作为基数，假定收益率不变，随着财富的积累，财富增长的绝对值自然会越来越多。

问题就出在“假定收益率不变”上，复利是一个几何平均值概念，在实际投资中，平均值只能用于事后评价，不能用于事前展望。例如，我们可以根据 10 年 10 倍的结果，倒算出每年的复合收益率是 26%，但是不能指望通过每年 26% 的收益率，实现 10 年 10 倍的目标。真实情况可能是 2 年翻倍，3 年横盘，然后再涨一波、跌一波，“颤颤巍巍”地走到终点。

一个直观的解释是，收益算复利，亏损也要算复利，假设前 9 年每年都实现了 26% 的增长，第 10 年亏掉 26%，财富增值就只有 5.9 倍了，比原定目标少了 40%，倒算复合收益率只剩下 19.5%。即便第 11 年翻倍，11 年平均下来的复合收益率也只有 25.2%。

因此，所谓的复利增长，是一种没有任何容错率的数学推演。几何平均值的算法，本身就是给小数升权、给大数降权［$\sqrt{ab}$还可以写成 e ^ ((ln$a$+ ln$b$) / 2)，对数函数是一个向下弯曲的曲线］，其实就是给亏损升权，辛辛苦苦积攒的收益，一着不慎全部归零。

从根本上讲，复利增长难以实现的底层逻辑是超额收益不平滑。如前文所述，实际收益率 = 必要收益率 + 超额收益率，只有必要收益率与持有时间有关，超额收益率来自预期差，与持有时间无关。超额收益只能发现一个收获一个，没有就是没有，不能指望每年定时发现，然后没有任何失误，力度还恰到好处。

因此，实现目标所需要的复合收益率越高（超额收益占比越大），实现方式就越不可能平滑，除了认知变现外，可能还需要运气配合。相反，单纯地存银行，使用复利计算倒没什么问题，只不过在 3% 的利率下，复利与否差别不大（$1.03^{10}-1=34.4\%$，$3\%\times10=30\%$）。

更进一步地，预期差的不均匀分布，可能源于“世界的运行本身就是不均匀的”。从二级市场的角度看，世界可能大部分时间都是“垃圾时间”，等待力量的积蓄和信号的验证，然后股价在很短的时间内完成大部分涨幅。投资者只有买入和卖出两个决策，并不是很多理财读物强调的“种下一粒种子，然后每天给它浇水，陪伴它长成参天大树”。

上述例子过度强调“陪伴”，映射长期持有，但是实际上，“种下一粒种子”或者说“种下一粒什么样的种子”才属于重大决策，是主要矛盾；后续的时间都是在观察“它能不能长成参天大树”，属于次要矛盾，如果发现不能，就应该赶紧卖掉。用已经长成的参天大树来论证长期持有及复利增长，是典型的幸存者偏差。

因此，对大部分投资者而言，我们面对的可能就是长时平庸和短暂繁华，给树浇水不难，难的是找到一棵值得浇水的树。一个可行的策略，或许是大部分时候跟上大部队（指数），在最有把握的时候惊险一跃，获得稍纵即逝的估值修复，这是最符合有效市场理论的超额收益获取方式。而一旦估值得到了修复，再“伟大”的公司在股价上都会“泯然众人”。

顺着该思路推演，在研究分工高度细化的二级市场，属于每个从业人员的高光时刻可能都非常短暂，而且可能越来越短暂。应对策略，恐怕只有深耕一两个行业，彻底读懂行业的运行规律，然后静静等待机会的到来，在行业发生巨大变化时，争取通过认知层次来赚钱，避免陷入高频的信息博弈。

3.2 接受世界的不确定性：贝叶斯方程与预期的动态演化

在 1.3 节介绍马老师的投资组合理论时，我们曾引出过世界的不确定性。由于信息遗漏及客观世界本身的随机性，再笃定的预期收益也都是一个概率分布，只是分布域有宽有窄而已。没有那么多的“正如我们一直所料”，时刻保持开放，根据新的信息，持续迭代调整预期和对应参数，才是所有估值模型的正确打开方式。

3.2.1 贝叶斯方程：条件概率与人类大脑的天然思维方式

每到事后复盘，很多人都会有一种感觉：好像投资并没有那么难，选中一个有长期增长潜力的公司，一直“持有”就行。但是一到展望未来时，很少有人能够精准选出下一个十倍股，甚至押准赛道都很不容易。

究其根本，社会科学的规律并不是物理规律，只有在大数定律下才会发挥作用，但是在一个有限样本、有限时间的世界里，可能用不到大数定律，特异性和随机性是更重要的力量。我们能够看到的样本，都是带着强烈幸存者偏差的样本，即便算上那些失败的案例，我们也不能穷举所有可能性，因为能让我们看到的失败，也是一种“幸存者”。

用一种略带悲观的角度看，我们可能对世界的运行规律知之甚少，所有的模型都是“盲人摸象”，漏掉的参数一定远远多于纳入的参数，只不过在外部环境较为稳定时，漏掉的参数暂时不发挥作用而已。所有不能掌控的因素都应该被视为风险，无论其稳定与否。

在马老师的投资组合理论中，用正态分布来描述预期收益率的概率密度，更多是一种“均衡市场、完美预期”下的静态处理。在贴近实战的“非均衡、不对称预期”市场中，概率密度函数的形状可能没有那么重要，甚至收益率和方差的绝对值也不是关键，因为市场很难形成马老师定义的“一致预期”，每个人心中的概率密度函数都不一样。真正重要的是随着时间的推移，概率密度函数的边际变化，就算市场的“分歧”再大，变化的方向是大致相同的。

由图 3–2 可知，当所预期的事情距今较远时，由于不确定性较大，概率密度函数的形状一般比较扁。随着时间的推移，有效信息逐渐增多，概率密度函数将得到迭代修正，一方面是期望值更加贴近实际值，另一方面是不确定性迅速减小，预期收益的方差减小，概率密度函数越来越尖，这个过程会直接影响股价的涨跌。

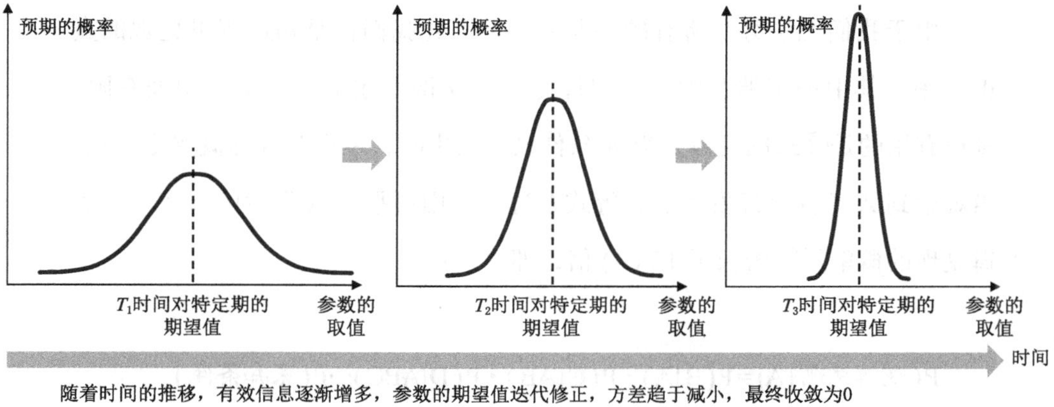

图 3–2　随着时间的推移，概率密度函数的分布趋于集中

在更一般的情况下，一个大事件可以视为若干小事件的叠加，概率可

以用贝叶斯方程来描述，如预期的实现需要 A 和 B 两个条件全部发生，那么预期实现的概率就是 A 发生的概率，再乘以 A 已经发生的情况下，B 再发生的概率，即

P（A 和 B 同时发生）= P（A）· P（A 已经发生的情况下，B 再发生的概率）

写作 $P(A \cap B) = P(A) \cdot P(B|A)$ ①

但是在大部分情况下，A 和 B 都仅仅是必要条件，而非充分条件，逻辑的最终兑现可能还涉及很多未知必要条件，需要将所有的概率按照贝叶斯方程乘起来，即

$P(\text{逻辑兑现}) = P(A) \cdot P(B|A) \cdot P(C|AB) \cdot P(D|ABC) \cdots P(\text{未知条件})$ ②

由于我们无法穷举所有的必要条件，因此我们很难知道逻辑兑现的真正概率，其中一定涉及大量的定性分析，使得上述②式的实际用处有限。真正有用的是②式的变体，当 A 条件没有发生时，逻辑兑现的概率是②式，当观察到 A 条件已经发生后，等式右边就不用再乘以 A 发生的概率了，逻辑兑现的概率瞬间增长了 1/P(A) 倍，即

$$P(\text{逻辑兑现}|A) = P(B|A) \cdot P(C|AB) \cdot P(D|ABC) \cdots P(\text{未知条件})$$
$$= P(\text{A 没有发生时的逻辑兑现}) / P(A) \quad ③$$

将②式和③式结合起来，就是人类的大脑面对未知事件时的天然思考

方式。落实到投资，投资收益的来源无非折现率和预期差两种，在均衡市场中，折现率占主导地位，这种市场是马老师与夏老师笔下的理想世界；在非均衡市场中，预期差占主导地位，这种市场是贝叶斯方程的“天下”（笔者认为当前 A 股市场正处于非均衡市场向均衡市场快速过渡的阶段）。

但是需要注意的是，预期差与风险存在概念重叠。预期差可以分为三种：第一种是“我知道，但是市场不知道”，是狭义的预期差；第二种是“我和市场都不知道，但是可以事前用概率函数推演”，类似抛硬币；第三种则是“我和市场都不知道，突发性的利好或利空”，事前无法判断概率。三种预期差在最终落地时，都可以用贝叶斯方程描述，但是如前文所述，只有第一种可以获得超额收益，后两种都属于风险的范畴。

其中，第二种被夏老师整合进了折现率，可以用估值折价作为补偿，祈求大数定律发挥作用；第三种则只能走一步看一步，如果风险过于不可控，如特定行业的政策风险、管理层不值得信任等，那就只能选择规避。对于后两种预期差，如果实际结果好于预期，则要感谢幸运之神的眷顾，“珍惜苍天赐给我的金色的华年”，但切忌从中提取“成功经验”，这种经验可能是未来的亏损之源。虽然投资时运气很重要，但是运气只是运气。

不过，在现实中区分三种预期差非常难，很多时候是“我和市场都不能确定，但是我认为事件发生的概率比市场预期的要高”。之后事件真的发生了，然而很难证明是“我判断对了”，还是市场认为的小概率事件应验了。归根结底，我们的人生太短了，市场给我们提供的试错机会也太少了，应努力寻找第一种预期差，尽力获得收益。

3.2.2 预期的动态演化：信号反馈与概率修正

随着时间的推移、兑现时间点的临近，不确定事件会变得越来越确定，顺着贝叶斯方程的思路，我们可以尝试探究不确定事件的概率演进规律。

首先，任何一个投资逻辑都是一个概率事件，无论其所谓的确定性有多强。我们需要将投资逻辑尽可能打散，拆成一个个独立可验证的里程碑，然后去跟踪每一个里程碑，逐步迭代投资逻辑兑现的概率。一般来说，逻辑链条太长的故事，兑现概率都不会太高。

当然，对很多公司而言，成功的路径不止一条，一个里程碑的证伪不一定意味着整个投资逻辑的证伪，如图 3–3 所示，通向成功的道路越多，故事就越有容错率。简单来说，串联降低概率，并联提升概率，接受世界的不确定性，做好研究，然后按图索骥。

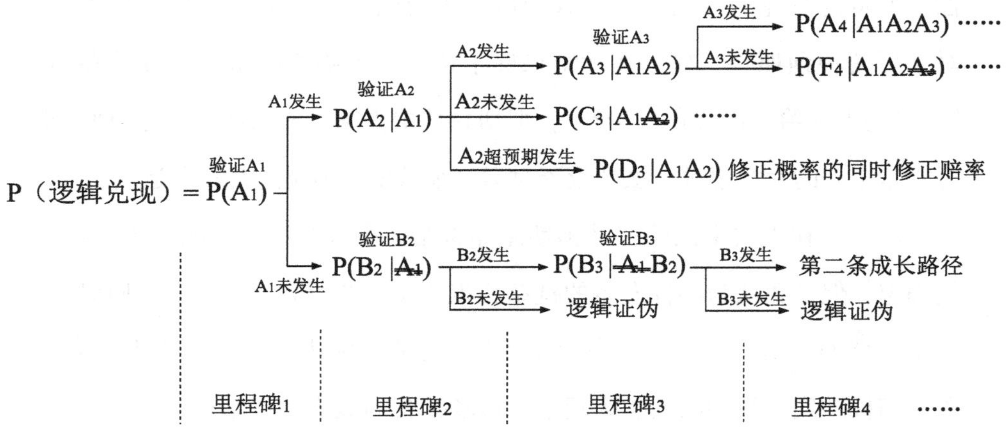

图 3-3　用贝叶斯方程迭代投资逻辑兑现的概率

因此，笔者认为，一个好的投资逻辑并不在于赔率有多高（没有胜率保障的赔率约等于买彩票），而在于逻辑的中途可证伪性，即可以通过明确、易得的信号，提前进行预期管理、修正投资决策，而不是等到最后一刻开奖。

关于可证伪性，有一个经典的反例，叫“卡尔·萨根的喷火龙”。卡尔·萨根是美国天文学家，有一天，他声称他的车库里有一条喷火龙，只不过这条龙是隐形的，除了他以外其他人都看不见。这条龙也没法测量重量，因为它是悬浮在空中的，喷出的火焰也非常特殊，是冷的，和室温一样，无法使车库温度升高。总之，就是别人提出的任何测量方法，萨根都可以通过各种理由证明其无效，即这条龙没有任何的可证伪性。

于是，与这条龙有关的任何故事就都是自说自话了，即便它真的存在，在它自己现身之前，我们都不能确认它的存在，可证伪是可预期的必要条件。在投资中，喷火龙是一个很形象的比喻，很多故事听起来很有道理，其逻辑链条也能自圆其说，但是由于缺乏可证伪性，很容易变成纯粹的资金博弈，投资者的信心来自股价上涨，然后资金涌入带来股价进一步上涨，最终沦为击鼓传花。

由此也就能理解，为什么每到年底，妖股、概念股就格外多，从 10 月底披露三季报到次年 4 月底披露年报，中间有长达半年的空窗期，为市场留下了广阔的想象空间。

从可证伪性出发，结合 DCF 模型，预期差最终要落实到业绩增速、增速的持续时间和折现率上。所有的投资逻辑都要按照类似图 3–3 中的路线图逐一分解。在复杂多变、充满随机性的世界里，没有人能够一眼看穿未来，大多数预期差都是“我认为发生的概率比别人认为的高”。

因此，从发现预期差到股价涨跌，需要一道关键的传导，即信号验证。观点分歧是一件非常个体的事情，但是股价涨跌需要市场整体预期的变化。信号验证所需的时间，决定了预期差兑现的速度。有些行业的预期差天然容易验证，股价因而容易出现急涨急跌。

反之亦然，形成“慢牛”的条件是很苛刻的，行业首先需要具备较大的预期差，保障初始点位不能太高；然后逻辑链条比较长，预期差不能太早、太急兑现，而是要像挤牙膏一样，一点点逐步验证，保证有持续的预期差刺激股价。

继续用在山洞摸黑前行的例子类比。每个人都拿着一根竹竿缓慢挪步，或因为缺乏先进的测量设备，或因为没有对山洞的构造深入研究，大家对山洞长度的预期没有打太满，然后在前进过程中惊喜不断。最怕的是两种情况，第一种是行进队伍中有人盲目乐观，在没有充分把握的时候就吹响了冲锋号，导致未来预期下修的概率远大于上修的概率。

第二种是有人拥有过于丰富的经验，一眼就看穿了山洞的长度，一次性透支了未来的全部涨幅。比如有人突然说，“我在国外探索过一个山洞，其地质构造和这个山洞差不多，这种山洞一般都很深”。

有海外经验参考，可能恰恰是新兴市场估值波动较大的原因之一，一旦一种产品或者商业模式在发达国家获得成功，新兴市场对应标的可能会一次性涨到位，产生所谓的映射行情。说到底，慢牛存在一种悖论，只有当大家不确定能否成功，不知道能否出现慢牛时，慢牛才会出现，否则一定是以最快的速度“涨完”。

回到 DCF 模型的三个抽象化要素上，大部分慢牛都来自增速持续时间的预期差及折现率的预期差，相比之下，业绩增速的预期差更容易导致快牛，原因就是前文提到的，信号验证需要时间。其中，业绩增速受短期供需格局的影响更大，可用数据较多，验证周期较短，而且一般拥有明确的催化剂，若贝叶斯逻辑链“短平快”，预期差一经证实就会被迅速消灭。

但是正如 1.2.3 小节所述，增速的持续时间取决于市场空间、竞争格局、进入壁垒等长期因素，贝叶斯逻辑链一般都非常长，各种因素的判断往往见仁见智，而且往往没有特别清晰、可供验证的信号。大部分公司都无法走到最后，事前选中“天命之子”，一方面需要对行业有极为深刻的理解，另一方面（或许是更重要的）需要股价留出足够的容错空间，构建组合优于精选个股，让大数定律发挥作用。如果市场预期打得过满，将每家公司都按照“天命之子”估值，相关指数的走势一定不会太好看。

虽然慢牛的股票是值得羡慕的，但是绝大部分慢牛股票都是幸存者偏差的产物，而且走势很难复制。市场是有学习效应的，未来再有类似的商业模式，表现出类似的特征时，股价都会“一步到位”，与映射行情类似。

折现率的预期差可以分为两种，即无风险收益率（利率环境）的预期差及风险溢价的预期差，两种预期差都不太好把握。前者作用于所有股票，属于大类资产配置的范畴，不会带来 alpha，但是会导致不同久期的资产价格波动程度不一，带来 beta 性行情（前文已有讨论，此处不赘述）。

后者会作用到个股层面，按照夏老师的理论，个股的风险溢价是由不可分散风险带来的，决定因素是个股收益率与市场收益率的协方差，本质是公司经营情况受宏观经济的影响程度。在所有类型的预期差中，这种预期差是最难直观验证的，不仅没有常规意义的催化剂，而且在宏观经济高速增长阶段，低协方差资产也没有机会证明自己。所谓“岁寒，然后知松柏之后凋也”，低协方差资产的脱颖而出，只能靠一轮又一轮的市场震荡大浪淘沙。

落实到具体板块，按照上述推演，不同行业的股价走势及“股性”差别，就来自各个行业 DCF 模型三要素的重要性配比，以及每个要素的信号验证难度差别。周期性行业的产品大多是标准化的，影响盈利最核心的因素是供需格局变化带来的价格弹性，其一般都有明确的驱动力和验证信号，市场非常容易达成共识，从而导致股价涨跌迅速。

相比之下，消费品往往是非标准化的，产品的竞争力和市场空间都没法太定量，业绩增速也比较稳定，核心预期差是增速的持续时间及所谓的确定性（影响折现率），市场可能需要很长的时间才能达成共识，而且需要一个格外稳定的宏观环境。随着贝叶斯逻辑链中的必要条件的逐一解锁，股价上涨相对更平稳可控，方便“上车”。

制造业可能处于周期品与消费品之间，产品的竞争力和空间更好跟踪，但是不像周期品的供需格局那样“简单粗暴”，想要完全“吃到”预期差，既需要一定的持有周期，也需要一些择时技巧。但是大部分制造业本质上仍然是周期股，始终存在产能过剩的风险，尽量不要引入永续稳定甚至永续增长的假设。

科技类公司则是一条相对独立的赛道，尤其是很多前沿领域的初创公司，上市公司的样本量可能非常有限，我们无法定量分析其发展壮大的概率，一方面是科技创新本身的随机性，另一方面是就算有人成功了，也不一定是上市的这些公司。这类公司的预期演进，是更极致的概率判断，技术路线潜力、市场认可度等指标的重要性往往远高于财务指标。

在行业发展初期，可能存在多条并行的技术路线，在某一条技术路线被明确证伪之前，所有公司可能都有较高的估值，以此来博一个成功的梦想，此时公司的估值更多地跟着行业整体的预期变动。一旦某一条技术路线被证实成功，押中该条技术路线的公司的估值就会大幅上涨，其他公司的估值则瞬间坍缩。技术路线变化带来的份额此消彼长，是科技类公司收益最丰厚的时候。等到预期修正后，公司的 alpha 就会再度消失，估值继续跟着行业整体的预期变动。

综上，从预期差演化的角度看，持股周期取决于预期差兑现的速度。

所有按照投资组合理论优化收益 – 风险比，以及按照贝叶斯方程进行概率推演的投资方式，都是价值投资。无论是长期持有还是频繁交易，判断标准都是预期差是否兑现完成。如果还没有兑现，哪怕持有时间再长，也要有足够的耐心；反之，如果预期差已经兑现了，就没有再重仓个股的必要了，毕竟马老师已经用数学方法严格证明了，组合的收益 – 风险比一定高于个股。

3.3　融入交易思维：股价归根结底是交易出来的

本章前两节就 A 股市场及其演化趋势做了大量针对性探讨，但是仍然没有跳出“应然”的范畴。股票市场真正的“实然”需要落实到交易，股价归根结底是交易出来的，还受到交易规则、市场流动性、投资者结构等方面的影响，并不完全是基本面驱动的。为了更好地理解市场运行规律，可能还需要一点交易思维。

3.3.1　区分内在价值与外在价格：价格是交易的结果

从第一性原理上说，股票的内在价值是由其未来所有期限的现金流折现值决定的，但是这个折现值到底是多少，每个人心里都有不同的答案。理想世界中所有投资者拥有相同预期的绝对均衡是不存在的，分歧是促成交易的原动力，反过来，交易结果就是市场预期最直接的反映，市场预期的变化会带来股价涨跌。

问题就出在这里，理论上，随着时间推移信息越来越丰富，市场预期会逐渐逼近事实，并最终收敛到事实。但是在现实中，市场并不是永远正确的，受群体性认知局限及非理性因素影响，预期逼近事实的路径可能会非常曲折。而且，所谓的市场也不是一个整体，而是由无数参与者形成的预期分布，分布的形态也会影响交易结果。

简而言之，股价是预期的反映，但是预期并不一定是事实的反映。股票可以视为一种非常特殊的商品，既遵从微观经济学中的供需－价格规律，又有其独特的运行规律。

对于一般商品，供给曲线斜向上，需求曲线斜向下，两者通常都不是直线，而是向上弯曲的曲线（二阶导为正），如图 3–4 所示。其中，需求曲线来自消费者的边际效用，边际效用递减导致曲线上弯；供给曲线来自生产商的边际成本，边际成本递增导致曲线也是上弯的。但是供给曲线的右边一般不会过于陡峭，过高的价格会激励生产商追加资本开支，增加长期供给，导致价格回落，形成新一轮平衡。

股票供需则是另一种决定机制，其供需曲线的形状不取决于边际效用和边际成本，而是观点的分布形态。对于需求侧，与一般商品类似，价格越低潜在买盘越多（具体曲线的形状可能不确定）。但是供给侧与一般商品存在根本性不同，在没有做空机制或者限制做空的情况下，每只股票的潜在卖盘总量都是固定的，就是全部流通股本，有效卖盘取决于在给定价格下，愿意卖出筹码的投资者数量。

因此，已持有股票的投资者观点分布，直接影响供给曲线的形状，供给曲线的形状则会进一步影响股价的活跃度。假设已持有股票的投资者观点呈正态分布，股价超过心理价位时就会卖出，否则就会继续持有，供给曲线就是一个翻过来的“S”型，曲线的右端极度陡峭。典型股票的买盘卖盘曲线如图 3–5 所示。

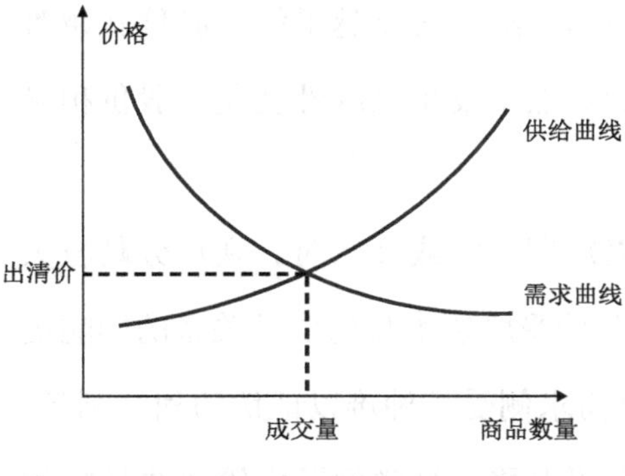

图 3-4　一般商品的供给需求曲线

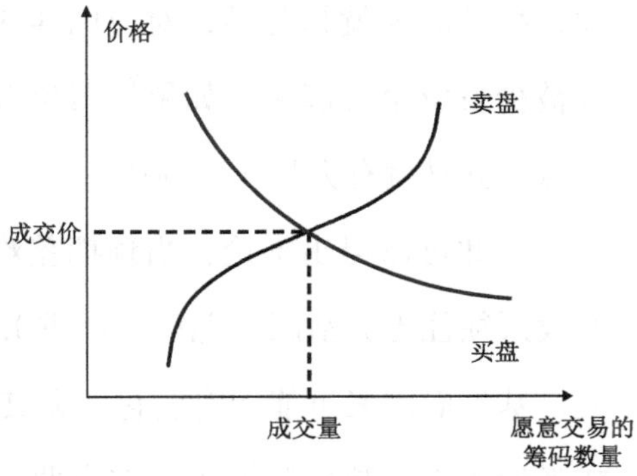

图 3-5　典型股票的买盘卖盘曲线

具体来看，如果投资者的观点呈正态分布，极度乐观和极度悲观的人都比较少，对图 3–6 左图积分，即可得到愿意卖出的筹码数量与支付价格之间的关系，其呈现两头平缓、中间陡峭的形状。再将图 3–6 右图的横纵坐标对换一下，就是图 3–5 中的供给曲线（卖盘）。

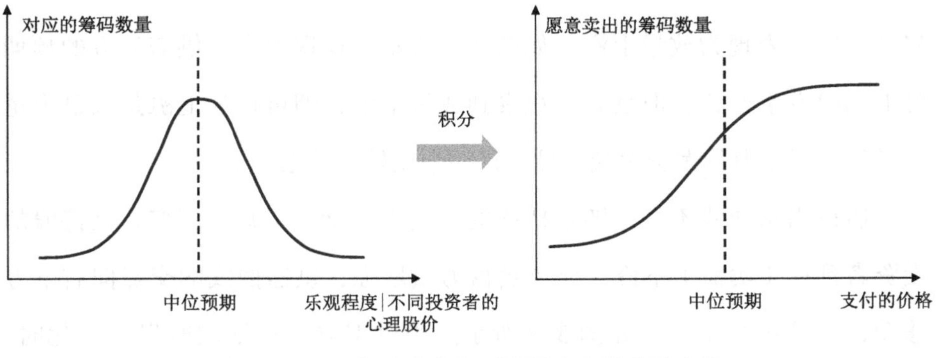

图 3-6　从预期分布曲线到股票卖盘的供给曲线

由图 3–6 可以看出，观点分歧越大（方差越大、曲线越扁），积分后的曲线就越平缓，对应图 3–5 中的供给曲线就越陡峭，当需求曲线发生变化时，股价就更为活跃。反之，投资者的观点越统一，正态分布的形状就越尖，积分曲线就越陡峭，对应图 3–5 中的供给曲线就越平缓，股价就越难以被少量资金拉起来。如果持股资金的观点不发生系统性变化，股价稍微一涨，立马就有大量卖盘抛压。

由此可以得出推论，当预期差难以短期证实或证伪时，观点分歧较大的股票往往更为活跃（抛压不严重），股价受股票本身的供求关系的影响更大，基本面因素可能相对弱化。尤其是需求侧受某种难以证伪的利好刺激，或者纯粹有"热钱"涌入，需求曲线大幅上移，触碰到了供给曲线最陡峭的部分，股价就很可能出现短时间的泡沫化拉升。当然，盈亏同源，一旦预期证伪或者热钱消退，股价就会迅速回吐。

在一般情况下，我们进行四种准静态分析，假设供需曲线的其中一条不变，另一条上下移动，从而带来股票的量价变动。

假设供给曲线不变，即已持股的投资者预期（卖盘）不变，未持股的投资者预期（买盘）上修，导致买盘力量增强，供需曲线的交点向右上方移动，股价表现为放量上涨，如图 3–7 所示。在现实中，供需双方的预期可能同时发生变化，但是只要观察到放量上涨，即可认为上涨是买盘力量主导的，买盘力量大于卖盘力量，是一个比较好的信号。

假设需求曲线不变，即未持股的投资者预期（买盘）不变，已持股的投资者预期（卖盘）下修，导致卖盘力量增强，供需曲线的交点向右下方移动，股价放量下跌，如图 3–8 所示。当供需双方预期同时发生变化时，放量下跌说明卖盘力量大于买盘力量，但是买盘力量也不算太弱，否则就会缩量。放量下跌并不一定意味着股价逻辑崩坏，只能说明市场的分歧较大。

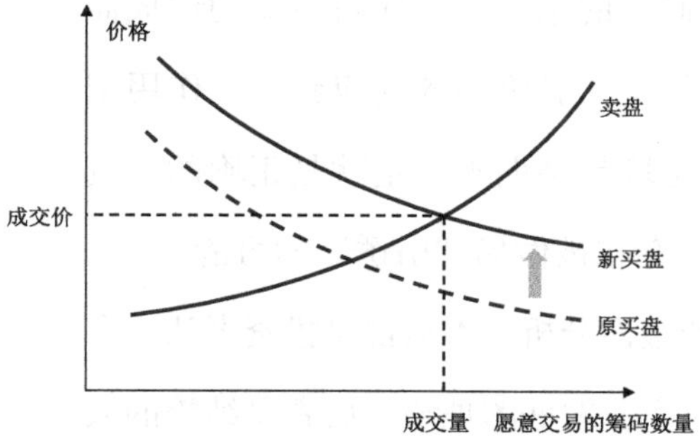

图 3-7　买盘力量主导的放量上涨

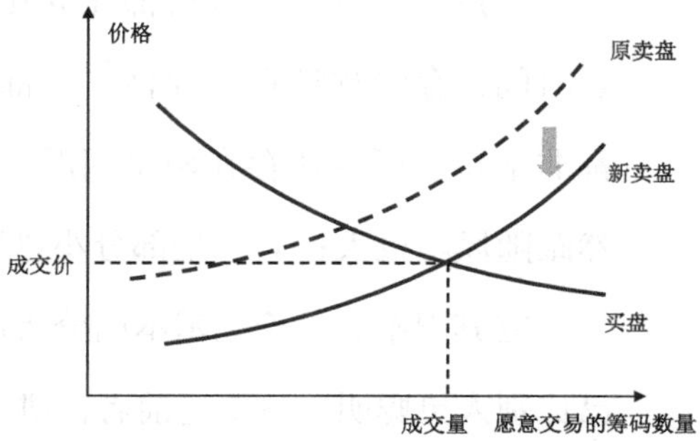

图 3-8　卖盘力量主导的放量下跌

假设需求曲线（买盘）不变，已持股的投资者预期（卖盘）上修，导致卖盘力量减弱，供需曲线的交点向左上方移动，股价表现为缩量上涨，如图 3–9 所示。当供需双方的预期同时发生变化时，缩量上涨意味着买盘力量较强，但是卖盘更为惜售，双方观点一致性较强。

假设供给曲线（卖盘）不变，未持股的投资者预期（买盘）下修，导致买盘力量减弱，供需曲线的交点向左下方移动，股价表现为缩量下跌，如图 3–10 所示。一般情况下，缩量下跌不是一个好信号，当供需双方的预期同时发生变化时，缩量下跌意味着双方都是下修的，卖盘力量较强，但是买盘没人接。

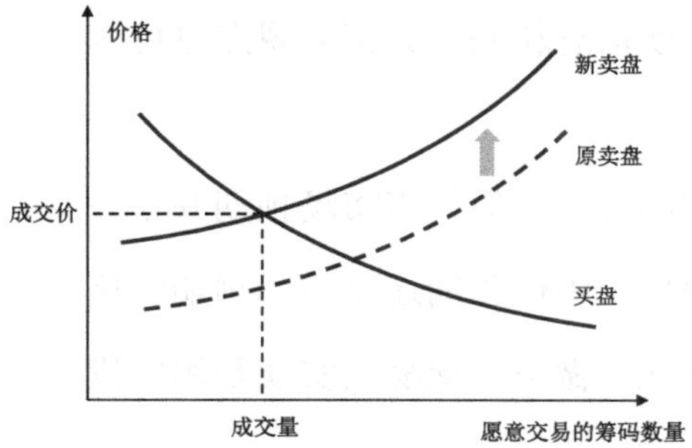

图 3-9　卖盘惜售带来缩量上涨

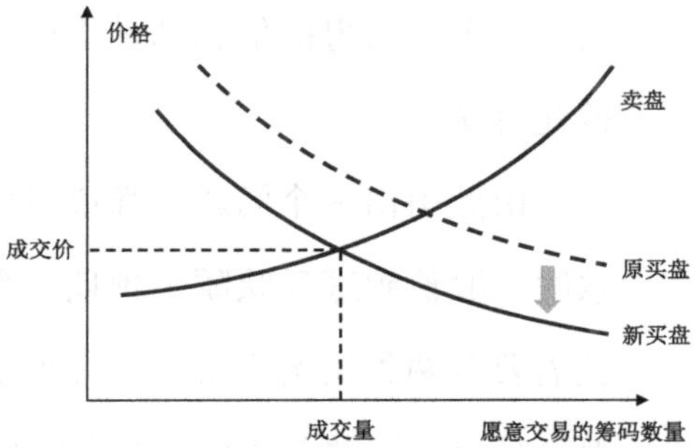

图 3-10　买盘不足带来缩量下跌

当然，所有盘口分析都建立在一个假设的基础上，即新预期的形成需要时间，存量预期存在惯性，一部分人抢跑，股价尚未反应到位，作用期都非常短。而且还存在两个问题：其一是增量预期不一定就是正确的，贸然跟随风险极大；其二是部分小盘股可能存在被做局“引诱”的可能。

究其根本，无论是基本面分析还是资金面分析，本质都是投资者认为自己比别人更聪明，只不过前者比拼的是对产业发展的理解，后者是纯粹的人性和资金博弈。笔者并不认为在统计意义上，一部分人对博弈的理解可以显著、持续地领先市场，大部分微观层面的资金供需分析都是零和博弈，运气成分可能更大（宏观层面的资金供需不是零和博弈，会影响折现率）。

将对博弈的理解停留在“知其然，且知其所以然”层面或许是一个比较好的尺度，尽量不要尝试去赚博弈的钱，否则极易出现一个经典局面，即“凭运气赚的钱，凭实力又亏回去了”。

3.3.2 限制做空放大流动性的作用，边际预期影响着股价涨跌

在第 1 章介绍投资组合理论及 CAPM 时，引入了一个很理想化的设定，即投资者是同质化的，接受相同的信息，并做出相同的解读（也是所谓一致预期的最早出处）。本章中我们放宽这个假设，承认市场是存在分歧的，每个人获得的信息都是不全面的，即便信息相同，大家的观点也可能彼此对立。

由此引出一个问题，都说股价是预期的反映，但是当市场预期并不一致时，股价到底反映哪个预期，是平均预期、中位预期还是边际预期？这就需要分两种情况来看：允许做空还是不允许做空。交易其实就是用钱投票，是否允许做空会影响投票权的分配。

大部分实体商品都是不能做空的，导致投票权的分配不对等，所有的市场参与者都有看多的权利，如果觉得当前价格太低，一起买入就可以把价格拉起来。但是只有已经拥有商品的人才能看空，旁观者如果觉得价格太高，最多只能抱怨一句太贵，然后不买，并没有对价格施加影响的途径。因此，实体商品的价格就是由边际供需决定的，哪怕价格再高，只有买卖双方在一个小圈子里“愿打愿挨”，其他人没有“说话的权利”。

股票则不然，在大多数理想模型中，市场都引入了“无摩擦”假设，其中最重要的两点就是无交易成本及允许做空。在允许融券做空的情况下，没有持股的投资者也有看空的权利，从而导致股价无法在一个小圈子里“自说自话”。在充分交易的情况下，股价由全市场资金的中位预期决定（并不是平均预期，无论投资者的乐观程度如何，都只有买入和卖出两个选项，一个比较乐观的人和一个极端乐观的人，如果手里的资金量一样，对股价的影响程度是一样的。当然，如果假设投资者的预期呈正态分布，中位预期和平均预期等价）。

在方便做空且流动性充足时，乐观预期与悲观预期可以相互抵消，股价将维持在预期的中位数附近，预期分布的离散程度不会导致股价偏移，如图 3–11 所示。

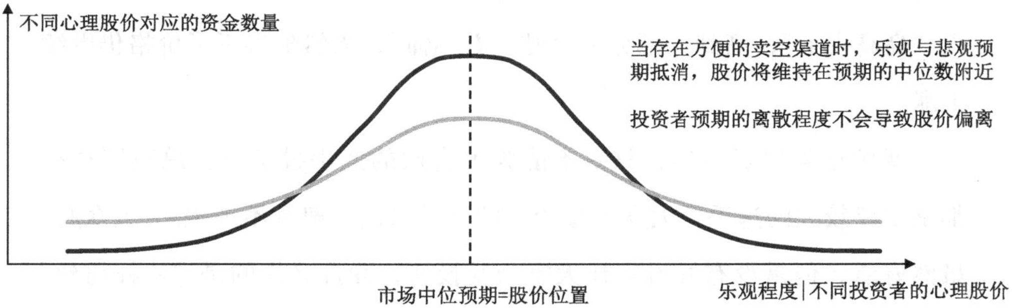

图 3-11　方便卖空且流动性充足时，股价是市场中位预期的无偏反映

但是在真实场景中，无做空限制是一个很强的假设，各国市场对做空都有或多或少的限制，尤其对于A股市场，做多要比做空容易得多。一旦多空观点的投票权不对等，股价就不再是市场中位预期的反映，而是更贴近实体商品，且受到市场流动性的影响。A股大部分时候的流动性较为充足，导致实际股价位置一般略高于中位预期，笔者将其命名为“股价漂移”。

假设市场对单一股票的预期呈正态分布，曲线表示投资者不同心理股价下对应的资金数量，如图3–12所示。在流动性充足时，市场的资金量很多，使股票买卖更像一种拍卖机制。假设市场关注到某只股票的资金有1 000亿元，但是股票的流通市值只有100亿元，股价并不是由这1 000亿元资金的中位预期决定的，而是由最乐观的100亿元资金决定的。

更进一步地，每个投资者都希望以更低的价格买入股票，所以实际股价会停留在100亿元资金持有者的预期上，这个预期高于中位预期，是买盘里的最低预期。

在这个基础上，即便投资者的中位预期不变，预期分布的离散程度也会影响实际股价。由图3–12可知，公司流通盘可容纳的资金量是有限的，即上下两图的阴影面积相等，但是下图的预期分布离散程度更高，实际股价的位置会更加右偏。由此也就解释了一个常见的现象：很多股票价格很“高高在上”，高到大部分人直呼“看不懂”，依然阻碍不了价格仍继续上涨。

就像选美比赛一样，只要不能为不喜欢的选手投负分，总冠军往往都是争议较大的选手，大众人缘较好的选手名次一般都不理想。“大众脸”虽然好看，但是没有好看到让大家为其投票，冲排名靠的是“铁杆粉丝”数量。

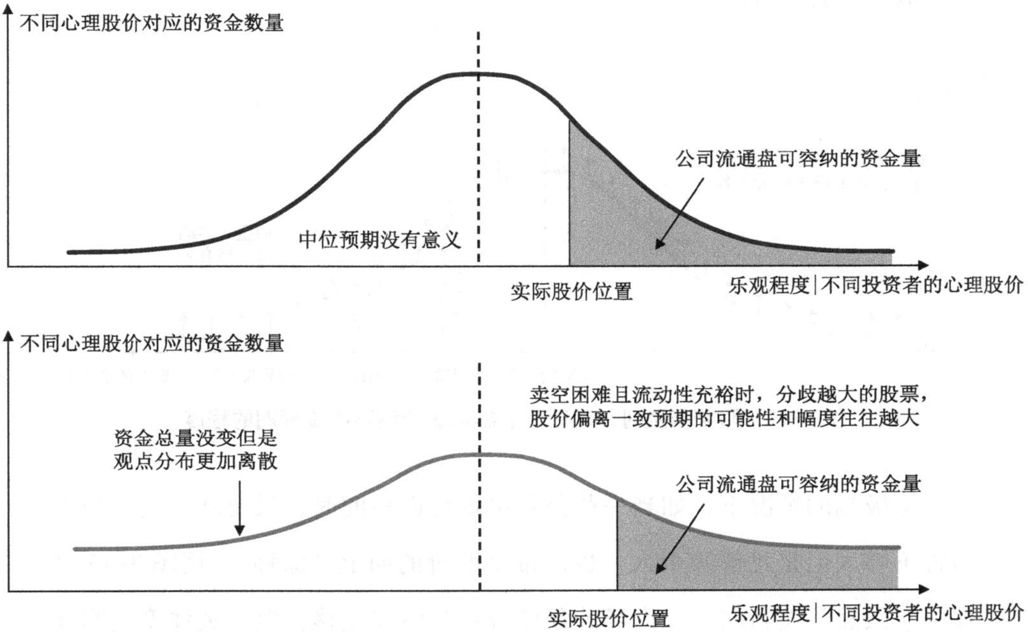

图 3-12　限制卖空且流动性过剩时，股价并不是由市场中位预期决定的

沿着这个思路，市场的关注度也会影响股价的“漂移”程度。真实投资者的精力都是有限的，聚光灯不会永远照在一只股票上，受特定事件、政策催化、股价本身涨幅等影响，如果市场对某只股票的关注度突然提高，股价就有可能向更乐观的预期偏移，即便市场的预期分布没有发生任何变化。限制卖空时，流动性对股价的影响如图 3–13 所示。

简单来说，对于一只流通市值只有 100 亿元的股票，当关注它的资金有 1 000 亿元时，股价是由这 1 000 亿元里的前 100 亿元“乐观”资金决定的。当关注它的资金增长到 2 000 亿元时，股价就是由 2 000 亿元里的前 100 亿元“乐观”资金决定的。即便在后面的 2 000 亿元中，各种乐观程度的预期比例和前面的 1 000 亿元完全一样，更“乐观”资金的绝对值增加了，股价也会上涨。

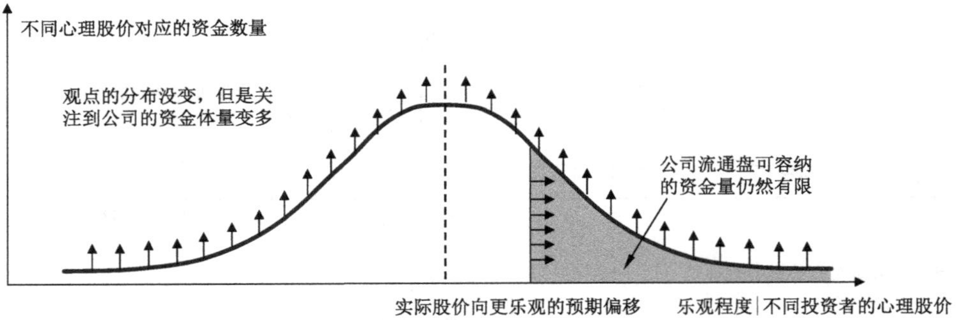

图 3–13　限制卖空时，流动性会影响股价偏离中位预期的程度

更极端的情况下，如当一些公司出现负面新闻时，只要新闻的实质性伤害不够大但是足够吸引人，也能带来股价的向上“漂移”。用图 3–13 来理解，虽然负面新闻导致市场的预期分布整体向左移，但是关注度提高导致每种预期对应的资金量变多，曲线还会整体向上移，最终的股价未必下跌。

以上推论可以解释很多现象：主题投资必须时刻追逐市场热点，热度消退会导致股价大幅回调，回调的原因与基本面无关。换个角度理解，基本面没有利空不是继续坚守、认为股价还能涨回去的理由。很多时候，赛道行业、风口行业的股价上涨固然有强劲的基本面预期差支撑，但是当行情演绎到后期，部分涨幅可能是聚光灯效应带来的“股价漂移”。

这种“漂移”毫无疑问带来了股价上涨的弹性，而这也是很多投资者非常期待的，然而一旦基本面出现恶化、乐观预期无法兑现，热钱消退，股价就很可能进入负向循环。“曾经沧海难为水”，曾经的辉煌已无法作为未来的标尺。

当我们将市场预期正态分布的假设放宽时，有些时候市场的观点会极度分化，呈现哑铃形的分布，只有极度看好和极度不看好两种观点。当预期不能在短时间内被证实或证伪时，股价很容易变成纯粹的资金博弈。由图 3–14 可知，尤其是当公司流通盘可容纳的资金量刚好处于预期分布曲线的“哑铃杆”位置时，两端预期的轻微变动都会带来股价的巨幅震荡。

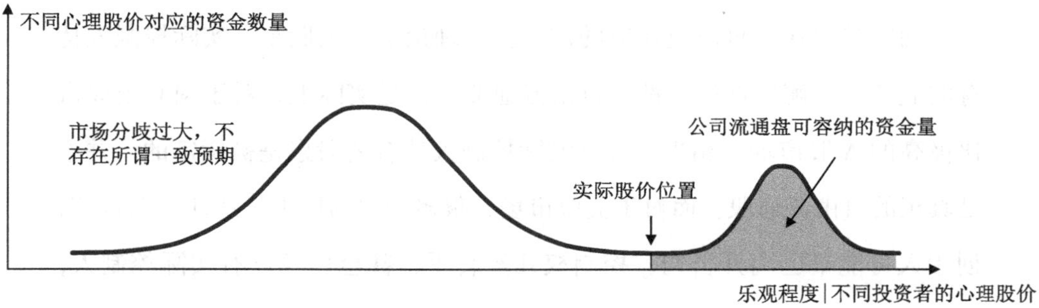

图 3–14　当市场观点分布非正态时，股价受资金流影响大

可以从两个角度来看：一方面，如果想赚博弈的钱，最好选这种预期极度分化的股票；另一方面，这种情况往往也蕴含着巨大的基本面机会，只要投资者有足够的信心，坚信事实最终会证明“哑铃”右边的预期是正确的，即便持股过程的体验不太好，熬到明确的信号落地，贝叶斯逻辑链的进度条向前迈进一格时，股价就会上一个大台阶。这或许是很多“大机会”的标准表现形式，领先时代的认知毕竟只属于少数人。

3.3.3　敬畏一致性的力量，投资者结构深刻影响着股价走势

就交易而言，还有一个重要的因素，即投资者结构。虽然主流观点认为，机构投资者占比提高将使得估值定价更为专业，进而改变市场生态。然而，笔者认为投资者结构对股价更重要的影响途径是行为的一致性，而

非观点的专业性。

在相当长的时间里，A 股市场的个人投资者占绝对主流，机构投资者占自由流通股的比例只有百分之十几，而美股市场机构投资者占比超过 50%。上述结论（A 股市场机构投资者比例低于美股市场）没有太大问题，但是如果仔细拆分，就会发现 A 股机构投资者的比例是被低估的。

问题就出在对自由流通股的定义上，理论上，大股东、实际控制人持有的股票过了解禁期后，都是自由流通股，但是实际上，对于国有企业占比极高的 A 股市场，相当一部分实际控制人持有的股票是被锁定的，并不是真正的自由流通股。而对于美股市场，很多公司的历史长达几十上百年，创始人可能早已离开公司，控制权几经转手，甚至已经没有实际控制人，如苹果公司前三大股东全部是基金公司。

如果剔除实际控制人持有的股票（约为 50%），参考上海证券交易所（简称上交所）统计年鉴，随着近年来 A 股市场机构投资者的扩容，机构投资者的持股比例已经超过了 20%（见图 3–15），与个人投资者的比例几乎达到了 1∶1。与此同时，以沪股通为代表的外资成为机构投资者的重要力量，2022 年持股市值占自由流通股市值的比例超过 3%（见图 3–16），占机构投资者的比例超过 15%。

对交易而言，趋势（增量资金）可能比绝对值（存量资金）更重要。近年来市面上有一种很流行的观点，即将外资视为“聪明钱”，似乎外资看透了一切，对本土资金形成了降维打击，它买啥啥涨，卖啥啥跌。然而，从朴素的观点出发，境外投资者对另一个国家市场的理解，不可能整体性地超过这个国家的本土投资者，认为外资“更聪明”，些许有些不自信。外资真正的力量来自一致性。

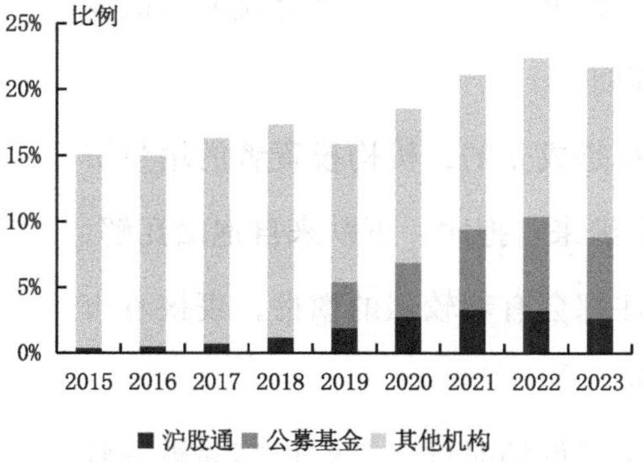

图 3-15　上交所机构投资者占比[①]

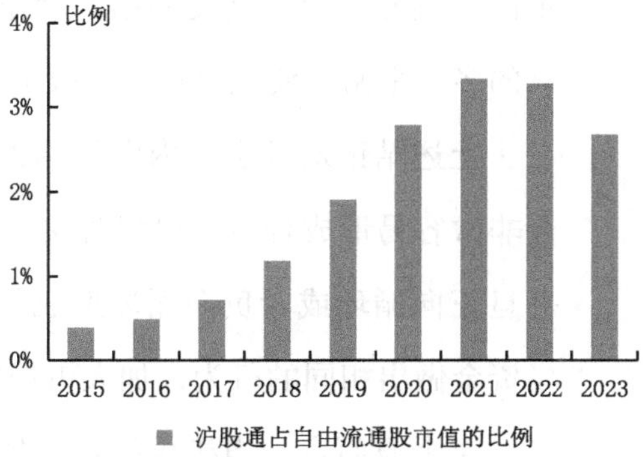

图 3-16　沪股通占自由流通股市值的比例

用一个物理现象类比，带电粒子的定向移动会产生电流，对于金属导体，带电粒子就是自由电子。但是电子同时还会做无规则热运动，热运动的速度量级在 105 米 / 秒，只是由于方向随机，从宏观上看各向运动相互抵消，如果没有额外电势差，会导体整体不带电。一旦施加了电势差，自由电子就会产生定向移动。对于一根直径 1 毫米的导线，产生 1 安培的电流只需要定向移动速度达到 10^{-5} 米 / 秒，该速度与热运动速度差了 10 个数量级。

试想一下，假设一部分电子产生了“思想意识”，可以按照热运动的速度定向移动，那么只需要百亿分之一的电子做出这种“一致性行为”，宏观上就能产生极大的电流。

对二级市场而言，很多时候，市场整体预期的变化并不是由具体投资者的思想改变带来的，而是通过一批新投资者取代原有投资者实现的。如果新投资者的观点仍然高度分散，甚至与原有投资者共享相同的方法论，改变市场整体预期所需的时间可能会非常长。但是如果新投资者拥有完全

① 数据来源：上交所统计年鉴。

不同的偏好，而且高度团结、动作一致，则可能用很少的资金就能打破原有的多空平衡，使股价达到新投资者的预期。

上述结论对外资、内资机构投资者都是成立的，机构投资者的增量资金非常容易形成合力，很多时候，股价上涨来自抱团，下跌来自抱团瓦解，一旦正向循环或者负向循环形成，其往往都会有着较强的惯性，裹挟着市场资金做出相同的行为，加大市场的波动。

对个股而言，当机构投资者持股比例很低的时候，股价很容易被一致性力量拉起来。但是如果机构投资者的占比已然很高，且交易对手盘也是一致性力量，那么股价涨跌就必须依靠基本面的实质性推动。从本质上来说，一致性力量的存在破坏了"市场预期呈正态分布"的假设，是图 3–14 的一种表现形式。当卖盘（已持股的人）观点呈正态分布，买盘（增量资金）观点高度一致时，双方力量不对等，即便买盘观点是错误的，也会决定股价的短期走势。

然而，从更长的时间维度来看（虽然没有人知道更长是多长），资金结构对股价的影响趋于减弱，机构抱团不会成为成熟市场下的常态。底层逻辑是机构投资者占比的提升，将导致二级市场逐渐变成机构之间的"内战"。只有当一致性力量处于一个恰到好处的比例时，抱团才会有较好的效果，即比例既不能太低，也不能太高：太低导致一致性力量没有足够的合力，市场无法在短时间内实现预期修复；太高导致市场过于有效，没有预期差可以挖掘。

换言之，就是既要有猎人，也要有猎物，不能都是猎人。虽然我们可能不知道"恰到好处"的比例到底是多少，但是 A 股市场的发展过程一定会经过这个比例，使得抱团策略在某个阶段异常有效。至于当前市场（2024 年年初）处于什么状态，笔者倾向于已经超过了最有效的比例。当没有足够多的个人投资者充当补集时，各个子行业的配置系数都会向 1 收敛。这个过程不仅会带来板块相对估值的变化，也会带来估值方法论的重塑。

3.4　非理性繁荣也是繁荣，行为金融学进一步加剧了股价波动

在所有古典经济学模型中，理性人假设都是最基本的假设：每个人都是绝对理性的、每时每刻都会按照最新的信息迭代自己的贝叶斯逻辑链。前文介绍了市场存在分歧，但是分析中仍然没有跳出理性人假设。

真实的投资者是有限理性的，人性的弱点很难克服，2013 年诺贝尔经济学奖获得者罗伯特·席勒（以下简称席老师）在其著作《非理性繁荣》中对投资者的各种非理性行为进行了讨论。虽然我们总说，从长远来看，理性一定是更加主导的力量，市场终究会发现价值，但是就如一个经久不衰的辩论题目——“迟到的正义是不是正义”一样，虽然冬天来了，春天一定不会遥远，但是并不是所有人都能顺利度过冬天。

读懂投资者的非理性行为可以帮助我们更好地理解市场，但是“驾驭泡沫”是一种很高难度的操作，最容易亏钱的并不是市场的非理性下跌，而是误把市场的非理性上涨当成了基本面预期修复，然后硬生生“吃下”了泡沫破裂后的所有跌幅。在任何一个市场中，脱离基本面的追涨杀跌都是亏损之源。

3.4.1 真实的投资者是有限理性的，人性的弱点很难被克服

现代行为金融学对投资者非理性行为的研究已经非常深入，非理性行为会显著放大市场的波动，在个人投资者占比较高的A股市场尤其显著，但是这并不代表机构投资者不会产生非理性行为。

根据笔者的总结，非理性行为可以分为群体非理性行为和个体非理性行为。其中，群体非理性行为与交易机制、信息不对称和从众行为有关，每个参与者都是理性的，但是恰恰是个体理性导致了群体非理性，这有点类似囚徒困境。个体非理性行为包括情绪偏差和认知偏差，与人类的思考方式有关。

关于群体非理性行为，席老师在《非理性繁荣》中描述了一种“自发的庞氏过程”，其中以老式音响进行类比，也即将话筒对准音响，然后鼓一下掌，鼓掌的声音被话筒接收，话筒将信号传递给音响，音响发出声音，然后再被话筒接收，不断反馈加强，从而会形成长时间尖锐刺耳的噪声。虽然噪声的源头是最初的鼓掌，但是噪声最终的强度和持续时间，并不取决于初始掌声的大小，而是取决于话筒与音响之间的反馈机制。

落实到投资上，预期差或者说积极的变化提供了股价的上涨动力，但是股价最终能涨多高及上涨需要多久，往往不只取决于预期差本身，还取决于市场的交易机制、增量信息的扩散速度、投资者的行为习惯等。其中最核心的反馈机制就是，人类有天然的从众行为，股价上涨本身会增强投资者对预期兑现的信心，而信心的增强会带来更多增量资金，从而使股价进一步上涨，反馈环一旦建立，股价就很容易“超涨”，形成投机性泡沫。

反过来一样成立，股价下跌会减弱投资者对预期兑现的信心，也会形

成反馈环，导致股价"超跌"。虽然从长期来看，预期能否兑现是一个纯粹的客观事件（忽略股价的反身性影响），但是反馈环带来的股价波动可能远远超过所谓的趋势。当股市泡沫客观存在时，建立在绝对理性预期下的古典框架就有些不接地气了。

从众行为是一种生存的本能，或者说在人类漫长的进化过程中，过于特立独行的个体已经被淘汰掉了，在无法掌控全部信息的情况下，从众、相信大部分人的选择是正确的，是一种容错率最高的方式，这反而是个体的理性行为。但是对于绝大部分人类活动，从众行为不会引发正反馈循环，也就不会导致群体非理性，因此作为一种"优良基因"被保留了下来。直到遇到了股票投资，其刚好击中了"优良基因"的"bug"。

不过，除了上述机制，席老师还指出了一种特殊的反馈环，简称"揣着明白装糊涂"，很多时候，即便投资者发现了市场预期是不理性的，往往也不愿意轻易下车，而是想赚一把再走，相信自己不是"击鼓传花"的最后一棒，只要没有实锤利空，一定有一个更乐观的投资者愿意接盘。当所有人都这样想时，市场的合力就会导致股市泡沫进一步变大。

当然，这里还有一个机制，即投资者的过度自信。过度自信与从众行为并不矛盾，都是人类在进化中形成的本能，当人们自认为掌握的信息不多时，就会选择"从众模式"，一旦掌握的信息变多或者遇到了自己熟悉的领域，就会切换到"过度自信模式"，只有两个档位，没有过渡地带，很难客观分析到底掌握到了什么程度。有心理学家做过实验，在大街上随机拦车，问司机"你的驾驶水平是否高于这条街其他司机的平均水平"，80% 的受访者都说"是"。

过度自信是一种典型的个体非理性行为，但是这可能正是群体所需要的。除了规避风险，人类还需要一些具备领袖气质的个体，带领群体走出困境。对投资而言，如果每个人都能客观评价自己，那么至少有一半的人认为自己不如别人，在交易中会吃亏，市场也就不可能活跃，市场的流动性恰恰是靠那些过度自信的人维持的。

过度自信的“重灾领域”是对随机性的理解。人类的本能是追求确定性，DNA 里并没有关于随机性的设定，随机性是一个后天学习的概念，我们骨子里对它是陌生的。

举两个常见的例子。第一个例子是抛硬币猜正反面，显然硬币正反面出现的概率相同，但是如果连续抛了 5 次都是正面，很多人会猜第 6 次是反面。因为人们更愿意相信，出现正反面的次数会发生“均值回归”，而不是理性地认为，既定事实不会影响未来概率。

这个例子还可以反过来理解，如果一个人连续猜了 5 次反面，并且都猜错了，他很可能会继续猜第 6 次会出现反面，他内心想的往往是“连续出现 6 次正面的概率很低”，而不是“在已经出现 5 次正面的情况下，第 6 次再出现正面的概率是 50%”。

第二个例子是关于对概率本身的质疑。大多数游戏里的触发概率都不是真正的概率，而是必须设计保底机制。例如，在游戏中购买宝箱，开出稀有物品的概率是 1%，很多玩家都会觉得，买 100 个宝箱，怎么也能开出一个稀有物品。但是实际上，开不出稀有物品的概率高达 36.6%，对于任何开出概率是 $1/n$，开 n 次宝箱的行为，随着 n 的增大，开不出的概率都会收敛于 $1/e$，其中 e 是自然常数 2.718281828……，$1/e$ 也被很多玩家调侃为“氪不改命常数”。

对于第二个案例，简单计算可得，买 200 个宝箱开不出稀有物品的概率是 13.4%，买 300 个宝箱开不出稀有物品的概率是 4.9%，买 1 000 个宝箱开不出稀有物品的概率是万分之 4.3。很显然，当玩家群体足够大时，再低的概率都会产生非常多的绝对量，这些“被小概率”的人不会觉得是自己运气不好，而会觉得是游戏的概率设置有问题。为了避免被投诉，游戏设计者只能设计保底机制。

第二个案例同样可以反向理解，如果有人非常幸运，没用几个宝箱就开出了稀有物品，他们往往认为是自己掌握了某种方法，并且很乐意总结“成功经验”，相关话题几乎在每个游戏论坛上都经久不衰。最关键的是，我们生活在一个有限样本、有限时间甚至有限机会的世界里，没有所谓的“大样本随机双盲对照试验”可供参考，无法彻底证伪 = 时刻充满活力。

对概率的过度自信最直接的影响是让我们高估自己选股的胜率，如果认为预期收益率 = 胜率 × 赔率（赔率即如果预期兑现，股价能够实现的涨幅），群体性过度自信将导致高赔率资产被系统性高估。同时，过度自信还会和交易制度产生互动，在限制做空的市场中，股价由更乐观的投资者决定，由此也就带来了更高的证伪风险。

低风险异象是法马和弗伦奇质疑传统资产定价模型最重要的证据之一，两人研究了美股市场 1963—1990 年的全样本数据，发现一分风险一分收益的朴素预期并不成立，市场对高风险资产的补偿力度远远小于理论计算值，高风险资产往往只能阶段性跑赢低风险资产，长期来看，反而是低风险资产的累计收益率更高。主流解释是高风险资产错误定价，原因除了前文提到的过度自信、做空限制外，还包括彩票性股票偏好、机构投资者的代理风险等。

按照学术上的归类，过度自信属于情绪偏差，常见的情绪偏差还包括过度反应，即投资者容易对利好过于兴奋、对利空过于悲观，从而做出冲动决策，加剧市场波动。但是等过一段时间再看，好像也不是什么大事，太阳照常升起。

与情绪偏差相对，另一类偏差是认知偏差，包括启发性判断、禀赋效应、易得性偏差等，属于人类思考方式中的“bug”。其中，启发性判断指人类在理解新事物时，习惯性借鉴历史经验，尤其是发生在自己身上的经验，即便两件事情的底层逻辑并不相同，只要它们的外在表现有一定的相似性，人类的大脑都会下意识地将两者关联起来，并进行路径推演。从更广义上看，使用成语典故也是一种启发性判断，如“邯郸学步”“洛阳纸贵”“虎落平阳”。

启发性判断的第一个问题是容易将个例当成普遍规律，而且极易受到投资者过往经历的影响。因为过去失败了，所以再面对类似的机会时，就会变得保守；反之，因为曾经成功过，投资风格就容易变得激进，低估风险的权重。启发性判断会与前文提到的过度自信、概率认知偏差及交易性因素产生进一步连锁反应，使得“追高”一般多于“踏空”。

启发性判断的第二个问题是研究的路径依赖，对于新兴事物，投资者倾向于以自己熟悉的框架为基点向外延伸，而不是另起炉灶，重构一套体系。例如，面对同样一个新出现的交叉行业，高估值行业的研究员往往会沿用高估值行业的研究框架，给出的估值经常让低估值行业的研究员难以理解。当分歧无法调和时，股价就很容易变成纯粹的资金博弈，也就是图 3–14 描述的观点非正态分布情况。当然，换个角度理解，有分歧才有机会。

启发性判断的第三个问题是锚定效应，一个指标的前值会影响投资者对该指标合理值的判断。理论上，一家公司的合理市值只取决于 DCF 模型各种参数的假设组合，但是实际上，投资者做判断时会不可避免地受公司当前市值的干扰，所谓的目标市值也都是在当前市值的基础上做调整，很难“平地起高楼”。

由此产生了股价层面的路径依赖，投资者相信的“便宜有便宜的道理”，很可能就是“因为便宜所以便宜”，等股价涨上去了，市场自然就会认为贵是合理的。很多估值虚高的公司，并不是美丽的故事支撑了巍峨估值，而是巍峨估值让人们相信了美丽的故事。

锚定效应的另一个常见表现是估值黏性。正如第 2 章所论证的，PE、PB 等相对估值法更适用于横向对比，并不适用于纵向展望。理论上，每家公司都存在业绩天花板，随着公司业绩逐步增长，业绩离天花板的距离会越来越近，PE 就会持续下行。但是现实中，一家公司的 PE 有可能在相当长的时间内保持稳定，除了第 2 章中提到的“上修增速的持续时间”等基本面调整外，还有一个重要的影响因素即锚定效应。

人们倾向于认为一家公司曾经拥有过的 PE 是合理的，甚至认为某某行业就应该是多少倍 PE，即便核心参数已经发生了变化，PE 的变动也会有一定的滞后性，往往是当基本面变化累积到一定程度后，估值水平才会在很短的时间内跳上一个新的台阶（俗称“估值体系的切换”），而不是平滑过渡。

估值变化的滞后性很容易让人产生均值回归的错觉，似乎一家公司曾经达到过的估值水平，或者曾经长期维持的估值水平，在未来的某个时间点一定会重现。而只要 PE（或 PB）重现了，业绩增长（或净资产增长）就会全部落实到股价涨幅上。但是很遗憾，从逻辑推理来看，无论是 PE 还是 PB，都没有均值回归的趋势，反而有持续下降的动力。除非有新的预期差，且预期差大到足以撑起一个新故事，否则估值水平一旦回落，可能就再也回不去了。

除了启发性判断外，另一个常见的认知偏差是禀赋效应，即人们倾向于高估自己已经拥有的东西。简单来说，当投资者没有持有某只股票时，对该股票的评价可能更客观，但是一旦持有了该股票，就会不断强化心理暗示，说服自己这只股票确实有投资价值，会有意无意地屏蔽掉与该股票相关的不利信息。

广义上讲，经过缜密思考的观点也是一种“投资者拥有的可交换商品”。有这么一种说法：提高投资逻辑严谨性的最好方法，是成为反方阵营的最佳辩手。但是在实际操作中，人类有一种本能的自我保护机制，当自己的观点受到质疑后，除非对方的证据强到可以一锤定音，否则不会对既有观点产生任何影响。甚至在两种完全对立的观点交锋后，双方都能从辩论的过程中强化认知。

落实到股价，禀赋效应的一个直接影响是降低市场对利空信息的敏感度，增加正反馈环的惯性，这种情况尤其以股价的上涨过程最为明显，很多时候即便出现了实质性利空，反馈环也不会轻易瓦解。此时最重要的是坚持“因预期而修正股价”，而不是“因股价而修正预期”。一种常见的错误为：虽然提前捕捉到了利空，但是由于股价没有太大反应，所以认为利空不重要。

3.4.2 当认知偏差遇到贝叶斯方程——一个奇妙的反应

除了上述偏差外，席老师还着重强调了媒体的作用，媒体往往在“自发的庞氏过程”中扮演推波助澜的角色。当然，这里的媒体是广义的，包括一切现代通信手段，从传统媒体、自媒体，到各种真真假假的非正式信息源、投资者之间的相互传播，都可能会干扰我们的认知。

底层逻辑包括两点，即人类的精力有限及概率判断中的易得性偏差。先说易得性偏差，人们对世界的理解是渐进的，每个人都不可能一次性看到世界的全貌，而是抽丝剥茧式地逐渐扩大观察范围。在这个过程中，人们倾向于将最容易得到的样本当成出现概率最大的样本。然而，传播最广的案例往往是最有话题度的案例，或者距今最近的案例，最好找的数据往往是标准化程度最高的数据，与案例或数据的代表性并无必然联系。

加之人类的精力非常有限，易得性偏差的影响因此进一步放大。精力有限包括两个层次，第一层针对投资研究工作，我们不可能无限扩大样本，很多时候能够研究的样本总量是有上限的，比如时间只允许我们研究 10 个案例，那么这 10 个案例的选取就会直接影响我们对概率的判断。或者说，案例的研究深度反而是第二位的，选取哪些案例才是第一位的：一方面，案例进入视野的顺序非常重要，另一方面容易出现循环论证，选取案例的过程可能就已经预设了答案。

易得性偏差与幸存者偏差不同，前者是心理学概念，后者则是统计学概念。通常情况下，案例越复杂、数据越非标准化，易得性偏差越明显，好不容易找到的数据，如果不格外重视，就白努力了。而且，人们倾向于给先找到的数据更高的权重，笔者认为可以用边际效用递减来解释这一现象。找数据是很累的，最先找到的数据可以给人们带来很高的欣喜感，后面的数据就没有这种效果了，欣喜感会强化人们对数据的记忆。

精力有限的第二层是人类本身的单线程思考方式。人类的大脑并不能同时处理多个事情，比如经典的左手画圆、右手画方，处理复杂情况靠的是“切片式”思考，将所有注意力聚焦在一个点上，然后再快速切换焦点。在这个过程中，增量信息会干扰焦点的移动，使其偏离既定的轨迹。简单来说，当我们思考一个宏大主题时，随着找到的信息增多，思维很容易偏离原定的框架，被信息本身的叙事架构“洗脑”。

落实到投资上，精力有限与易得性偏差遇到贝叶斯方程，会发生奇妙的反应。如式①，假设投资逻辑的最终兑现需要 A、B、C、D、X、Y 共六个必要条件，其中 A、B、C、D 是非独立事件，如 B 的发生需要以 A 的发生为前提，C 的发生需要以 B 的发生为前提，依此类推；X、Y 都是独立事件，或者说都有一票否决的能力，则逻辑兑现的贝叶斯逻辑链为：

$$P(\text{逻辑兑现}) = P(A) \cdot P(B|A) \cdot P(C|AB) \cdot P(D|ABC) \cdots P(X) \cdot P(Y) \cdots \quad ①$$

在完全理性的情况下，我们需要客观评估每个必要条件的发生概率，然后将 A 事件是否发生作为第一个验证信号。当 A 事件发生后，逻辑兑现的概率瞬间提高 1/P(A) 倍，然后进一步观察 B 事件……

但是在现实中，如果一只股票的逻辑链条非常长，随着各种必要条件被满足，股价和市场关注度都会迅速提升。投资者易得的信息是“多少个验证窗口已经兑现”，而不是“还有多少个验证窗口尚待观察”。持续出现的利好会导致人们高估投资逻辑最终兑现的概率，以式①为例，一方面，当 A、B、C 都兑现后，投资者往往会认为 D 的兑现是顺理成章的，而忽略了 D 事件仍然存在的不确定性；另一方面，X、Y 都是独立事件，A、B、C 发生与否不会影响到 X、Y 的发生概率，但是 A、B、C 的相继兑现，往往吸引了过多关注，使人可能会忘记 X、Y。

直到在全市场的亢奋声中，人们忽然发现，作为必要条件的 X 事件并没有发生，故事讲不下去了，于是惊呼黑天鹅再现。然而正如一句著名的警句所说：很多所谓的黑天鹅都是灰犀牛，只不过在股价上涨过程中，人们不愿意去相信或者低估了其发生的概率。

与启发性判断一起，禀赋效应、易得性偏差和有限精力共同放大了市场的非理性波动。但是如果以绝对理性为中点，大部分非理性行为（及交易制度因素）都会导致股价向上漂移。由此，股票的持有期收益可以拓展为三部分：由折现率带来的必要收益、由预期差带来的超额收益及由非理性因素带来的泡沫收益。

在波动极大的市场中，泡沫收益（可正可负）可能是非常重要的组成部分，可以在预期差的基础上再乘以一个放大系数。但是如果将时间线拉长，预期必然会收敛到事实，非理性因素与交易性因素仅仅是放大波动，无法产生趋势性力量，即长期期望收益为零。如果有幸获得了泡沫收益，无疑值得庆祝，但是一个更容易犯的错误是，将泡沫收益当成基本面超预期，认为“存在即合理”，为高估值找理由，从而买在了高点。

根据笔者的观察，基本面阶段和泡沫阶段的重要分界点，就是市场开始绞尽脑汁为高估值找理由，故事的久期往往都非常长，且没有太多容错率。

3.4.3　不要频繁追涨杀跌，沪深 300 是个反例

考虑到市场的非理性波动，一个结论呼之欲出：切忌在股价层面追涨杀跌（在基本面层面，只要市场还存在预期差，就应该杀伐果断，快追快跑）。一方面，将预期收益率简化为胜率乘以赔率，随着股价的上涨，胜率未必发生变化，但是赔率一定快速下降。

另一方面，在做多更容易的市场中，正面预期差的挖掘充分程度往往远高于负面预期差，高股价就意味着更低的容错率，一旦基本面出现利空，胜率发生动摇，股市泡沫就可能迅速破裂。因此，虽然追涨杀跌都会拉低收益率，但是“追涨”的危害可能要大于“杀跌”。

关于追涨杀跌的危害，沪深 300 是一个反例。沪深 300 是 A 股市场中最重要的权重股指数，编制方法非常简单，样本选择和调整主要有三个原则：①对剔除 ST、*ST、红筹存托凭证后的全 A 样本按照过去一年的日均成交金额由高到低排名，剔除排名后 50% 的证券；②对剩余证券按照过去一年的日均总市值由高到低排名，选取前 300 名的证券作为指数样本；③成分股每半年调整一次，实施时间分别为每年 6 月和 12 月的第二个星期五的下一交易日。

股本加权采用自由流通量的分级靠档方式，以确保计算指数的股本相对稳定，具体机制较为复杂，但是可以近似理解为按照剔除大股东、战略投资者持股后的自由流通市值加权。编制方法与标普 500 基本相似，都属于市值加权指数（相比之下，道琼斯指数属于等权指数）。在理想状态下，市值加权非常有利于指数上涨，当某个成分股上涨时，自由流通市值增加导致权重上升，更加“被指数重视”；反之，股价下跌就会“被指数降权”，以减少对指数的影响。

然而，半年一次的调仓规则使得沪深 300 成为追涨杀跌非常严重的指数，从而显著拖累了指数表现。就机制本身而言，半年一次的调仓周期并无太大问题，既能跟上我国经济转型的步伐，又不至于调仓过于频繁，保持了成分股的相对稳定。但是在实际运行中，半年一次的调仓周期刚好错开了 A 股市场的轮动周期，使得调仓与轮动不仅没有形成共振，反而形成了对冲。

简单来说，就是我国的行业变化太快了，对很多行业而言，一轮产业周期从兴起到回落往往只用 2 ～ 3 年，股票市场再打一个提前预期，一轮板块轮动可以极限压缩到半年到一年。这就导致很多新兴产业的股票，在上涨浪潮中由于市值不够大，尚未被纳入沪深 300，而等半年后市值达到沪深 300 门槛后，预期却基本见顶了，股价开始下跌，沪深 300 刚好“买在”了最高点。

雪上加霜的是，受产业结构影响，一些周期股的流通市值刚好卡在第 300 名的门槛附近，在剧烈震荡的走势中，股价一涨就被纳入沪深 300，一跌就被沪深 300 剔除，导致沪深 300 在这些周期股上反复“低抛高吸”。以“五进五出”沪深 300 的某公用事业公司、“五进四出”的某制造业公司和“四进四出”的某交通运输公司为例，沪深 300 在三只股票上的累计亏损分别达到 90%、60% 和 80%，如表 3-1 所示。

表 3-1　沪深 300 调仓“战绩”（市值单位：亿元，股价单位：元 / 股）

<table>
<tr><th>日期</th><th>真实操作</th><th>当日市值</th><th>前复权股价[①]</th><th>期间收益</th><th>如果反向操作</th><th>期间收益</th></tr>
<tr><td colspan="7">某公用事业公司</td></tr>
<tr><td>2007-7-2</td><td>纳入</td><td>1 850</td><td>11.66</td><td rowspan="2">-60.03%</td><td>—</td><td></td></tr>
<tr><td>2011-1-4</td><td>剔除</td><td>758</td><td>4.66</td><td>纳入</td><td rowspan="2">-13.52%</td></tr>
<tr><td>2012-1-4</td><td>纳入</td><td>699</td><td>4.03</td><td rowspan="2">-22.33%</td><td>剔除</td></tr>
<tr><td>2013-1-4</td><td>剔除</td><td>531</td><td>3.13</td><td>纳入</td><td rowspan="2">36.10%</td></tr>
<tr><td>2013-7-1</td><td>纳入</td><td>723</td><td>4.26</td><td rowspan="2">0.94%</td><td>剔除</td></tr>
<tr><td>2014-12-15</td><td>剔除</td><td>693</td><td>4.3</td><td>纳入</td><td rowspan="2">68.84%</td></tr>
<tr><td>2015-6-15</td><td>纳入</td><td>1 171</td><td>7.26</td><td rowspan="2">-53.31%</td><td>剔除</td></tr>
<tr><td>2016-12-12</td><td>剔除</td><td>514</td><td>3.39</td><td>纳入</td><td rowspan="2">10.62%</td></tr>
<tr><td>2017-12-11</td><td>纳入</td><td>568</td><td>3.75</td><td rowspan="2">-26.13%</td><td>剔除</td></tr>
<tr><td>2019-6-17</td><td>剔除</td><td>568</td><td>2.77</td><td>—</td><td></td></tr>
</table>

① 前复权基准时间点为 2023 年 12 月 31 日。

（续表）

<table>
<tr><th>日期</th><th>真实操作</th><th>当日市值</th><th>前复权股价①</th><th>期间收益</th><th>如果反向操作</th><th>期间收益</th></tr>
<tr><td colspan="7">某制造业公司</td></tr>
<tr><td>2009–7–1</td><td>纳入</td><td>139</td><td>4.56</td><td rowspan="2">–17.54%</td><td>—</td><td></td></tr>
<tr><td>2010–7–1</td><td>剔除</td><td>115</td><td>3.76</td><td>纳入</td><td rowspan="2">127.66%</td></tr>
<tr><td>2011–1–4</td><td>纳入</td><td>261</td><td>8.56</td><td rowspan="2">–45.56%</td><td>剔除</td></tr>
<tr><td>2012–7–2</td><td>剔除</td><td>141</td><td>4.66</td><td>纳入</td><td rowspan="2">–2.79%</td></tr>
<tr><td>2013–1–4</td><td>纳入</td><td>136</td><td>4.53</td><td rowspan="2">–17.66%</td><td>剔除</td></tr>
<tr><td>2014–6–16</td><td>剔除</td><td>110</td><td>3.73</td><td>纳入</td><td rowspan="2">1.07%</td></tr>
<tr><td>2016–6–13</td><td>纳入</td><td>185</td><td>3.77</td><td rowspan="2">–0.53%</td><td>剔除</td></tr>
<tr><td>2017–6–12</td><td>剔除</td><td>183</td><td>3.75</td><td>—</td><td></td></tr>
<tr><td colspan="7">某交通运输公司</td></tr>
<tr><td>2007–7–2</td><td>纳入</td><td>372</td><td>6.75</td><td rowspan="2">–60.15%</td><td>—</td><td></td></tr>
<tr><td>2011–1–4</td><td>剔除</td><td>144</td><td>2.69</td><td>纳入</td><td rowspan="2">99.26%</td></tr>
<tr><td>2015–12–14</td><td>纳入</td><td>394</td><td>5.36</td><td rowspan="2">–49.63%</td><td>剔除</td></tr>
<tr><td>2018–6–11</td><td>剔除</td><td>192</td><td>2.7</td><td>纳入</td><td rowspan="2">64.81%</td></tr>
<tr><td>2020–12–14</td><td>纳入</td><td>386</td><td>4.45</td><td rowspan="2">–8.76%</td><td>剔除</td></tr>
<tr><td>2021–12–13</td><td>剔除</td><td>346</td><td>4.06</td><td>纳入</td><td rowspan="2">44.58%</td></tr>
<tr><td>2023–6–12</td><td>纳入</td><td>492</td><td>5.87</td><td></td><td>剔除</td></tr>
</table>

数据来源：Wind 数据库。

但是这并不意味着这三只股票就没有机会，恰恰相反，只要将“纳入”和“剔除”的操作对调，三只股票就可以轻松获得 120%、124% 和 375% 的累计收益。较短的产业周期叠加 A 股市场多空力量不平衡、非理性影响等因素，使股价层面的“追涨杀跌”很容易完美踩错节奏。

进一步地，参照沪深 300 的编制方式，我们将沪深 300 每次调仓新纳入的股票和剔除的股票分别做成一个指数，统计两者在调仓后 12 个月的表现。可以看出，在 2006 年 7 月至 2014 年 6 月的 18 次调仓中，仅有 2007 年 1 月、2012 年 7 月和 2013 年 1 月的 3 次调仓，新纳入股票指数跑赢了剔除股票指数，其余无论涨跌，包括两轮牛市，剔除股票指数整体都优于新纳入股票指数，如图 3–17 所示。

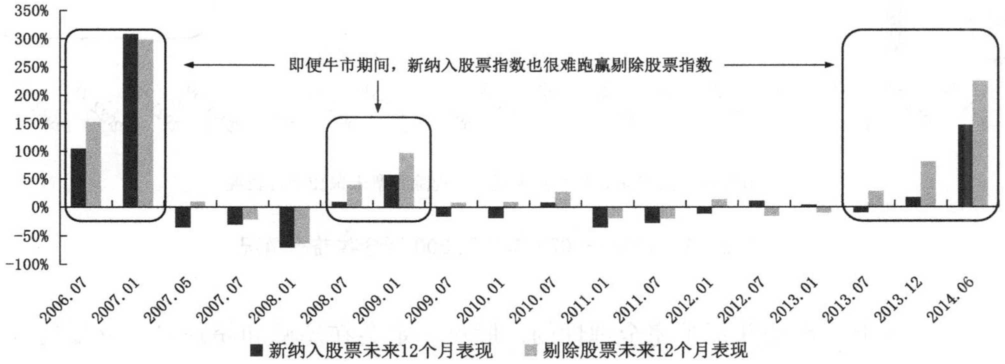

图 3-17　2006—2014 年沪深 300 调仓收益率情况

沪深 300 在 2014 年 12 月至 2022 年 12 月的 17 次调仓中，仅有 2018 年 12 月和 2019 年 12 月两次调仓，新纳入股票指数罕见大幅跑赢剔除股票指数，主要受益于从 2019 年年初至 2021 年年中超过两年的“核心资产牛市”，而在 A 股市场历史上，持续超过两年且风格不发生大幅切换的大票牛市是不多的。

紧接着市场风格进入极致轮动模式，股价上涨周期被大幅压缩，在 2021 年 6 月至 2022 年 12 月的 4 次调仓中，新纳入股票指数均出现大幅亏损，远远跑输剔除股票指数，如图 3–18 所示。只能说，沪深 300 的调仓规则是一个绝对客观的标准，一旦遇到了市场风格快速切换的时期，确实没有太好的办法，只能等我国的产业结构趋于稳定后，沪深 300 成分股发生变化才会放缓。

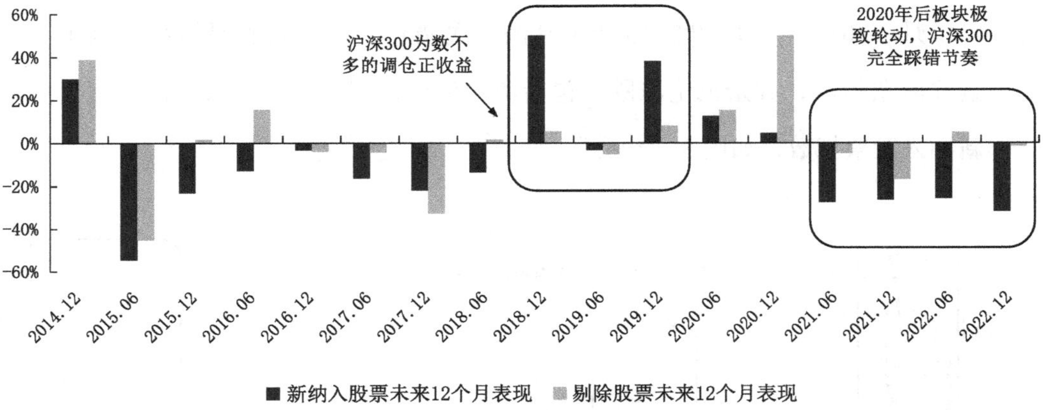

图 3-18　2014—2022 年沪深 300 调仓收益率情况

综上，市场并不是完全理性的，股价一定会在超涨和超跌之间反复切换。股价的趋势性变化是由市场资金的合力带来的，由于大部分投资者往往在走势的后半段上下车，因此很多时候，即便整个周期下来，股价虽有回调但是仍然涨了很多，大部分投资者却还是赚不到钱，只有少数靠着深度研究第一批入场的投资者才能赚到钱。逆向投资需要逆人群而动，买在无人问津处，卖在人声鼎沸时。

3.5　小结：投资切忌认死理，但是需要坚守纪律

在完全理性预期的基础上，本章我们进一步引入了市场交易机制和投资者的非理性行为，市场并不完全是基本面的反映，在一些极端情况下，异常波动甚至可以淹没基本面趋势。不过，虽然市场很多时候不讲逻辑，

但是不讲逻辑的原因还是有逻辑的，交易制度及非理性行为带来的影响仍然可以定性刻画。

真理很重要，明天很美好，但是一切的前提是活到明天。有这么一则经典的故事。佃农找到农场主说“你不用和我按正常工资结算，只需要第一天给我 1 粒米，第二天给我 2 粒米，第三天给我 4 粒米，像这样每天翻倍就行”。农场主大为不解，为什么会有这么傻的人，于是一口答应下来。佃农欣然一笑，终于在第 7 天饿死了。

这个故事被经常用于讽刺复利，但是从本质上看，这个故事表明了财富积累的路径依赖性，饭是要一口口吃的，第一道坎过不去，后面的一切都是空谈。最开始的时候往往是最脆弱的时候，一方面要保证有足够高的容错率，即便决策失误也有调整的余地。该条不仅适用于股权投资，也适用于实体产业投资，很多公司热衷于在顺周期时利用财务杠杆提高 ROE，但是殊不知，高资产负债率减小了公司战略调整的余地，往往是周期下行时的巨大隐患。

另一方面，正如凯恩斯说过的一句话，“市场持续非理性的时间总会比你能撑住的时间更长”，看对了事实，不等于看对了市场，还要给市场的非理性波动提供足够的余量。总结起来就是，投资切忌认死理，但是需要坚守纪律。其中，切忌认死理更多是针对股价下行风险说的，即便市场真的错了，该低头的时候还是要低头，个人力量是无法对抗市场大势的。

从投资心理学的相关研究来看，止损是一件非常痛苦的事情，原因包括多方面，首先是鸵鸟理论，人们内心不愿意直面亏损，即便亏得再多，只要不卖都算浮亏，一旦卖出就是实打实的亏损了，由此导致很多套牢盘的持有者反而是最坚定的投资者。

其次是积极决策的懊悔效应，止损的对立面是继续持有，但是决策会有失误，止损的风险是错过股价反弹，持有的风险就是股价继续下跌。然而，前者属于积极决策带来的负面结果，后者是消极决策带来的负面结果，接受起来相对容易。投资者为了避免决策错误所带来的痛苦，往往会倾向于选择消极决策，也就是不止损。

受以上两方面因素影响，很多股票的下跌过程可能会非常漫长，预期很难迅速反应到位。因此，如果股价下跌是由基本面破裂带来的，迅速抛售股票是减少亏损的最好办法；如果股价下跌与基本面无关，那么价值投资理念值得坚守，但是严格的止损线是保障活到明天的生命线，在极短的时间维度内，交易性因素可能是更主导的力量，向下的反馈循环一旦形成，出清的难度和烈度往往超预期。

坚守纪律的另一个用处是防止在股价过热阶段追高。正如前文所述，人类是一种天性乐观的生物，预期在统计意义上通常都会比事实略高，导致大部分制度性因素及非理性行为都更倾向于催生股市泡沫。很多时候股价的下跌浪潮往往是股市泡沫破裂、股价前期非理性上涨的回吐，而不是本身跌穿了其“应该有的估值”。

因此，在股价上行阶段更需要坚守纪律，切忌单纯因为股价上涨而上修基本面预期，从而不断调高目标价。虽然赚股市泡沫的钱往往是最舒服的，但是需要时刻保持清醒的认识，如果把股市泡沫当成了基本面，等股价回落时，亏钱也会非常容易。恐慌并不比狂热更加理性，只有刻骨铭心的痛，才能带来不可磨灭的记忆。

第 4 章

经典案例复盘：透过行业差异，寻找统一规律

理论源于现实，但是最终要超越现实、指导现实。本章笔者选取光伏、煤炭、水电行业分别作为成长股、周期股和稳定价值股的代表，复盘代表性公司历史重要节点的基本面、市场预期及股价变化，检验前三章的理论在 A 股市场的有效性。

需要指出的是，股价是预期的反映，所有的长牛股票，本质都是现实超过了当初的预期，而若一再超预期，则无非当初的预期不对。因此，复盘时的关键，不是开后视镜，而是还原历史，思考当初的预期是什么，以及为什么预期不对。鉴于笔者的从业时间有限，部分行业的早期历史无法亲历，所以依靠案头研究及他人转述进行分析难免会有纰漏，在此特此说明。

4.1 写在复盘之前：年年岁岁花相似，岁岁年年人不同

在正式复盘之前，笔者认为更重要的是明确复盘的方法论，也就是应该怎样复盘，以及复盘的目的是什么。所谓“年年岁岁花相似，岁岁年年人不同”，对于相同的规律，不同行业、不同公司可以演绎出不同的故事；对于相同的故事，不同的人可以做出不同的解读。方向决定终点，如果方法论出现问题，无论过程多么严谨、数据多么翔实，结论一定是有偏的。

复盘过程中的第一个常见错误是预设结论。复盘的本质是一种特定样本实证模型，但是计量经济学中要求所有的实证模型都必须有足够多样本，只有在同时满足5个经典假定[①]时，回归结果才是最佳线性无偏估计量（Best Linear Unbiased Estimator，BLUE）。当经典假定不满足时，实证模型就会变得异常复杂，以致可以说计量经济学的大部分研究都是在和经典假定不满足的情景斗争。

然而，跳出学术领域，在投资实践中，很少有复盘报告会讨论样本的代表性，作者往往更看重样本的工具性，读者则更喜欢样本的故事性。需要承认的是，正如“一切历史都是当代史”一样，大部分复盘报告的动机都不纯，并不是为了从过往案例中提炼有效经验，而是拿历史当论据，证

① 线性回归模型的5个经典假定：（1）随机误差项是一个期望值或平均值为0的随机变量；（2）对于解释变量的所有观测值，随机误差项有相同的方差；（3）随机误差项服从正态分布；（4）解释变量是确定性变量，不是随机变量，与随机误差项彼此之间相互独立；（5）解释变量之间不存在精确的线性关系，即解释变量的样本观测值矩阵是满秩矩阵。

明当下的某某股票能涨，已经持股的人看了复盘报告后也能为继续持有壮胆。

在这种命题作文下，一旦预设了结论，样本选择偏误是不可避免的，人们会不自觉地选择对自己观点有利的案例，而结论自然是某某股票确实能涨，这便是典型的循环论证。成功的案例很重要，失败的案例也很重要，甚至可能更重要。

第二个常见错误是把随机性当成确定性。虽然我们在心里往往不愿意承认世界的随机性，但是很多事情确实是随机的，有原因不一定必然有结果，有结果也不一定必然有原因。仍以抛硬币为例，理论上正反面出现的概率相等，但是如果样本不够多，出现正反面的次数大概率不相等，比如只抛 3 次硬币，3 次抛出相同面的概率为 25%。

从事后来看，当我们看到 3 次都出现正面时，会朴素地认为"再一再二不再三"，连续出现相同的面一定是有原因的，找不出原因是因为研究深度不够。但是事实上，不仅未来是充满不确定性的，过去也是充满不确定性的，只不过时间进程是单向的，历史是若干必然和无数偶然的叠加。如果时间可以回溯，相同的起点未必走到相同的终点。

这也是人们经常调侃"经济学研究回顾历史头头是道，展望未来捉襟见肘"的重要原因。复盘历史有必要区分哪些是必然，即"因为研究深度不够而导致的认知差"；哪些是偶然，即"因为不可预期因素导致的估值突变"，只有前者对未来有指引作用。

第三个常见的错误是将相关性当成因果性，实证研究不能代替逻辑推理。比如我们经常可以看到一种观点，说"某某股票的长牛来自业绩的高速增长，股价 10 年 10 倍，业绩 10 年 20 倍，估值反而是负贡献"。然后将股价走势和历年业绩画到一张图上，不用多想，两条曲线的拟合程度一定很高。这句话的潜台词是，只要公司还处在高速增长期，股价就会继续获得超额收益。然而，这种复盘方法存在重大问题。

正如我们在前文反复论证的，业绩曲线的形状与股价走势没有必然联系，超过折现率的涨幅只能来自预期差，只有超预期的增长才能带来超额收益，预期内的增长只会消化估值。换句话说，股价长牛一定伴随着强劲的业绩，但是强劲的业绩未必带来股价长牛。

事实上，预期差的本质就是市场最初的预期不对，因此复盘真正重要的，是找到最初的预期，研究明白最初的预期为什么不对，后面又发生了什么，如果回到最初的时点，后面发生的变化是不是可预期的。如果不可预期，那么股价长牛就是纯粹的命运馈赠；如果可预期，则要进一步思考当时为什么没有预期到。

所有的复盘都要立足于当时的场景，一步步向前推演，而不是“开后视镜”，因为一旦看了“剧透”，就很容易将偶然当成必然，导致研究结论看起来逻辑自洽，但是没有指导意义。

受制于视野及能力圈范围，本章笔者选取光伏、煤炭和水电行业作为复盘对象，一方面是三者均属泛能源行业，笔者比较熟悉，不容易犯常识性错误，免得贻笑大方；另一方面是三者刚好可以分别作为成长股、周期股和稳定价值股的代表，研究框架成熟，数据也比较好找，方便在不同类型资产、不同外在表现形式中寻找统一规律。

【注】如不额外注明，本章所有数据均来自公司公告、Wind数据库、Choice、iFinD、Bloomberg、国家统计局、海关等的公开资料。

4.2　光伏血史：技术红利下的生死竞速

光伏行业毫无疑问是过去 20 年我国产业升级的重点行业，在历次全球应对气候变化合作、跨国贸易摩擦、产业政策争议中，光伏行业从不缺席，甚至多次扮演主角。对于资本市场，光伏行业的历史也是我们更新投资框架、检验市场有效性的绝佳素材。

但是需要强调的是，光伏乃至整个新能源产业链还有很强的特殊性，政策的影响比一般行业大得多，产业周期很大程度上是由政策周期决定的，然后技术周期嵌套在政策周期里。因此，光伏行业是离不开客观环境的，在具体复盘前，首先要明确一个更根本的问题：新能源的需求来自哪里？

按照科斯定理，当产权清晰、交易成本可忽略时，市场化是配置资源最有效的手段，需求来自消费者的效用函数。然而，这一定理恰恰不适用于新能源产业链，相比传统化石能源，新能源在稳定性、经济性①上全面劣势，唯一的优势就是没有碳排放，新能源的价值理论上是由减排价值决定的。但是空气没有产权概念，普通消费者也无法直观感受到碳排放的负外部性，因此对新能源的需求实际上是由政策决定的。

沿着这个思路，我们可以勾勒出新能源产业发展的一条大主线和两条小主线，分别是全球应对气候变化合作，以及在这个框架下欧盟和我国的具体政策。

---

① 当前新能源上网所说的“平价”仅仅是发电环节平价，如果考虑调峰、输配、需求侧响应的全社会综合成本，新能源成本仍远高于传统电源。

其中，全球应对气候变化合作可以简化为“三个里程碑、两个时间点”，三个里程碑分别是1992年《联合国气候变化框架公约》、1997年《京都议定书》和2015年《巴黎协定》，两个时间点则是2005年和2020年，分别是《京都议定书》第一个履约周期生效及《巴黎协定》呼吁的碳中和承诺截止时间。

具体而言，世界气象组织和联合国环境规划署于1988年共同组建“政府间气候变化专门委员会”（Intergovernmental Panel on Climate Change，IPCC）。IPCC于1990年发布了首份评估报告，呼吁全球合作应对气候变化。经过两年“相对顺利”的谈判，1992年联合国大会通过了《联合国气候变化框架公约》（后文简称《公约》），该《公约》成为国际社会应对气候变化的第一个里程碑。

之所以顺利，是因为《公约》没有提出任何量化的减排标准，只是强调了发展中国家与发达国家承担“共同但有区别的责任”，更多是为日后谈判奠定框架性流程。

1997年《公约》第3次缔约方大会上通过的《京都议定书》是国际社会应对气候变化的第二个里程碑，其首次量化限制了温室气体排放，并认定了发达国家对气候变化负主要责任，第一阶段履约期于2005年正式生效（这一阶段没有规定中国的减排义务）。

2015年《公约》第21次缔约方大会通过了《巴黎协定》，这一协定成为国际社会应对气候变化的第三个里程碑，为2020年后的全球减排合作奠定了框架。《巴黎协定》提出“全球应尽快实现温室气体排放达到峰值，并在21世纪下半叶实现温室气体净零排放”，呼吁各国在2020年之前做出具备法律约束力的“碳达峰、碳中和”承诺。

在上述大背景下，2000年德国率先通过《可再生能源法》（EEG 2000），提出对可再生能源发电机组实行长达 20 年的固定补贴，补贴资金来自向终端消费者征收的电费附加。在碳市场建立之前，可再生能源补贴可以认为是隐性碳价格，并不违反世界贸易组织（World Trade Organization，WTO）规则，该机制后来也被包括我国在内的多个国家采用。

为了应对 2005 年正式生效的《京都议定书》，2004 年欧洲议会通过了欧盟版本的《可再生能源电力指令》，同年德国通过修订版的《可再生能源法》（EEG 2004），提出 2020 年可再生能源发电量占总用电量的比例达到 20%，并将光伏的度电补贴最高提高到 0.45 ～ 0.62 欧元。

时代的 beta 来了，就差第一个吃螃蟹的人了。2000 年师从全球太阳能之父马丁 · 格林教授的施正荣毅然回国，并于 2001 年创立无锡尚德太阳能电力有限公司（以下简称尚德电力），2002 年首条 10 兆瓦光伏电池产线投产。不得不说，尚德电力的成立时间点恰到好处，完美地享受到欧盟金融危机前的需求红利。由图 4–1 可知，在 2005—2008 年短短几年的时间里，该公司的收入规模扩大了约 10 倍。

然而，此时一个关键的问题浮出水面，一个光伏组件的诞生，需要经历多晶硅（俗称硅料）、硅片、电池片和组件封装四个环节，当时我国光伏产业基础非常薄弱，第一代企业多是从技术含量最低的组件环节切入，其实质就是利用我国的劳动力成本优势。加之国内需求较少，导致了我国光伏产业技术、原材料和需求“三头在外”的局面。图 4–2 所示为尚德电力 2005—2011 年的毛利情况，结合图 4–1 可知，尚德电力的收入增长并未带来毛利的等比例增长。

尚德电力形成这一局面的核心原因就是多晶硅价格飙升，彼时多晶硅产能被美日德三国垄断。图 4–3 所示为 2000—2018 年进口多晶硅单价。从图 4–3 可知，2004 年之前多晶硅进口价格长期维持在 20 美元 / 千克以下，随着下游需求井喷，2005 年进入“暴走”模式，到 2008 年价格最高点超过 200 美元 / 千克（该价格包括长协，实际现货价格一度升到 500 美元 / 千克）。多晶硅价格吞噬了尚德电力的全部利润，尚德电力 2005—2011 年归母净利润如图 4–4 所示，仅 2007 年的亏损额就超过公司整个上市生涯的利润之和。

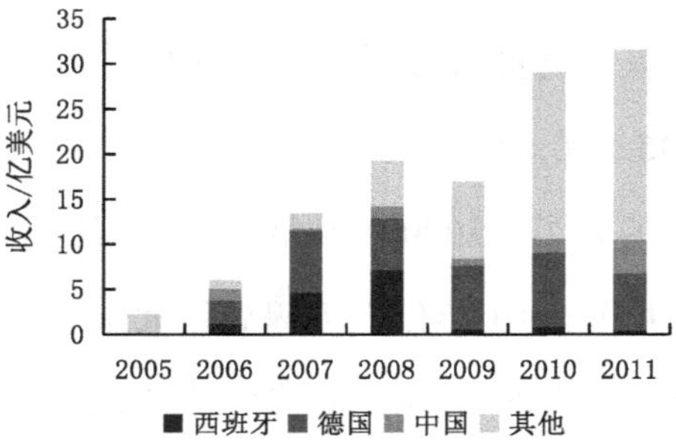

图 4–1　尚德电力分地区收入[①]

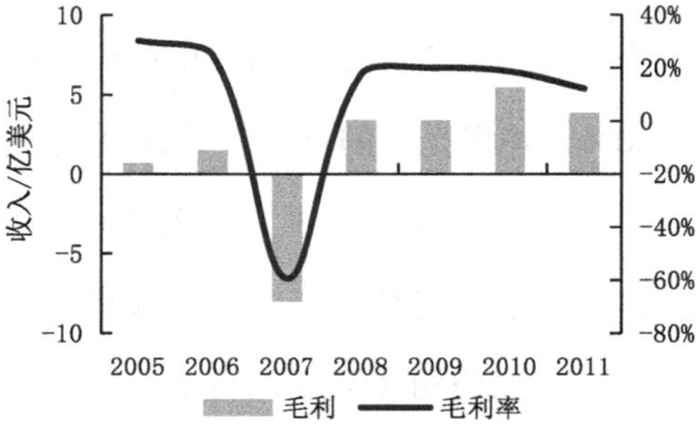

图 4–2　尚德电力毛利

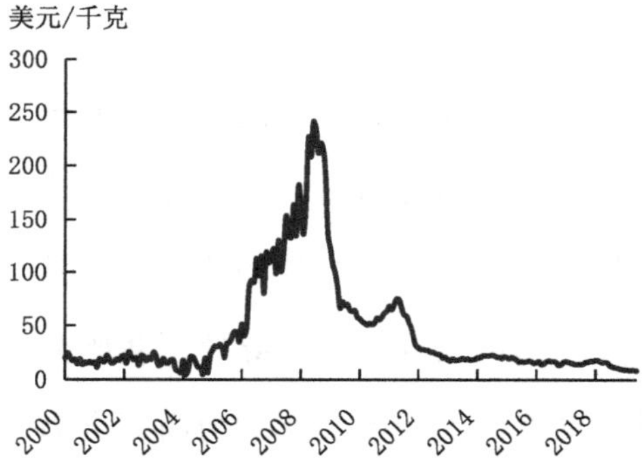

图 4–3　进口多晶硅单价

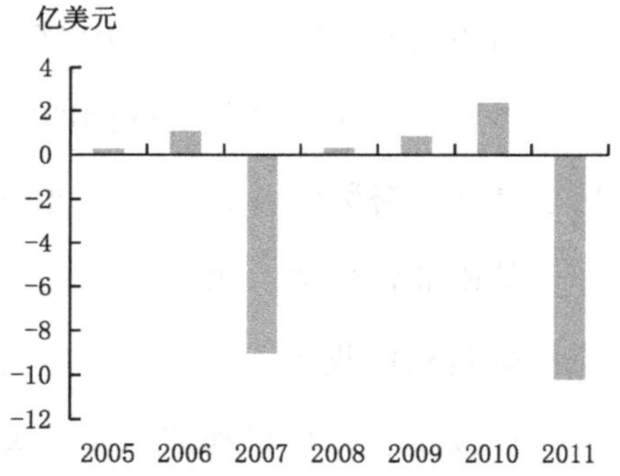

图 4–4　尚德电力归母净利润

从股价表现来看（见图 4–5），尚德电力 2005 年年底在纽约证券交易

① 德国和西班牙是尚德电力 2009 年之前主要的收入来源地，2005 年营业收入未按地区拆分。

所上市，成为我国首家在美国主板上市的民营企业，上市一个月后股价就突破 40 美元 / 股（发行价为 15 美元 / 股）。之后随着欧盟低碳转型力度不断加大，尚德电力股价在 2007 年年底突破 80 美元 / 股，市值超过百亿美元。按照还没亏损的 2006 年归母净利润计算，PE 达到百倍量级。

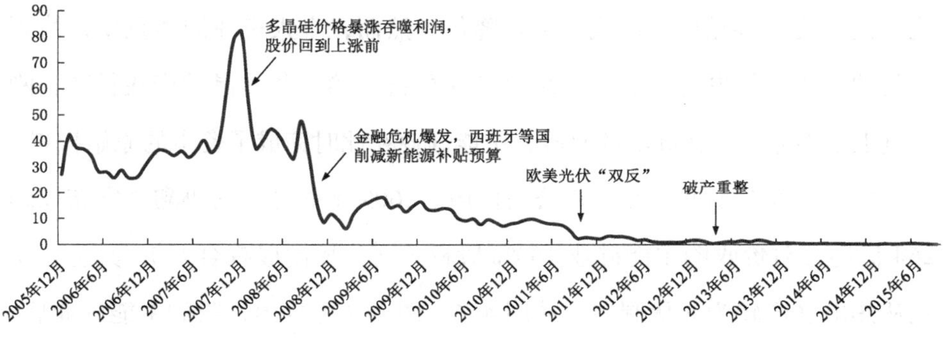

图 4-5　尚德电力股价走势（单位：美元 / 股）

可以说，此时的股价和业绩没有太大关系，主要表现为“为梦想买单”，这也是很多行业早期企业的共同特点。之后多晶硅价格一直攀升，尚德电力的股价很快回到了上涨前。

然而，尚德电力的困难才刚刚开始，在 2006 年多晶硅价格攀升之际，尚德电力与美国 MEMC 公司签订了一个单价 80 元 / 千克、总价 50 亿～ 60 亿美元、为期 10 年的多晶硅采购合同，该合同一度被认为是尚德电力的竞争优势，其也借此扩大了一波产能。

但是很快 2008 年 9 月全球金融危机爆发，以西班牙为代表的各个国家大幅削减新能源补贴预算，多晶硅供需瞬间失衡，价格跌至 60 美元 / 千克。这打断了尚德电力的正常发展路径，需求减少叠加上述采购合同的制约，导致其股价在 3 个月的时间里跌到 8 美元 / 股，跌幅超过 80%。之后几年尚德电力虽然又几经沉浮，但是在市场上已不占据核心地位了。

滚滚长江东逝水，浪花淘尽英雄。多晶硅价格的大起大落让市场参与者意识到进军产业链上游的必要性，2006 年“民营电王”朱共山在机缘巧合下进入光伏产业，成立江苏中能硅业科技发展有限公司（以下简称中能硅业），开启了光伏发展史上的第二代传奇。中能硅业在国内率先引入冷氢化工艺，使得多晶硅生产成本大幅降低。然而，个人奋斗固然重要，恰到好处的时机可能更有决定性。2007 年中能硅业第一条多晶硅产线投产，刚好赶上了多晶硅价格高涨的时段，中能硅业在此时完成了资本的原始积累。

中国硅业起初并不在上市公司体内。2009 年 6 月保利协鑫[①]宣布以约 264 亿港元对价收购中能硅业 100% 股权（同一控制股权合并），其主业正式从热电联产转为光伏制造。从图 4–6、图 4–7 可看出，收购中能硅业后，保利协鑫的归母净利润从之前的亏损变成 2010 年的盈利 34.24 亿元。

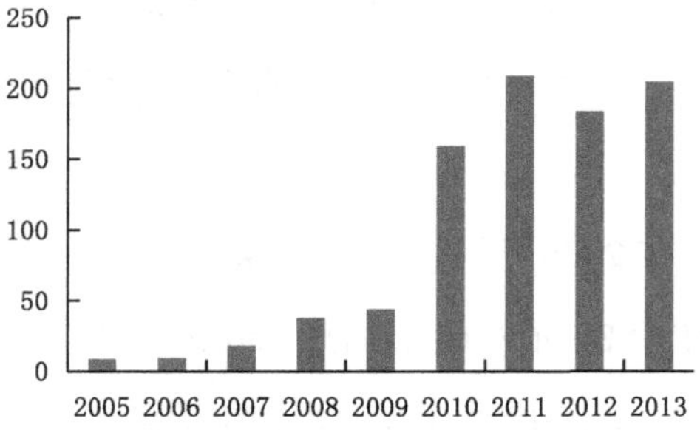

图 4–6　保利协鑫营业收入（单位：亿元）

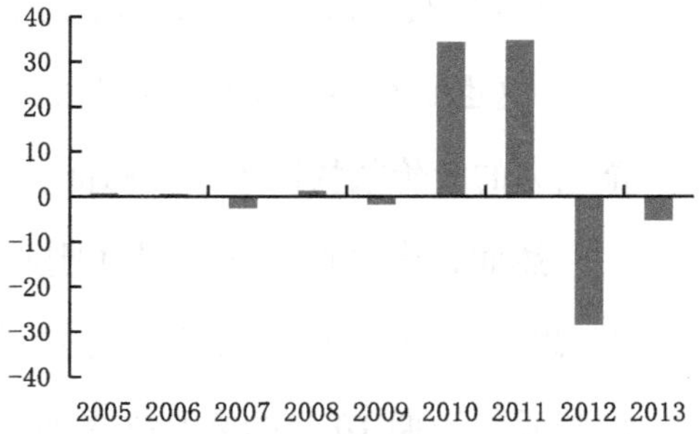

图 4–7　保利协鑫归母净利润（单位：亿元）

从保利协鑫股价表现来看（见图 4–8），早在 2009 年 3 月市场便有资产注入预期，尤其是 2009 年 3 月 26 日股价单日大涨 45.16%。到 2009 年 7

① 保利协鑫后改名为协鑫科技，但是为尊重历史，本书所有复盘均使用其当时的名字。

月中旬为止的整个注入周期中，公司股价净涨幅超过 500%。随后因为欧债危机发酵、多晶硅价格继续下跌等因素，股价一度回调超过 2/3。

图 4-8　保利协鑫 2009—2013 年 7 月股价走势（单位：元 / 股）

转机依旧是政策驱动的。2009 年 12 月欧盟发布《绿色协议》，对能源转型中的基础设施建设、金融支持等做出系统性安排，需求回暖带动 2010 年多晶硅价格回升（见图 4–3）。与此同时，保利协鑫将业务范围拓展至中游硅片业务，大幅降低了外售多晶硅的比例，最大程度锁住了利润。保利协鑫股价从 2010 年 5 月底开始反弹，至 2011 年 5 月高点时刚好一年，净涨幅超过 400%，不过高点预期 PE 也就 10 倍，仍然是周期股的估值。

但是事与愿违，随着全国多晶硅产能的扩张，多晶硅价格从 2011 年 3 月起就急转直下，保利协鑫 2011 年上半年实现归母净利润 29.5 亿元，下半年仅实现 1.1 亿元，严重不及市场预期，业绩见顶导致股价见顶。祸不单行的是，从 2011 年年底开始，正常的产业周期再次被外力打断，保利协鑫在这轮周期中加杠杆扩的产能也成了累赘，2009 年年底保利协鑫资产负债率只有 53.33%，2012 年年底攀升至 73.8%。

由于我国光伏产业的快速发展，2011 年 10 月德国 SolarWorld 向美国商务部正式提出针对中国光伏产品的“双反”调查申请（反倾销、反补贴），2012 年 5 月美国商务部公布反倾销初裁决定，惩罚税率为 31.14% ～ 249.96%。随后欧盟跟进，以出口为主的光伏产业发展受阻，但是客观上也带来了行业竞争格局的变化。

就在光伏行业被“双反”调查时，2012 年 4 月隆基股份在上交所上市，它也是本节复盘中真正的主角。有一说一，在光伏行业此前的几轮机会中，虽然阶段性涨幅可圈可点，但是或多或少都有些风险投资性质，大部分投资者是很难把握的，真正让光伏行业进入二级市场视野、让大部分人有机会“上车”的是以隆基股份为代表的第三代光伏企业，之前的篇幅都可以视为背景故事。

从上市到 2021 年年初高点时，隆基股份股价最高涨幅超过 100 倍，业绩涨幅也在百倍以上，把股价和业绩画到一张图上，如图 4–9 所示，可以很清楚地看到两者强正相关。但是正如 4.1 节强调的，这是典型的错误归因，股价走势只取决于预期的兑现程度，和业绩曲线的具体形状无关。分段来看，隆基股份的超额收益，其实是在几个非常短的时间段内集中实现的。

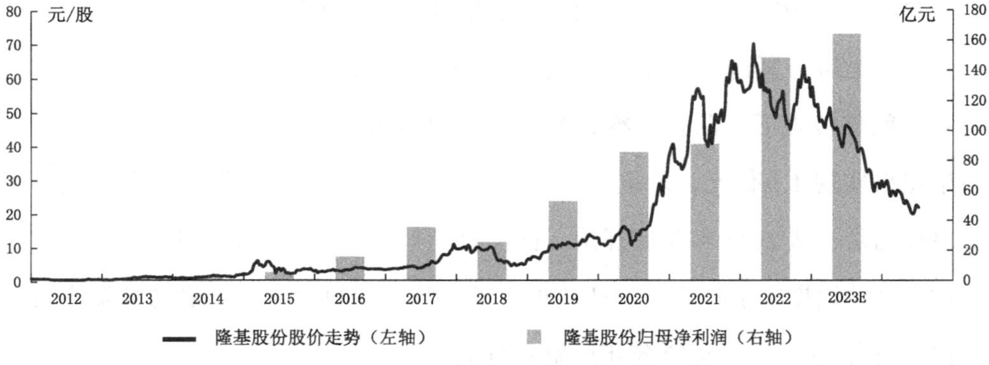

图 4-9　隆基股份上市以来股价走势与归母净利润情况

由图 4–10 可知，相比尚德电力和保利协鑫，隆基股份的上市时点显然不太好，一上市就遇到了光伏产业“双反”调查，股价在半年内跌了 40%，市值最低跌到 30 亿元出头。但是恰恰是这个开局，使得市场没有在一开始就对隆基股份有过高的预期，从而保障了其之后可以持续超预期。

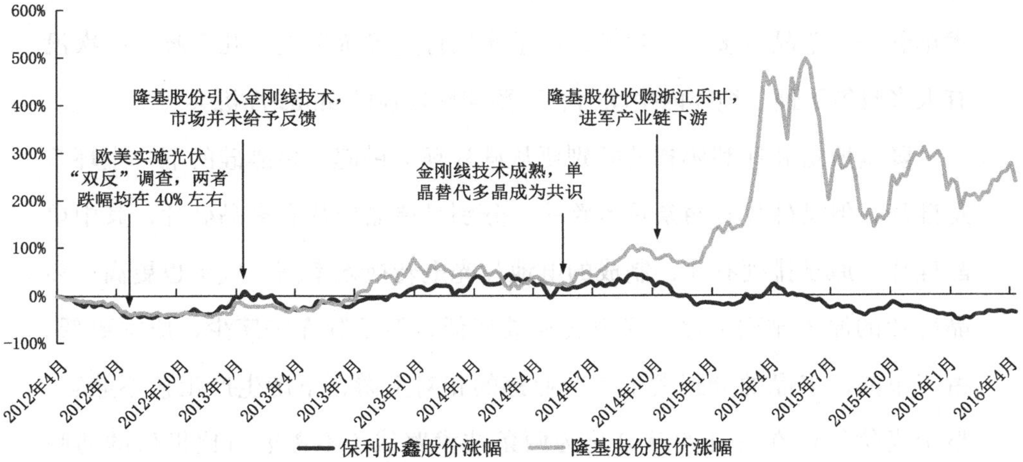

图 4-10　隆基股份与保利协鑫股价走势对比

分阶段来看，从 2012 年 4 月上市到 2014 年年中，隆基股份的股价走势和保利协鑫大致相同，该阶段只有行业性 beta，没有个股性 alpha。2012 年年底和 2013 年下半年光伏板块整体反弹，核心驱动力仍然是政策，只不过这次换成了国内政策。

早在 2006 年，我国就颁布了《可再生能源法》，参考德国建立可再生能源补贴政策，2007 年开始从终端用户征收可再生能源电费附加，征收标准为 2 厘 / 千瓦时，2009 年 11 月提高至 4 厘 / 千瓦时。欧美“双反”调查开始后，扶持我国国内光伏需求的重要性陡然提升，2012 年 1 月可再生能源电费附加征收标准提高到 8 厘 / 千瓦时，2013 年 9 月再次提高至 1.5 分 /

千瓦时。短时间内的连续翻倍式增长带动了国内需求井喷，进而拉动整个产业链走出了“双反”阴影。

但是当时间线走到2014年年中时，隆基股份与保利协鑫的股价走势突然分道扬镳，至2015年6月，隆基股份累计涨幅超过400%，而保利协鑫持续下跌。背后的原因则是光伏行业发展历史上“最波澜壮阔”的一次技术革新——单晶对多晶的替代，也是光伏行业股价历史上几乎唯一一次没有太多政策干预、纯粹内生动力、可预期性较强的alpha性机会。

隆基股份和保利协鑫的差别要从硅片环节讲起，多晶硅的下一个环节是硅片，但是硅片有两条技术路线，分别是单晶硅片和多晶硅片，其中单晶硅片的原子排列有序，制成的电池片光电转换效率高，成本也更高；多晶硅片的原子排列无序，光电转换效率低，但是胜在工序少，成本更低。由于单晶、多晶的分野发生在产业链的相对上游，下游生产工艺不兼容，整个光伏行业在一开始就分化为两条技术路线（不考虑占比极低的薄膜路线）。

由图4–11可知，光伏行业最初用的是淘汰下来的电子级硅片，一开始只有单晶路线。后来多晶路线技术逐渐成熟，效率低但是价格更低，凭借更高的性价比赢得了市场。当隆基股份上市时，多晶路线已经牢牢占据了绝大部分市场份额，单晶路线只能在分布式光伏（屋顶等）等空间狭小、对转换效率要求较高的场景下勉强生存。作为多晶路线的王者，保利协鑫即便受“双反”影响，股价大幅下挫，其市值还是能轻松“碾压”采用单晶路线的隆基股份。

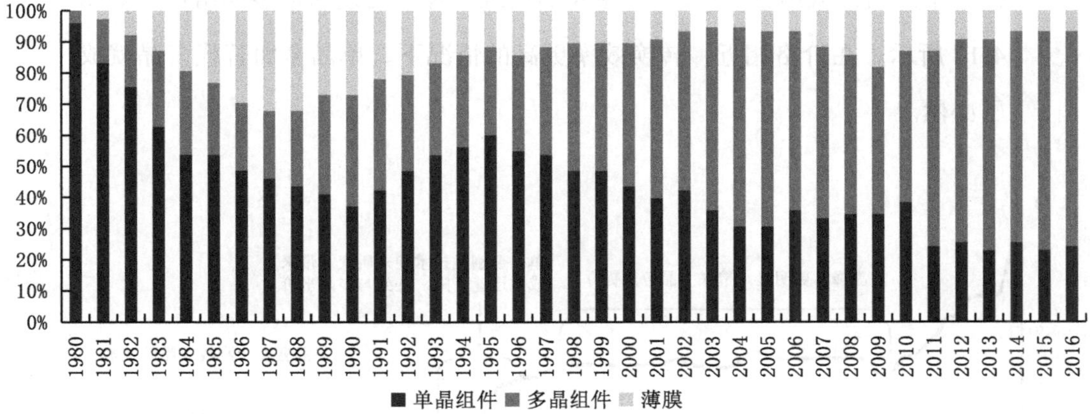

图 4-11　光伏硅片环节主流技术路线市场份额演化情况[①]

不过从股价走势上看（见图 4–10），市场已经完全“price in”[②]了这些信息，至少在 2014 年 6 月之前，市场并不“觉得”在单晶和多晶上有预期差，直到“一根线”改变了一切。在 2013 年之前，无论是单晶还是多晶，将硅棒切成硅片都是采用砂浆切割法，这种方法速度慢、损耗大。2007 年日本推出金刚线技术（该技术最初用于蓝宝石切割），损耗大幅降低，切割速度也明显提升。

结合后续媒体采访，李振国（隆基股份创始人）在 2009 年即认定金刚线技术将重塑光伏行业，2012 年年底隆基股份正式导入金刚线切割工艺。但是由于初期技术不成熟，使用金刚线切割的产线持续亏损，市场并没有立刻给予这一新工艺正面反馈。反而由于多晶路线降成本更明显，单晶的市场份额被进一步压缩。但是量变引发质变，随着金刚线技术逐步成

① 数据源：德国弗劳恩霍夫太阳能研究所（Fraunhofer ISE）。

② price in 指某个消息已经被市场消化而导致的价格不动或者反弹，简单来说就是消息预期已经体现在股价上了。本书余同。——编者注

熟，单晶组件成本在2016年下半年断崖式下降，迅速逼近多晶组件，如图4-12所示。在价格相近、转换效率更高的情况下，单晶全面替代多晶就成了必然。

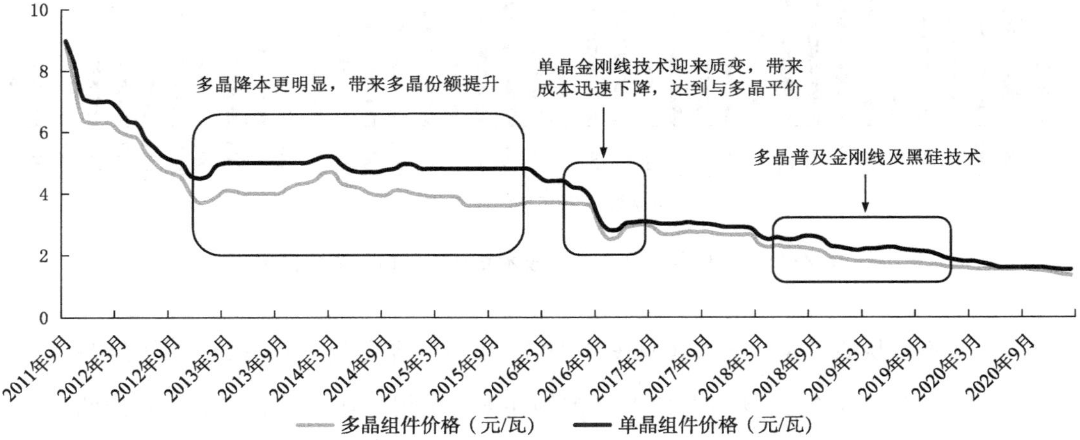

图4-12　多晶组件与单晶组件价格情况①

不过，资本市场从来都是打提前量的，早在2014年年中市场就发现了这个趋势，隆基股份的股价从2014年6月一路涨到了2015年6月，超额收益持续了一年的时间（其中还有一个原因是该公司在2014年年底收购了浙江乐叶，进军下游组件领域，通过一体化布局拓展发展天花板）。

但是如果以2015年6月为起点，一直到2017年8月，隆基股份的走势与沪深300大致相同，如图4–13所示，也就说，到2015年6月的时候，虽然单晶取代多晶的事实还没有发生，市场就已经提前“price in”了这个预期，后续的替代过程、业绩增长仅仅是兑现预期而已，并不能带来任何的超额收益。

① 数据源：PV news，图4–17、图4–18和图4–19也来自PV news。

有趣的是，从 2017 年 8 月开始到 11 月结束，短短的 3 个月时间里隆基股份的股价又急涨了一倍多。如果以 2017 年 11 月为起点，隆基股份与沪深 300 走势再次趋同，说明市场在 3 个月的时间里，又消灭了一个预期差，市场过于有效。

图 4-13　隆基股份股价走势与沪深 300 对比（一）

这个预期差就是单晶替代多晶的速度，在 2014 年 6 月到 2015 年 6 月的行情中，市场反映的是“单晶能否替代多晶”，但是市场并没有对“单晶以多快的速度替代多晶”形成一致预期，恰恰相反，市场对后者的分歧非常大。

2016 年年初，在工业和信息化部电子信息司的指导下，中国电子信息产业发展研究院、中国光伏行业协会组织专家编制完成了《中国光伏行业发展路线图》（2016 年版）（以下简称《路线图》）。根据编者自述，《路线图》在编制过程中广泛征集了近百家光伏企业、研究机构和各方面意见，经过数轮研讨和论证，体现了产业、技术和市场等方面的发展趋势，反映了现阶段专家学者和企业家对光伏产业未来发展的共识。

图 4–14 为《路线图》中对单晶、多晶组件份额的展望，按照“当时最

权威”的预估，单晶份额将逐年上市，到 2025 年时才能接近 50%。不过，当时市面上还有对多晶路线更乐观的估计，图 4–15 为笔者根据当时的研究报告、媒体观点及知名企业家讲话总结的单晶份额演化趋势，预计单晶份额在 2017 年达到峰值后，会逐渐下降，未来还是多晶的天下，单晶并不能替代多晶。

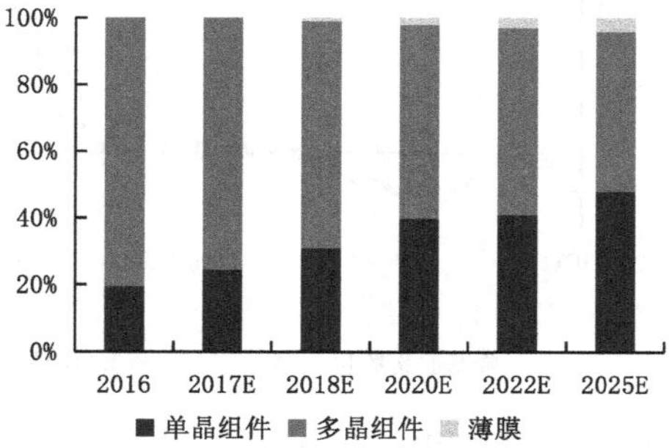

图 4–14 《路线图》对单晶、多晶组件份额的展望

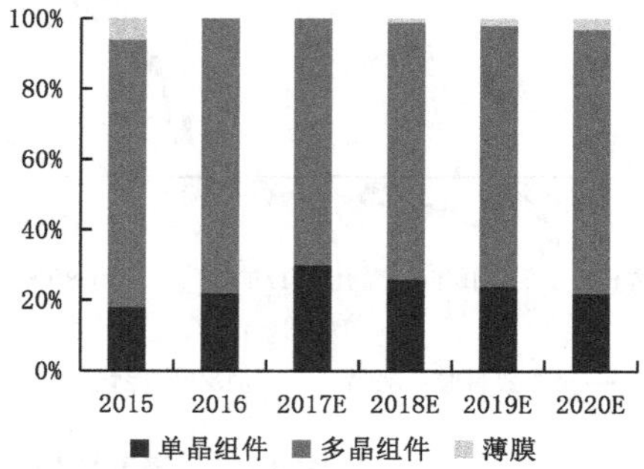

图 4–15 当时市面上的另一种流行看法

事后来看，图 4–15 中的观点是有道理的，甚至给出的论据也得到了验证。单晶成本下降的最主要驱动力是引入了金刚线切割工艺，但是多晶同样也可以引入。只不过在初期，由于金刚线技术不成熟，多晶硅棒质地不均匀，金刚线切割时容易断裂。加之金刚线切出来的多晶硅片，由于表面特性问题，在后续加工中与既有工艺不兼容，导致在多晶路线中，金刚线技术的渗透速度较慢，但这不是致命问题。《路线图》对金刚线技术渗透率的展望如图 4–16 所示，金刚线技术实际渗透率如图 4–17 所示。

在《路线图》中，权威观点认为多晶路线在 2025 年才能完全应用金刚线技术，但是实际上，国产化的金刚线非常结实，根本就不容易断，并且多晶路线很快就应用了黑硅技术，解决了切片后的表面特性问题。结果便是，多晶路线在 2019 年就普及了金刚线，远远快于《路线图》的预期。

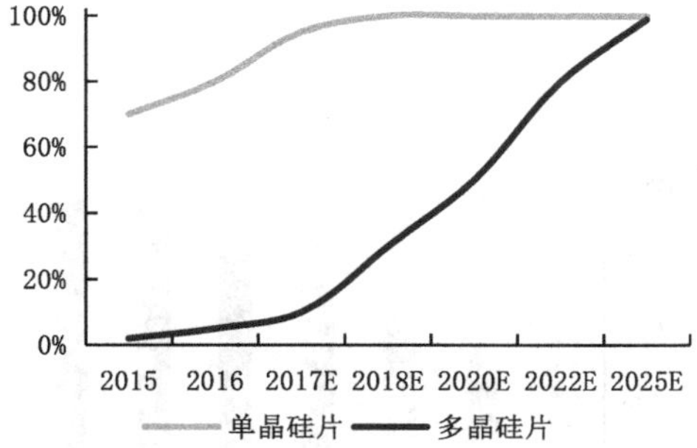

图 4-16 《路线图》对金刚线技术渗透率的展望

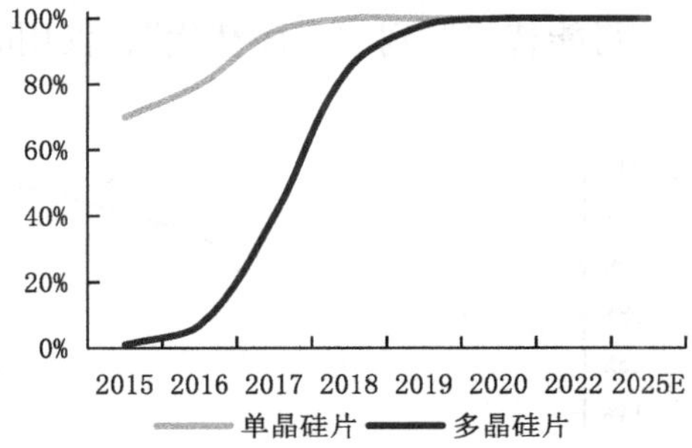

图 4-17　金刚线技术实际渗透率

看上去似乎是图 4–15 中的观点对了，但是遗憾的是，两者都错了。复盘时经常会出现这种情况：辩论双方的观点针锋相对、截然相反，事后发现，决定事情走向的，完全就不是双方讨论的东西。

在硅片环节出现技术革命的同时，电池片环节也在悄然变化。在此前几轮的单晶、多晶交锋中，电池片环节都是第一代电池技术，即铝背场（Aluminium Back Surface Field，AL-BSF）电池。在这次交锋中，第二代电池技术，钝化发射极背面接触（Passivated Emitter and Rear Cell，PERC）电池迅速成熟。由于同属 P 型电池路线，从 AL-BSF 电池升级到 PERC 电池，在原有产线上稍加改造即可，因此 PERC 电池替代 AL-BSF 电池的速度比金刚线的渗透更为迅猛。

PERC 电池的崛起直接影响到了上游多晶与单晶路线的选择，原因即 PERC 电池对单晶效率的提升幅度显著大于多晶，对前者的提升幅度大约为 1.0% ～ 1.2%，对后者的提升幅度大约为 0.5% ～ 0.8%。多晶与单晶电池片最高效率对比如图 4–18 所示。至此，单晶不仅仅是成本快速逼近多晶，转换效率也进一步拉开，由此形成了对多晶的“全面围剿”态势。实际上，单晶硅片份额在 2020 年时就达到了 85%，如图 4-19 所示，从“觉得能替代”到“全面替代”，仅用时 5 年。

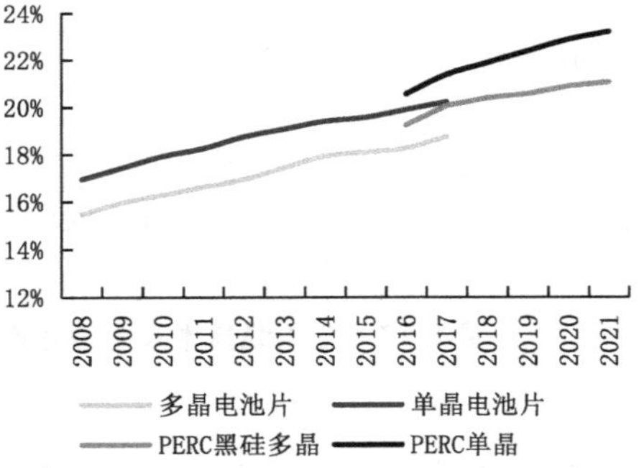

图 4-18　多晶与单晶电池片最高效率对比

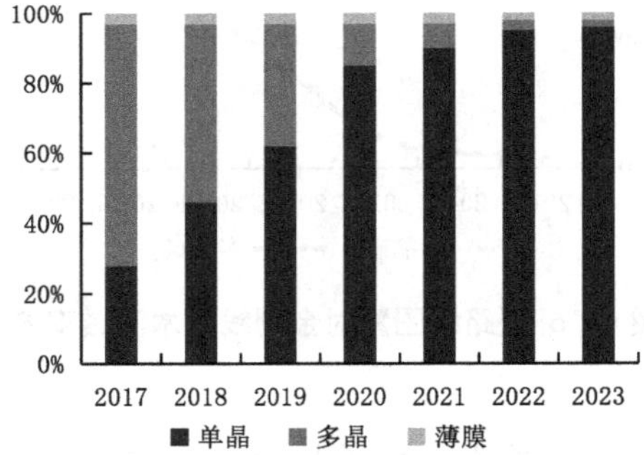

图 4-19　单晶与多晶实际份额情况

但是到了资本市场，5 年的替代时间，股价只用了 3 个月就反应完毕。至于为什么如此迅猛，其实还有一个重要的政策催化。2017 年 7 月 18 日，国家能源局、工业和信息化部、国家认证认可监督管理委员会联合发布《关于提高主要光伏产品技术指标并加强监管工作的通知》，提出从 2018 年 1 月 1 日起，新并网的光伏项目，多晶组件和单晶组件的光电转换效率应分别提高至 16% 和 16.8%；领跑者项目应分别提高至 17% 和 17.8%。该政策的发布时点与股价的启动时点高度重合。

很多采用多晶路线的企业认为该政策不公平，单晶路线的效率天然高于多晶路线，上述指标对大部分单晶企业不难实现，但是对多晶企业却是一道门槛。政策的导向大大加快了单晶对多晶的替代速度，同时给了市场更确定的预期，结果就是“3 个月结束战斗”。

不过，政策护航也并非一帆风顺，虽然光伏行业在技术上突飞猛进，但是其底层需求仍然来自补贴。由于此前对运营商的补贴力度较大，“十三五”期间我国光伏装机增速显著超过原定计划，导致消纳问题与补贴缺口日益严重。2018 年 5 月 31 日，国家发展改革委员会、国家能源局、财政部联合发布《关于 2018 年光伏发电有关事项的通知》（也就是著名的“531 新政”），对光伏建设“踩了急刹车”。投资者一时对光伏前景极度悲观，欧美“双反”的痛苦回忆再次浮现，隆基股份股价下跌一度超过 50%（见图 4–13）。

事后来看，“531 新政”后市场极度悲观的情绪与当时整体低迷的市场环境不无关系，在压抑的氛围中，所有的利空都可能被放大，光伏板块的跌幅甚至大于“双反”时期。但是很显然，两者的性质完全不同，“531 新政”是为了行业更长远的发展，而欧美“双反”调查是为了阻碍我国光伏行业发展。等到 2018 年 11 月民营企业座谈会召开后，市场信心逐步增强，“531 新政”带来的股价缺口被逐渐补上。虽然整个过程中，光伏板块相比沪深 300 并没有超额收益，但是如果在“U”字形的最低点买入，一倍涨幅还是有的。

之后随着《巴黎协定》呼吁的 2020 年时间点逐步临近，2018 年欧盟委员会提出了欧洲到 2050 年实现净零排放；2019 年细节方案先后获得欧洲议会和欧洲理事会批准；2020 年 3 月欧洲议会通过《欧盟气候法》，将 2050 年气候中性的政治承诺写入立法。全球“双碳”战略的共振引爆低碳能源全产业链行情。事后来看，相比此前几次政策的突然性，如果能对全球气候合作的脉络有足够认识，“双碳”行情是能够提前埋伏的。

从 2020 年 5 月启动到 2021 年 7 月，隆基股份在此轮行情中累计涨幅超过 300%（见图 4–20），最高市值超过 5 000 亿元人民币。但是回顾隆基股份上市以来的整个股价历史，100 倍涨幅实际上是在很短的几段时间内实现的，其余时间都属于跟着大盘一起波动，消化预期的“垃圾时间”：2013 年爬出“双反”的坑涨了 1 倍，2014 年 6 月到 2015 年 6 月预期单晶替代多晶涨了 5 倍，2017 年 8 月到 11 月预期单晶替代加速涨了 1 倍，2020 年 5 月到 2021 年 7 月全球“双碳”战略共振涨了 3 倍，几个数乘起来，四舍五入就是 100 倍了。

从投资的角度看，在刚刚反应完上一个预期差的“垃圾时间”内买入股票是性价比很低的决策，高速增长的预期兑现了，股价顶多是不跌，无法获得超额收益，一旦不兑现，股价就很危险。在越来越有效的市场中，每次预期差的修复都不会用时太长，“双碳”行情之所以稍微长一点，其实是国内外两个预期差的叠加。即便如此，由图 4–20 可知，以 2021 年 7 月为起点，一直到 2022 年 11 月，隆基股份与沪深 300 的走势再次趋同，“双碳”承诺的预期已经被完全消化了。不过，这一阶段虽然股价的绝对涨幅不佳，但是至少没有跑输指数。

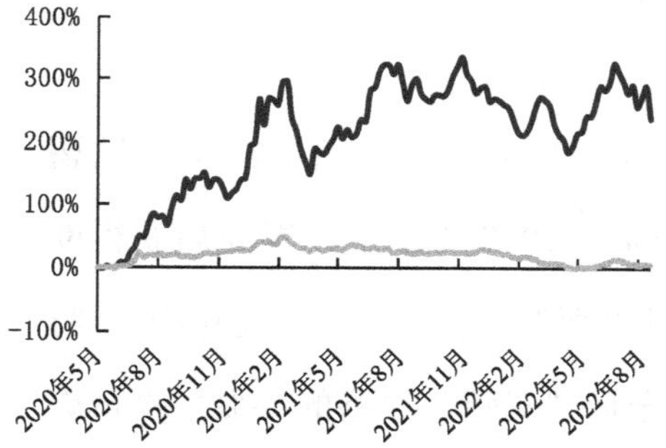

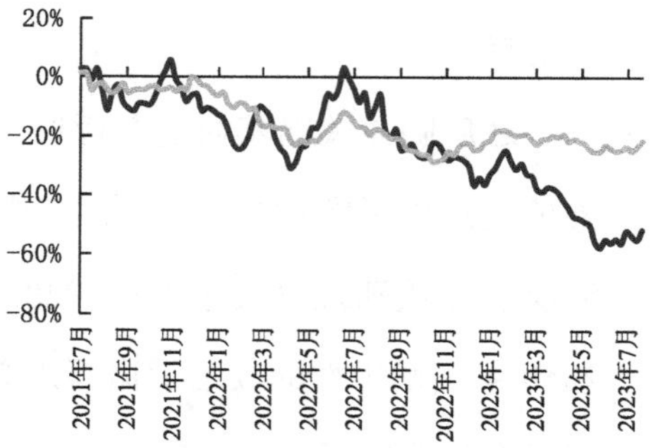

图 4–20　隆基股份股价走势与沪深 300 对比（二）

从具体估值来看，隆基股份在历次大行情中，其实是用 DCF 模型估值的，DCF 模型在 A 股市场的大行情中非常有效。图 4–21 展示了隆基股份 2014 年至 2014 年 1 月的 PE 走势情况，在 2015 年、2017 年和 2021 年三次大机会中，预期 PE 的顶（股价除以下一年盈利预测）分别达到 73 倍、30 倍和 49 倍，PE 见顶后，后续的时间都是在消化估值。

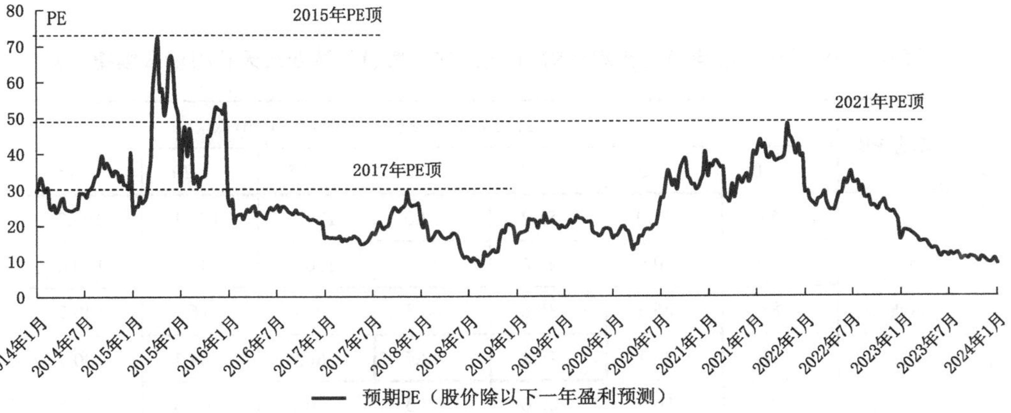

图 4-21　隆基股份 2014 年至 2024 年 1 月的 PE 走势情况

正如 2.5 节论证的，当业绩天花板的高度确定时，PE 与业绩增速及增速的持续时间都没关系，只取决于业绩天花板较当前业绩的倍数及折现率（假设业绩到达业绩天花板后永续稳定）。沿用表 2–12 的思路，表 4–1 通过 DCF 模型计算了业绩天花板高度、折现率与动态 PE 的关系。

光伏上市公司属于典型的成长股，风险应该略高于全市场均值，按照 10% 的折现率计算，10 倍业绩空间对应 48.6 倍动态 PE；按照 7% 的折现率计算，10 倍业绩空间对应 79.3 倍动态 PE，两个数差不多刚好就是隆基股份 2021 年和 2015 年的 PE 顶。由此可以认为，当国内外承诺共振及当年单晶确定替代多晶时，市场都是直接按照 10 倍业绩空间给隆基股份定价的，只不过 2015 年市场整体情绪亢奋，牛市期间的折现率可以更低一点，导致 PE 更高。

2017 年的 PE 顶是 30 倍，对应表 4–1 中的 10% 的折现率、5 倍业绩空间，预期低于 2015 年和 2021 年两轮行情。这可以理解为，2017 年的预期差是技术进步和政策引导下的“加速替代”，虽然也拓展了空间，但是力度小于 2015 年的“能否替代”及 2021 年的“全球转型”。

表 4–1　业绩天花板高度与折现率对 PE 的影响（假设到达业绩天花板后永续稳定）

动态 PE		公司业绩天花板较当前业绩的倍数					
	0	3	5	10	15	20	25
折现率	6%	37.0	55.2	97.0	135.9	173.1	209.2
	7%	30.9	45.6	79.3	110.6	140.5	169.4
	8%	26.3	38.6	66.3	92.0	116.5	140.2
	10%	20.1	28.8	48.6	66.8	84.1	100.7
	12%	16.0	22.6	37.3	50.7	63.5	75.8

不过有趣的是，在“双碳”行情中，涨得最好的反而不是新王，而是旧贵，保利协鑫 2020 年 5 月到 2021 年 2 月净涨幅超过 15 倍，同期隆基股份涨幅“仅有”3 倍。在单晶多晶大战胜负已分后，在机构化特征显著的港股市场，保利协鑫一度处于无人问津的状态，市值最低跌到了不足 40 亿元（人民币，余同）。

与 2005—2008 年欧盟需求导致多晶硅价格暴涨如出一辙，“双碳”承诺再次拉动多晶硅价格，让昔日的“硅王”赚了个盆满钵满。保利协鑫 2020 年还深陷亏损泥潭，全年归母净亏损 56.68 亿元，2021 年直接盈利 50.84 亿元，2022 年攀升至 160.3 亿元，只要预期足够低，甚至没有预期，股价弹性就足够大。

只可惜，想赚到这种财富，不仅需要有前瞻性的研究，还得眼疾手快。

由图 4–22 和图 4–23 可知，多晶硅价格的上涨过程从 2020 年 6 月一直持续到了 2022 年年底，持续了两年半的时间，但是保利协鑫股价的绝大部分涨幅，是在 2020 年 11 月到 2021 年 2 月实现的，仅仅持续了 3 个月。预期越明确，股价的反应时间越短。即便在 2021 年 2 月，多晶硅价格的攀升才刚刚开始，但是股价层面的超额收益已经结束了。多晶硅价格乃至业绩的继续上升，并不能成为继续看多的理由。

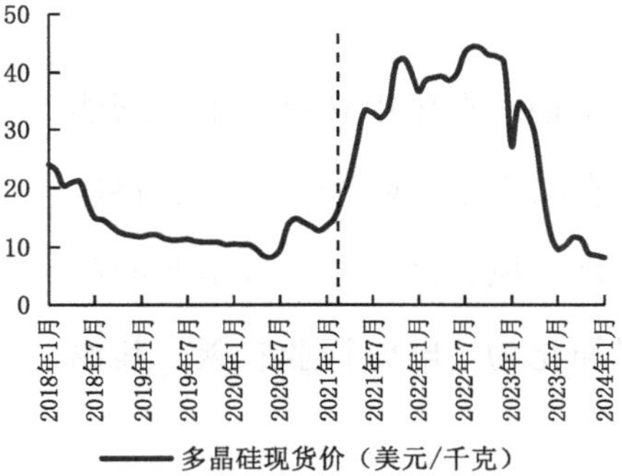

图 4–22　多晶硅现货价情况

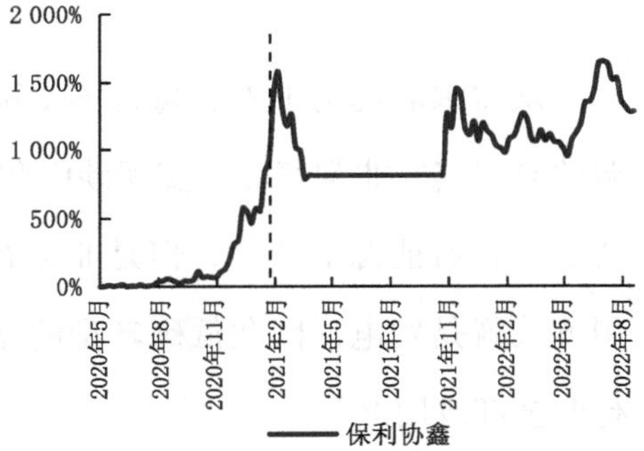

图 4–23　保利协鑫“双碳”行情期间股价涨幅走势

然而，与前几次行情不一样，“双碳”行情没有走到最后，由图 4–20 可知，2022 年 11 月后隆基股份股价就急转直下，持续跑输沪深 300。由图 4–24 可知，在反应完“双碳”预期后，保利协鑫与隆基股份的股价走势高度相同，因此股价下跌并不是个股层面的问题，而是光伏板块乃至整个新能源产业链的问题。

从行业规模上看，由图 4–25 可知，在 2019 年欧盟率先提出“双碳”战略后，我国光伏电池产量及同比增速持续攀升，一二阶导全部为正，行业在量上并没有低于预期，反而一再超预期。

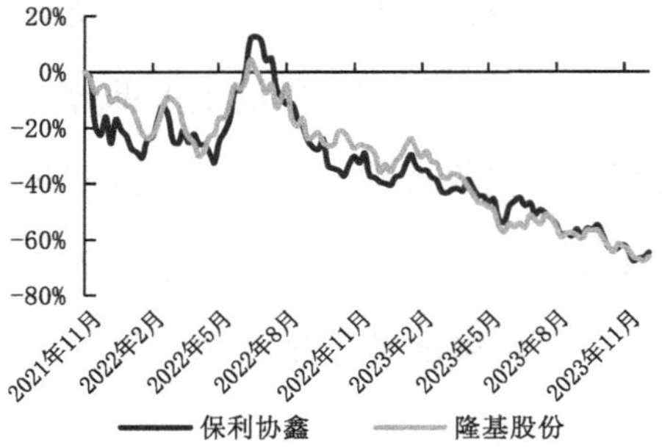

图 4-24　保利协鑫和隆基股份股价走势情况

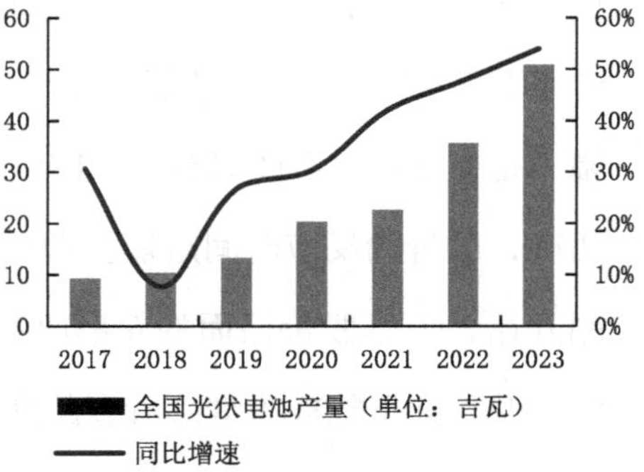

图 4-25　全国光伏电池产量及同比增速

从需求驱动力上看，量也不太可能低于预期。在碳中和目标下，新能源的空间其实非常好算。实现碳中和就是要尽可能地减少化石能源消费量，增加非化石能源消费量，但是非化石能源（水、风、光、核）最主要的利用方式就是发电，因此低碳转型的路径可以简化为“电力行业脱碳，其他行业全部改用电”。

以国内为例，2020 年我国电能占终端能源消费量的比例不足 30%（其他都是直接烧的煤、油、气），预计碳中和时要提高到 90%，达到当前水平的 3 倍。2020 年我国新能源占总发电量的比例只有 10%，预计碳中和时要提高到 60% ～ 70%，达到当前水平的 6 ～ 7 倍。两个数一乘，国内新能源发电量就是约 20 倍的增长空间。而且，只要碳中和目标明确，在现有技术条件下，新能源的空间就是一个纯粹的数学问题，不以人的意志为转移，新能源就是最确定的成长赛道。

问题出在价上，支撑估值的不仅仅是空间，还有壁垒。如果非要二选一，那么壁垒比空间更重要。在没有壁垒的情况下，公司的内部收益率就会趋近必要收益率，不会产生经济增加值，也就无法带来估值溢价，空间的乘数作用就很弱了。

在单晶替代多晶的行情中，先发公司是有技术壁垒的，行业没有产能过剩风险。但是在“双碳”行情中，政策规划提供了需求，却没有产生壁垒，经过多年的技术渗透，金刚线、PERC 电池乃至更先进的 N 型电池都已经成了行业标配，扩产能的难度已经无法同日而语（注：以上分析均为截至 2023 年年底的市场主流观点，未必正确，也不构成任何预测）。

总结来看，光伏行业的复盘告诉我们，市场的非理性因素主要体现在宽基指数的波动上，就个股的超额收益而言，市场非常有效，预期差很难长时间存在，一经发现，瞬间消灭，正所谓买在无人问津处、卖在人声鼎沸时。投资就是长时的平庸和短暂的繁华，要做好研究、深耕产业，把握关键变量，然后去博那一瞬间的“绽放”。

4.3　黑金时代：周期股轮回中的点和面

相比风光无限的新能源，旧能源在热度上就输了一大截，但是出乎很多人意料的是，至少从股价上看，截至 2023 年年底，碳中和行情的最后赢家反而是煤炭。以 2020 年 5 月为起点，隆基股份股价累计涨幅回落至 50%，中国神华股价涨幅则高达 176%。

不过，这一切都是后话。煤炭行业被贴上“周期品”的标签已经很多年了，只是每一个所谓的夕阳产业，都有过“激情燃烧的岁月”。往大里说，煤炭行业不仅是我国经济腾飞重要的见证者，还是市场化并轨、供给侧结构性改革、发展方式转型的局中人。往小里说，就复盘价值而言，煤炭行业完整地走过了数轮兴衰，且高频数据易得，也是难得的记忆宝库。

基辛格有句名言——“谁掌握了石油，谁就掌握了世界”，但是在中国，这句话或许应该换成“谁读懂了煤炭，谁就读懂了中国”。受制于“富煤、贫油、少气”的能源禀赋，我国是全球唯二（另一个是印度）的以煤炭为主要能源的大型经济体，煤炭占一次能源消费量的比例长期在 60% 以上，历史高点超过 70%。因此，在相当长的时间里，经济增长就看烧了多少煤，看多煤价就是看多中国。

然而，看着图 4–26 中动力煤的价格走势，很难想象，煤炭行业在 20 世纪 90 年代末拿到的，却是供给侧结构性改革的剧本。1992 年我国提出建立社会主义市场经济体制，煤炭企业市场化改革阔步向前；1994 年取消统一的煤炭计划价格，除电煤继续实行政府指导价外，其余品种全部放开，允许企业自主定价。经过 20 世纪 90 年代中期的投产高峰后，我国煤炭产能迅速扩张，没想到遇到了 1997 年亚洲金融危机。

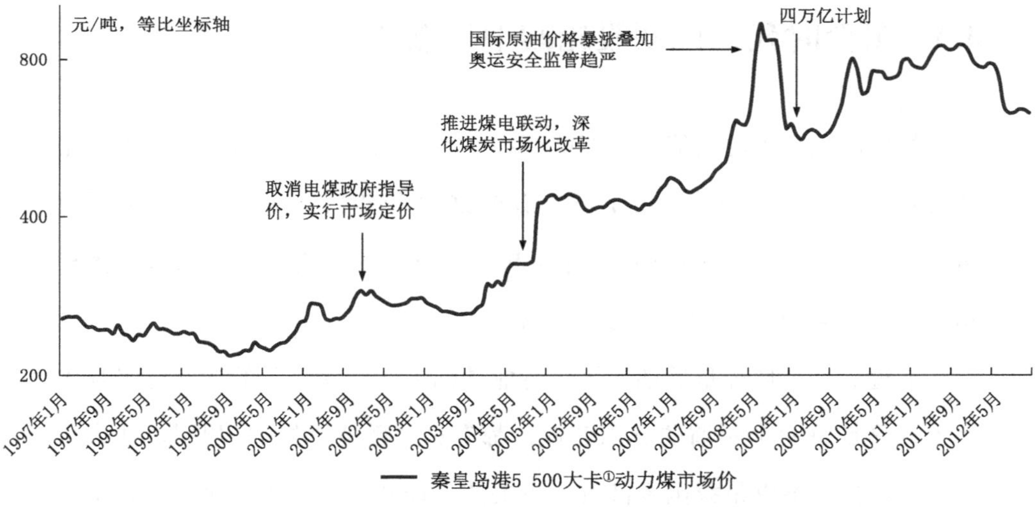

图 4–26　1997—2012 年动力煤价格走势

① 1 大卡约等于 4 185.85 焦耳，余同。

一时间，煤炭产能突然过剩了，加之彼时中小煤矿众多、矿难频发，1998 年，国务院出台《关于关闭非法和布局不合理煤矿有关问题的通知》，要求 1999 年年底前关闭非法和布局不合理煤矿 2.58 万处，压减产量 2.5 亿吨。根据后来各省的统计公报，此轮去产能实际关闭煤矿 4.7 万处，压减产量 3.5 亿吨，大幅改善了煤炭行业的安全生产情况，同时也带动煤价止跌回升。但是当时可能很少有人能想到，迎接煤炭行业的，是该行业的“黄金十二年”。

2001 年 9 月，经过数年的艰难努力，我国终于完成了与所有世界贸易组织成员的双边市场准入谈判，并于同年 12 月正式加入世界贸易组织，成为第 143 个成员。随着需求预期提升，煤炭价格应声上涨，2002 年 1 月我国又顺势取消了电煤指导价，使得煤炭成为能源领域市场化程度最高的品种。同年 2 月，国务院批准《电力体制改革方案》(俗称电改“5 号文”)，将原国家电力公司 1 拆 12，分出国家电力监管委员会[①]、5 家发电集团、2 家电网和 4 家辅业集团。

然而，即便分拆后的煤电公司跑马圈地，电荒还是接踵而至，2004 年我国推出煤 – 电联动机制，缓解“市场煤、计划电”的矛盾，打开煤价上涨通道。到了 2007 年下半年，金融危机前夕全球经济出现过热倾向，国际原油价格最高冲到了 144 美元 / 桶，叠加备战奥运安全监管趋严，秦皇岛 5 500 大卡动力煤现货价格在 2008 年 7 月首次突破每吨千元大关。

落实到公司层面，在量价齐升的“戴维斯双击”下，煤炭龙头股可是当时如假包换的成长股。由图 4–27 和图 4–28 可知，中国神华归母净利润从 2004 年到 2012 年增长约 4 倍，年化增速 25%；兖矿能源归母净利润从

① 现为国家能源局。

2003 年到 2011 年增长 6.8 倍，年化增速 30%。

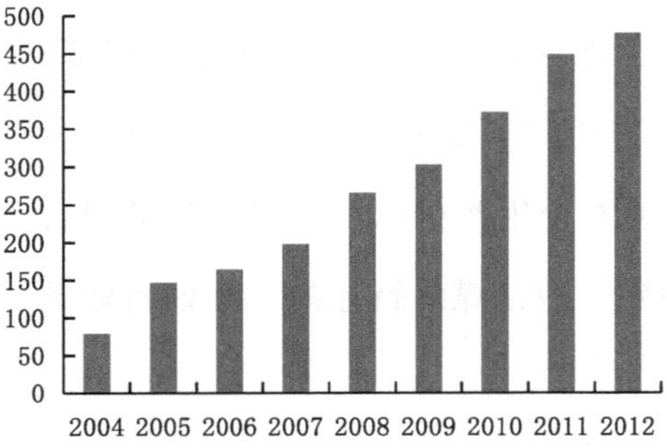

图 4-27　中国神华归母净利润
（金额单位：亿元）

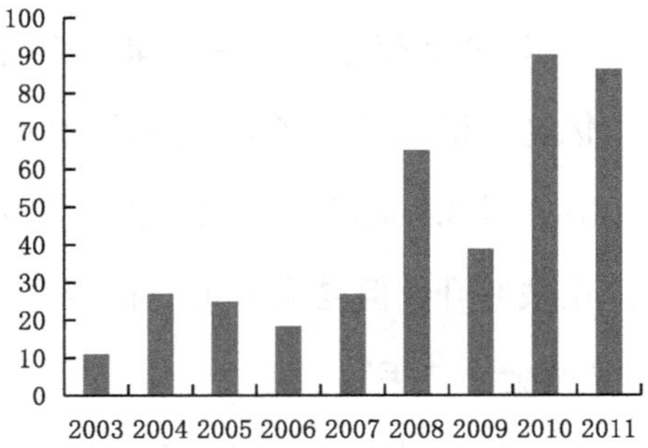

图 4-28　兖矿能源归母净利润
（金额单位：亿元）

但是到了股价层面，遗憾的是，在煤炭行业“黄金十二年”的绝大部分时间里，煤炭公司都没有超额收益，煤炭指数与沪深 300 的走势高度趋同，如图 4–29 所示。直到 2009 年 3 月到 7 月，煤炭板块在短短的 4 个月时间里实现了约 1 倍的超额收益，这 4 个月也是煤炭板块在“黄金十二年”里唯一的超额收益区间。

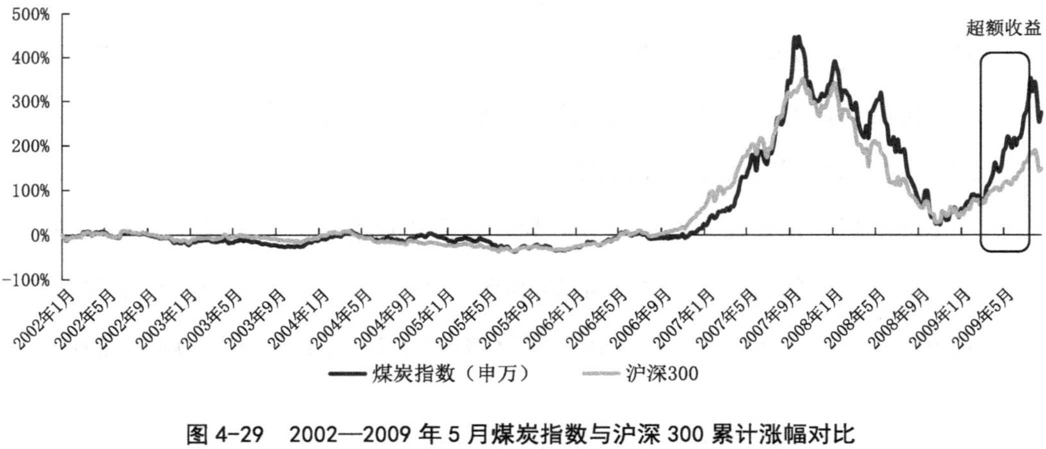

图 4-29　2002—2009 年 5 月煤炭指数与沪深 300 累计涨幅对比

由此可以推论，即便在 A 股市场炒小炒差风气盛行、机构力量十分薄弱的时期，A 股市场在对具体公司的“相对定价”上仍然非常有效。经济增长强劲—煤炭需求提升—供需趋紧价格上涨—煤炭公司业绩释放，整个逻辑链条如此清晰明确，市场在一开始（沪深 300 最早可追溯至 2002 年 1 月 1 日）就完全“price in”了这些信息。

进一步引申，很多公司（包括但不限于煤炭行业）的超额收益都是在高速增长期结束后，行业下行阶段的第二增长期内实现的。理由很简单，行业上行阶段的增长往往是预期内的，第二增长期是预期外的，是政策支持、技术创新、龙头优势等综合因素的结果。

回到煤炭板块，2008 年全球金融危机虽然让我国经济发展速度有所减缓，全国煤炭消费量增速从 2006 年最高的 25% 下滑到 2008 年的不足 4%，但是并没有相对其他行业更显著受损，煤炭指数仅仅是跟随沪深 300 同步下跌。

真正超预期的是我国随后推出的“四万亿计划”，2008 年 11 月国务院常务会议召开，提出部署扩大内需、促进经济平稳较快增长的十大措施；12 月中央经济工作会议进一步提出，把保持经济平稳较快发展作为 2009 年经济工作的首要任务。一揽子计划被市场俗称为“四万亿计划”，但是这实际上是一个系统性工程，大规模增加政府开支仅仅是其中一个，更重要的是大范围实施重点产业调整振兴规划，涵盖汽车、钢铁、船舶、石化、轻工、纺织、有色金属、装备制造、电子信息、物流等十大产业。

对于煤炭行业，“四万亿计划”的直接结果就是把煤炭消费量又拉了起来。从 2008 年到 2011 年，全国煤炭消费量增速逐年攀升（见图 4–30），煤炭价格也重回上升通道（见图 4–26）。从国家统计局公布的数据来看，煤炭行业利润总额在 2009 年到 2011 年的两年时间里，又增长了一倍，如

图 4-31 所示。

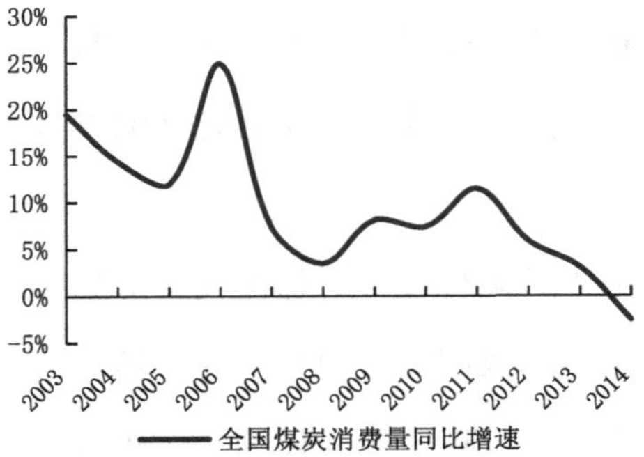

图 4-30　全国煤炭消费量同比增速

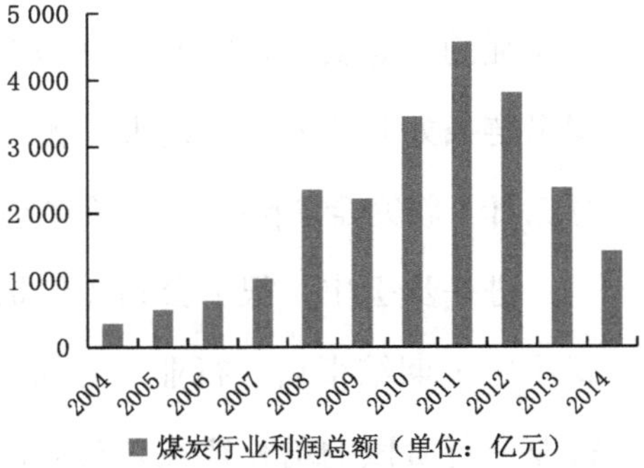

图 4-31　煤炭行业历年利润总额

结合当时的股价表现，“四万亿计划”后的这轮增长显然是意料之外的。由图 4-32 可知，从 2009 年 3 月开始，煤炭板块突然甩开沪深 300，此时煤价还处于横盘状态，从新闻来看，催化剂主要是“四万亿计划”逐步落地。但是还是那句话，由于“四万亿计划”的利好过于明确，股价在 4 个月的时间里就涨完了。以 2009 年 7 月为起点，一直到 2012 年 7 月，煤炭指数走势与沪深 300 再次趋同。

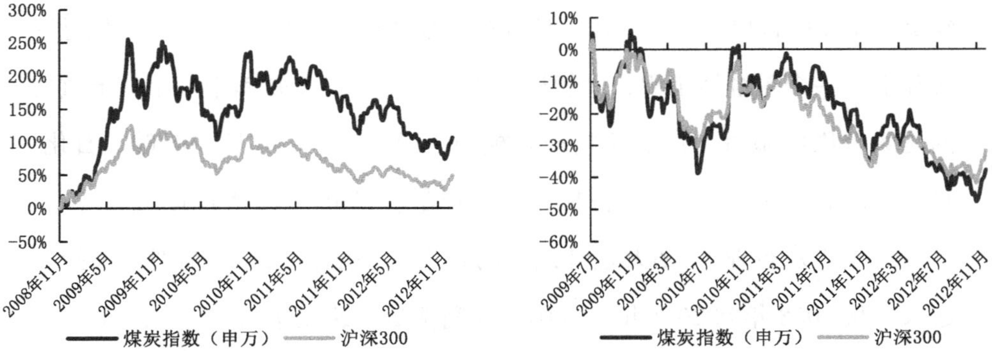

图 4-32　2008 年 11 月—2012 年 11 月煤炭指数与沪深 300 分阶段涨幅对比

然而，煤价上涨实际上是 2009 年 7 月才启动的，到 2011 年 10 月见顶回落，整个上涨周期持续了 2 年。只是在资本市场眼里，无论是煤价的上涨还是下跌，都是“正如我们所料”，与 2020 年年底保利协鑫的多晶硅行情如出一辙。

2012 年 7 月之后，煤炭指数走坏源于两个新预期差的叠加，即宏观经济增速“L”形拐点及煤炭供给的超预期释放。站在现在的时点来看，经济增速“L”形走势已经是既定事实，但是当时的投资者都曾为此争论不休，市场预期的主流观点一度是“U”形走势甚至“V”形走势。与此同时，由于电荒的记忆仍历历在目，我国当时并未对煤炭行业的资本开支做出太多限制，供给超预期释放引发煤价超预期下跌。

结合股价走势来看，煤价 2011 年 10 月到 2012 年 6 月的下跌应该是预期中的，2012 年 6 月之后的继续下跌才是预期外的。如图 4–33 所示，随着供给过剩的愈演愈烈，这轮下跌一直持续到了 2016 年年中，持续时间接近 5 年，直到新一轮供给侧结构性改革来临。

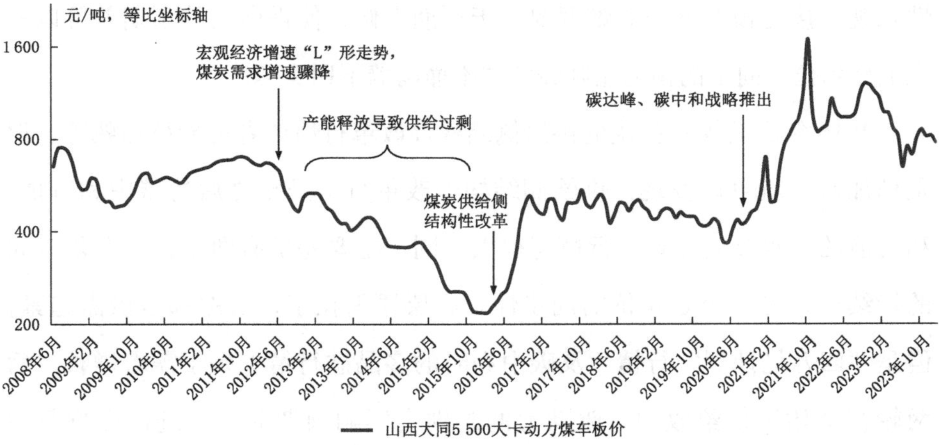

图 4-33　2008 年 6 月—2023 年 10 月动力煤价格走势

不过，如图 4–34 所示，煤炭指数的超额下跌只持续到了 2014 年 5 月，远远短于煤炭价格的下跌时间，之后就和沪深 300“并轨”了。市场用了 2 年的时间，彻底消化了煤炭供给过剩的现实。可以看出，虽然在下跌过程中，市场仍然是打提前量的，但是消化利空所用的时间往往要长于消化利好所用的时间，这也是 A 股市场“牛短熊长”的重要原因。

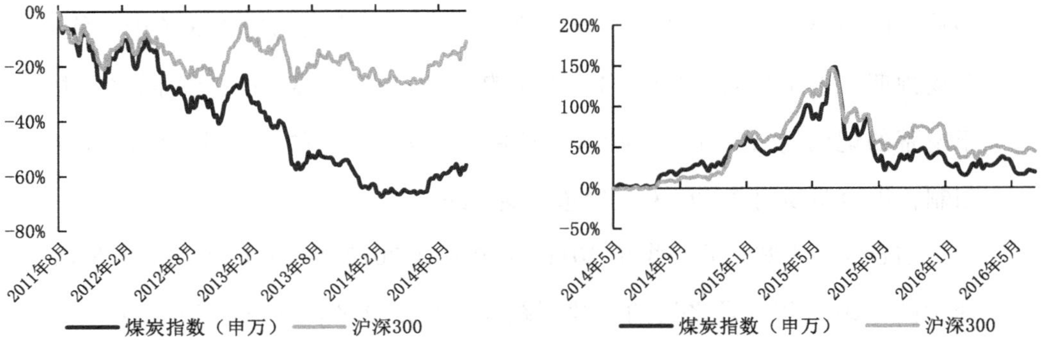

图 4–34 2011 年 8 月—2016 年 5 月煤炭指数与沪深 300 分阶段涨幅对比

至于具体逻辑，笔者认为可以参考第 3 章行为金融学的解释，人类天性乐观，接受预期下修的难度要大于预期上修，使得向上的预期差可以一次上修到位，向下的预期差则经常“不撞南墙不回头”。

2016 年之后煤炭板块的供给侧结构性改革行情读者可能更加熟悉，但是稍加对比就可以发现，供给侧结构性改革行情乃至之后的碳中和行情，和之前的“四万亿计划”行情有很大不同。主要差别有两个，一个是时间的持续性，另一个是煤价的同步性。底层原因在于，虽然都是供需趋紧，但是“四万亿计划”行情（及碳中和时的多晶硅行情）始于需求增长，后两轮行情始于供给收缩，驱动力的差别会影响预期演绎，进而影响行情表现。

随着“十二五”后期煤价的下跌幅度严重超预期，根据中国煤炭工业协会统计，2015 年我国煤炭行业亏损面已经超过八成，新一轮整合势在必行。2016 年 2 月国务院发布《国务院关于煤炭行业化解过剩产能实现脱困发展的意见》，要求自 2016 年起 3 年至 5 年内，煤炭行业退出产能 5 亿吨左右、减量重组 5 亿吨左右，从而拉开了煤炭行业供给侧结构性改革序幕。

事后来看，供给侧结构性改革带来了两个大的变化：一个是落后产能淘汰规模超预期，整个“十三五”期间（2016—2020 年），我国实际淘汰煤炭落后产能超过 10 亿吨（见图 4-35），彻底扭转了之前供给过剩的格局；另一个是产煤省份地理分布的变化，大量散落在各省的中小煤矿被关停，新增优质产能多集中在山西、陕西、内蒙古和新疆四地区。但是相比之下，由于新疆与东部省份距离遥远，所产煤炭大多内部消化，从而实际导致了晋陕蒙传统“煤三角”的话语权空前提升（见图 4-36）。两大变化的共同结果是，煤价反弹不仅剧烈，还很有韧性。

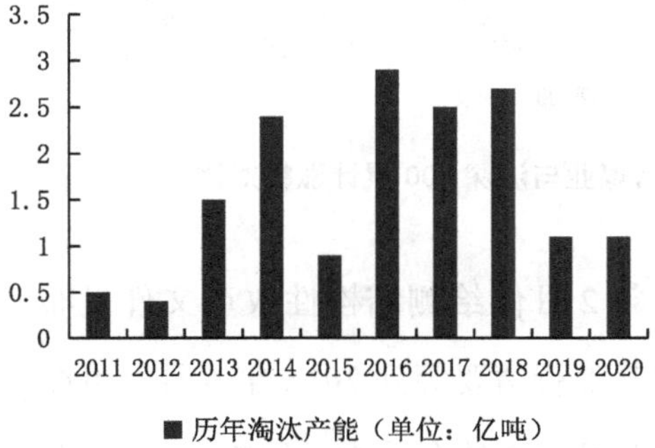

图 4-35　我国历年淘汰煤炭落后产能情况

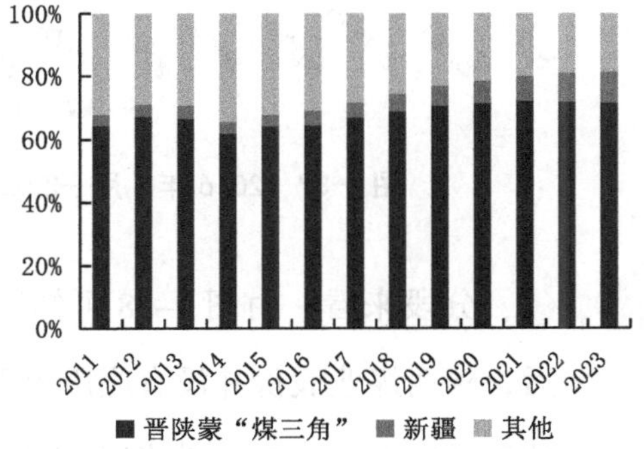

图 4-36　我国历年煤炭产量省份地理分布变化

不过，由于地域分布问题，在供给侧结构性改革行情中，煤炭板块内部的分化很大，指数趋势不明显，本节余下篇幅主要复盘改革的受益者、业内市值第二大的陕西煤业（市值最大的中国神华业务涵盖煤炭、电力、运输全产业链，属于非典型煤炭公司；兖矿能源、潞安环能等公司股价走势与陕西煤业相近）。

由图4–37可知，从陕西煤业相较沪深300的走势来看，值得探究的是，无论是供给侧结构性改革行情还是之后的碳中和行情，每段大行情都是由两段小行情组成的，两段小行情之间，股价都会先经历一次急跌，最大回撤达到30%，然后再企稳回升，开启第二段小行情。第二段小行情的持续时间和累计涨幅都超过了第一段小行情。

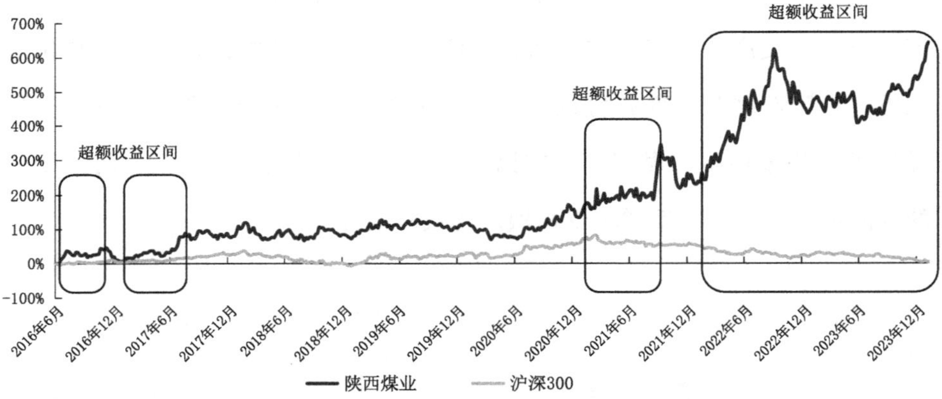

图4–37　2016年6月—2023年陕西煤业与沪深300累计涨幅对比

分段来看，由图4–38可知，2016年2月供给侧结构性改革文件发布后，陕西煤业股价并没有应声上涨，主升浪行情要等到2016年6月。可能的解释有两个：其一是当时市场尚处于股灾3.0的余波中（熔断底），对利好不敏感；其二是煤炭行业此前行情主要由需求侧驱动，上一轮供给侧结构性改革发生在20世纪90年代末，市场主流投资者对供给侧变化的影响缺乏记忆。

2016 年 6 月主升浪的直接催化剂是煤价上涨，但是虽然股价启动的时点滞后了，当催化剂落地后，股价还是选择一次性涨完，陕西煤业在 2016 年 6 月 16 日到 7 月 12 日，不到一个月的时间里涨了 50%。此后虽然煤价继续攀升，股价却整体处于高位震荡状态，也就是"涨完先观察一下，等等基本面"。到 2016 年 11 月底的时候，煤价涨不动了，股价随即回落。

2016 年 12 月到次年 1 月的急跌，可以理解为一轮资金的"换筹"过程。与需求扩张相比，供给收缩并不是纯粹的市场化驱动，受政策节奏、执行力度的影响更大，市场事前并不知道煤价能涨到多高，因此股价没法打太多的提前量，一次性透支煤价涨幅，只能"走一步看一步"。当观察到煤价不再上涨时，最乐观的资金就撤了，客观上导致了股价行情与煤价走势的启停时点重叠。

然而，在需求侧行情中，需求扩张会自动引发供给扩张，商品价格很难在高位稳住。而在供给侧行情中，需求与供给互不干扰，商品价格可以非常坚挺。股票毕竟不是期货，期货只需要关心价格的绝对值，是一个点；而股票关心的是价格在时间轴上的积分，是一个面。从 2017 年 1 月开始，市场发现煤价并没有像"四万亿计划"时一样，见顶后就开始回落，而是在高位稳住了，市场的博弈焦点也从"煤价能涨多高"变成"高价能持续多久"，资金于是开始重新流入。

正如前文讨论的，市场对持续时间形成一致预期的难度要远远大于对短期价格的判断，因此供给侧结构性改革的第二轮行情持续了大半年，从 2017 年年初启动到 2017 年第三季度结束，累计涨幅也显著高于第一轮行情。但是从细节走势上看，股价最快的一段上涨是 2017 年 5 月中旬到 2017 年 7 月底，2 个月多一点的时间里涨了 60%。可以理解为，经过几个月的研究和博弈后，市场对高煤价的持续时间终于形成了一致预期，既然形成了一致预期，那就一次性涨完。

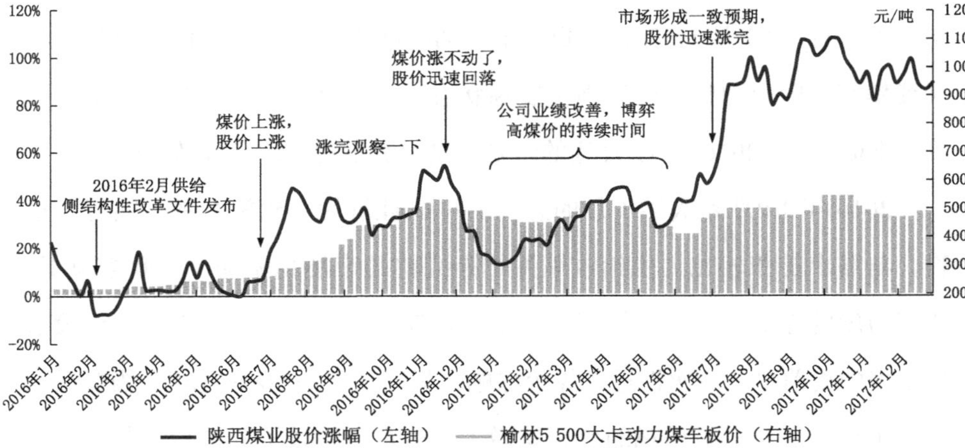

图 4-38　2016—2017 年陕西煤业股价走势复盘

以 2017 年 7 月底为起点，一直到 2021 年 1 月，由图 4–39 可知，在长达三年半的时间里，陕西煤业与沪深 300 的走势整体上又趋同了，这段时间属于一段比较长的“垃圾时间”，只有在 2018 年下半年市场极度低迷时，陕西煤业才作为高股息资产阶段性占优。

从 2020 年 5 月开始，陕西煤业迎来一轮新的上涨浪潮，由于启动时点和欧盟及我国碳中和相关政策的时点接近，这轮行情也被称为“碳中和行情”。但是从相对收益的角度看，煤炭板块 2020 年 5 月至 2021 年年初的上涨其实和碳中和关系不大，更多是在“没有利好也没有利空”的情况下，跟着大盘一起涨的。

真正属于煤炭板块的碳中和行情是 2021 年 2 月启动的，此时新能源板块的碳中和行情已经趋近尾声了。很显然，当碳中和战略刚刚推出时，市场并没觉得煤炭是受益板块，甚至恰恰相反，他们认为碳中和就是来消灭煤炭的，笔者仍然记得当时有看煤炭的小伙伴调侃说，“职业生涯结束了”。碳中和对煤炭行业的影响，乍一看确实没有对新能源行业的影响直观。

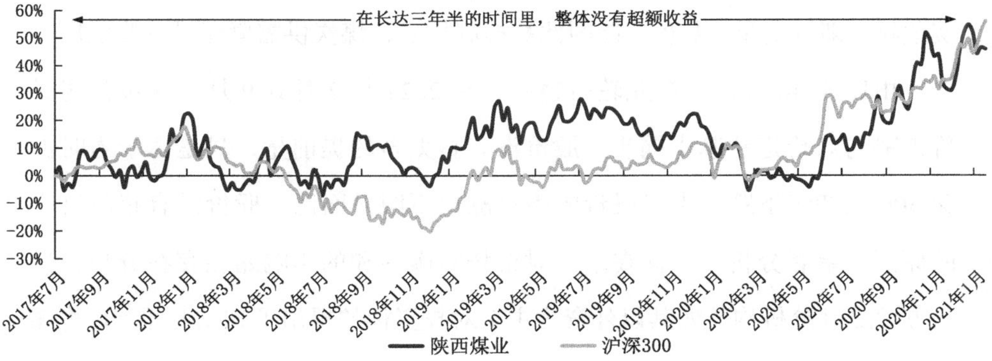

图 4-39　2017 年 7 月—2021 年 1 月初陕西煤业与沪深 300 累计涨幅对比

然而，碳中和承诺对煤炭行业的影响，实际上开启了新一轮供给侧结构性改革，而且持续性更强。一个煤矿的建设周期 5 年起步，10 年也不罕见，可采年限超过 50 年，但是在“双碳”时限的硬约束下，煤炭公司新增资本开支的意愿极低，随着老旧产能的逐渐退出及能源转型的巨大惯性，旧能源反而迎来一轮“暴利盛宴”。

把视野放到全球，必和必拓、力拓、嘉能可、淡水河谷等国际矿商从 2016 年开始便大规模削减煤矿资本开支，随着全球能源需求增长，富余产能被持续消化。供需瓶颈在 2021 年上半年达到临界点，国内外煤炭价格直线上涨，叠加市场炒作因素，秦皇岛动力煤价格在 2021 年 9 月最高点突破 2 600 元 / 吨。

当然，这里还有一个重要的催化因素，即 2023 年 3 月 1 日正式实施的《刑法修正案》，其中规定“涉及安全生产的事项未经依法批准或者许可，擅自从事矿山开采、金属冶炼、建筑施工，以及危险物品生产、经营、储存等高度危险的生产作业活动的"，"具有发生重大伤亡事故或者其他严重后果的现实危险的，处一年以下有期徒刑、拘役或者管制"。该条款被业内简称为"超产入刑"，相比此前版本，修正案版本不需要实际发生事故，只要有"现实危险"即可定罪，灰色产能因此被抑制住后，煤炭供需紧张进一步加剧。

由图 4–40 可知，在此轮行情中，从 2021 年 2 月到 9 月，煤炭公司股价走势与煤价走势基本同步，股价没有打太多的提前量，只是由于当时沪深 300 在持续下跌，煤炭股价的绝对涨幅不明显而已。股价没有超前反应的原因，笔者分析一方面在于当时市场对碳中和的影响路径存在分歧，另一方面是部分机构（尤其以外资为主）对投资标的提出了 ESG 标准①，将煤炭行业列入禁投名单，股价无法快速反映盈利预期。

图 4–40 陕西煤业 2020—2023 年股价走势复盘

① ESG 是 Environmental、Social 和 Governance 的首字母缩写，也就是要求投资机构在估值时，除盈利之外，还要加入公司业务对环境、社会和治理的考察。

从 2021 年 9 月开始，煤炭板块的走势几乎是 2016 年供给侧结构性改革行情的翻版，煤价冲高回落后，对价格预期最乐观的投资者获利了结，导致股价回撤近 30%。随后，市场发现煤价在一个新的平台上稳定下来了，便开始博弈高煤价的持续时间，从而带动股价创新高。只不过，这一次超预期的情况本身也非常超预期，煤炭行业的超额收益持续了 2 年多，超过此前所有超额收益时间之和。

从历史经验来看，在 A 股市场如此有效的市场环境下，如果纯粹是博弈高煤价的持续时间，理论上 2022 年一整年也应该反应得差不多了。煤炭行业贯穿 2023 年全年的超额收益，或许是受益于整个 A 股市场投资策略的变化。

2023 年保险机构全面引入 IFRS9（《国际财务报告准则第 9 号——金融工具），持有的股权类资产只能归类为“以公允价值计量且其变动计入当期损益的金融资产”（Fair Value Through Profit or Loss，FVTPL）或者“以公允价值计量且其变动计入其他综合收益的金融资产”（Fair Value Through Other Comprehensive Income，FVOCI）。为了避免金融资产价格波动对利润表带来过大冲击，保险公司更倾向于扩大 FVOCI 的使用范围。

该部分内容在笔者撰写的《穿透财报》中有更详细的描述。简单来说，一项股权类投资一旦被归类为 FVOCI，其股价涨跌就从此与投资公司的利润表无缘了，无论是长期持有还是中途卖出，价差收益都不影响利润表。投资公司只能在每年收到分红的时间点，按照实收金额确认投资收益。在这种背景下，高股息资产就成了保险公司的优先选择，纵观整个 2023 年，高股息资产涨得都不错（当然，也与非高股息资产跌得多有关，优势是对比出来的）。

从具体估值来看，煤炭行业显然不满足常规 DCF 模型中“业绩达峰后永续稳定”的假设。作为一个周期属性明显的行业，业绩低点的 PE 是没有意义的，决定底部安全边际的更多是PB。PE只对业绩高点有用，随着周期上行、业绩改善，PE迅速下降。煤炭板块在最近几次行情顶点的PE是逐次下滑的，2021年盈利高点的PE是10倍，2017—2018年盈利高点降至7倍，2022年盈利高点就只有5倍了，如图4-41所示。

结合DCF模型理念，决定周期股盈利高点PE的，就是高盈利的持续时间，随着能源结构转型、碳达峰时间点临近，高盈利的持续时间越来越短（当然，以上仅仅是股价反映出的市场主流观点，未必是真实的演化路径，若干年后可以再验证）。

图4-41　煤炭板块预期PE及行业利润总额情况

总之，对于周期性行业，行情启动都源于供需超预期趋紧，但是可以分为需求侧驱动和供给侧驱动两种。需求侧驱动往往信号明确、市场化程度高、周期可预期性强，股价反应迅速，经常在商品价格启动前就提前涨完。供给侧驱动一般来自相关政策，需要跟踪政策落地的节奏，商品价格高点难以事前判断，股价与商品价格表现出一定的同步性。

但是相比需求侧驱动，供给侧驱动缺乏自然的市场价格修复机制，供需趋紧的持续时间更长，因此当商品价格企稳后，往往会迎来第二轮机会，从博弈价格的绝对值到博弈高价格的持续时间，由点到面。不过，可以预见的是，资本市场有很强的学习效应，有了之前的经验，之后再遇到类似机会时，股价的反应会越来越提前，最终还是会领先商品价格。

4.4　水电春秋：小透明的超额收益之谜

相比政策、技术双主线的光伏板块及周期属性明显的煤炭板块，水电板块一直是以“透明”为标签存在的，无论是收入端还是成本端，都很难有太大的预期差，收入端主要看来水，除非证明气候发生趋势性变化（就算发生也是几十上百年维度的事），正常的降雨波动对水电公司的长期价值影响很小；成本端绝大部分是折旧，剩下有一点运维费用，除了水资源费外没有边际成本，基本上都是固定的。

对于这样一个从内到外都非常透明的板块，理论上是很难有超额收益的，但是水电板块的长期走势，显然超过了大部分人的预期。笔者在《穿透财报》中，曾以长江电力为例，对水电公司的投资逻辑进行了梳理，但是叙事角度更偏向财务分析及绝对收益，并没有结合市场环境，复盘相对收益。而且从更根本上，笔者现在认为这套解释更多是股价行情的催化剂，而非支撑超额收益的底层逻辑。

简单来说，长江电力是目前全球第一大水电公司，旗下 6 座水电站有 5 座位居世界前十，剩下一个葛洲坝是三峡水电站的反调节水电站，与三峡水电站联合运行。长江电力旗下水电资产如表 4-2 所示。

表 4-2 长江电力旗下水电资产（装机单位：万千瓦）

水电站	装机容量	投产时间	注入时间	水电站定位
葛洲坝	273.5	1981—1988	初始资产	三峡水电站的反调节水电站
三峡	2 250	2003—2011	2004—2012	全球第一大综合水利枢纽，世纪工程
向家坝	640	2012—2014	2016	全球第十大水电站，金沙江下游第四级
溪洛渡	1 386	2013—2014	2016	全球第四大水电站，金沙江下游第三级
乌东德	1 020	2020—2021	2023	全球第七大水电站，金沙江下游第一级
白鹤滩	1 600	2021—2022	2023	全球第二大水电站，金沙江下游第二级

但是在股价层面，以 2016 年为分界点，长江电力的股价却表现出前后两段截然不同的走势，2016 年之前的走势和沪深 300 高度趋同，2016 年之后与沪深 300 逐渐脱钩，如图 4-42 所示。显然，虽然长江电力的资产质量足够优质，但是资产优质与否与股价能否获得超额收益没有必然联系，如果没有持续的预期差，资产优质的结论本身已经反映在股价里了，收益率只能等于折现率。

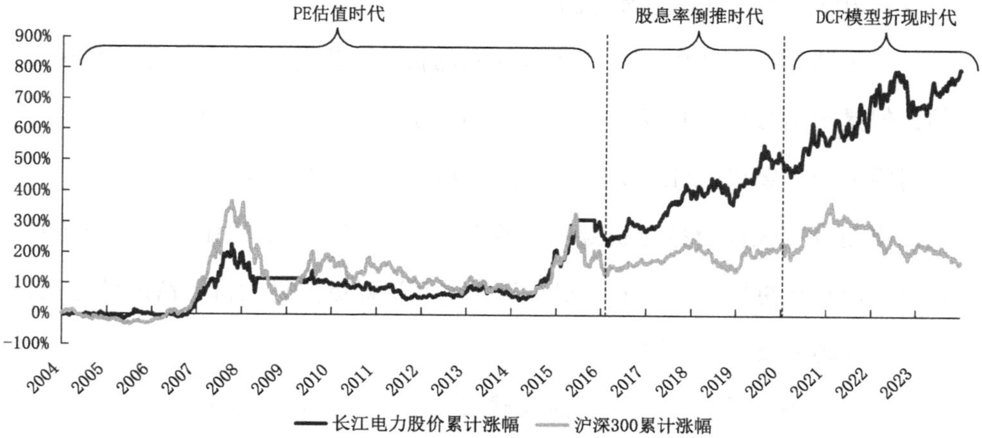

图 4-42 长江电力 2004—2023 年累计收益率情况

对此，《穿透财报》中将公司的超额收益归因为 3 种估值体系、2 次切换：从 2004 年上市到 2016 年为 PE 估值时代，2016—2020 年切换至股息率倒推时代，2020 年之后切换至 DCF 模型折现时代，每次估值体系切换都是公司超额收益最丰厚的时候。

把视野拉回 2016 年，长江电力的经营模式很特殊，上市主体只负责水电站运营，不负责前期建设，旗下水电站均由集团先建设，等集团建完后，再以资产注入的形式注入上市公司。在 2016 年之前，长江电力旗下只有葛洲坝、三峡 2 座水电站，2016 年年初集团将溪洛渡、向家坝 2 座水电站注入（以下简称溪向注入），长江电力旗下水电站由 2 座变成 4 座。

溪向注入是一个里程碑事件，至此长江电力的基本面发生两个重大变化，其一是 4 座世界级水电站彼此呈上下游关系，从而极大增强了长江电力对流域来水的联合调度能力，其二是长江电力在定增预案中承诺 2016—2020 年分红金额不低于 0.65 元 / 股，2021—2025 年分红比例不低于 70%。

与高速公路的分流效应相反，水电具有多级增厚效应。通俗理解就是，水电站的发电量主要取决于来水，但是一条河单位时间内的来水量有可能超过水电站的最大发电能力。水电站有两条出水口，一条用于发电，一条用于泄洪，超过发电能力的水量只能走泄洪道。一般新闻或者摄影杂志上水电站蔚为壮观的“从上面喷水的照片”，都是走的泄洪道时的情景，是没法发电的，发电机组位于大坝底部，从外面是看不到的。

比如，假设一座水电站单位时间内的满发电量是 100 亿千瓦时，如果上游流下来能发 200 亿千瓦时的水，水电站的库容不够大，多出来的水只能白白放掉。这时候如果上游还有一个水电站，可以帮下游把水暂时存起来，等不下雨的时候再放下来，水资源的利用效率显著提升[①]。

但是从估值的角度，“四库联调”最大的意义不在增发电量，而在提高发电量的稳定性及业绩的可预测性。以长江电力剔除金融性资产和投资收益后的经营性资产ROE为标准[②]（见图4–43），自2009年三峡机组整体注入至2016年溪向注入之前，长江电力的盈利能力受降雨影响极大，业绩稳定性并不理想，此时市场基本将长江电力视为普通大盘蓝筹股，使用PE法估值，股价被长期低估，直到2014—2015年借助牛市实现一轮估值修复。

当2016年溪向注入后，“四库联调”大幅降低了降雨造成的波动影响，长江电力业绩稳定性获得质变。从盈利预测准确性来看，2016年之后，长江电力每年归母净利润预测的Wind一致预期中位数呈逐季上调趋势，且除2019年之外最终业绩均略超市场预期，如图4–44所示。

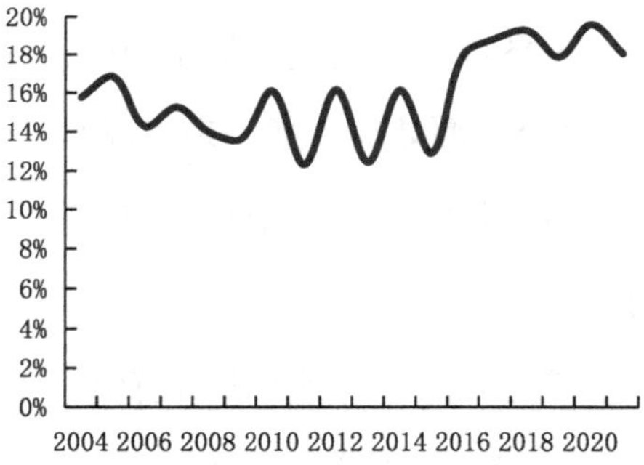

图4-43　长江电力经营性资产ROE情况

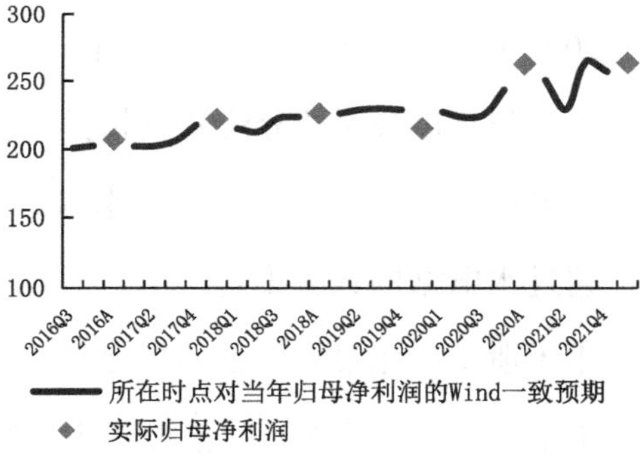

图4-44　长江电力盈利预测（单位：亿元）

除此之外，长江电力还公布了长达10年的分红承诺，尤其前5年还是

① 联合调度增厚的原理实际上更复杂，还包括平均运营水头的提升。

② 此处定义的经营性资产ROE=（归母净利润 – 投资收益）/（公司合计净资产 – 金融类资产）。

绝对值承诺。站在 2016 年的时间点，长江电力未来 5 年最低分红承诺对应每年分红金额 143 亿元，而每年归母净利润预期超过 200 亿元，经营性净现金流预期超过 300 亿元，实在想不出来长江电力的分红有什么风险，因此市场可以参照债券定价模型，采用股息率倒推的方式直接得出长江电力的合理股价。

从图 4–45 可以更清晰地看出股息率倒推定价机制的形成过程。

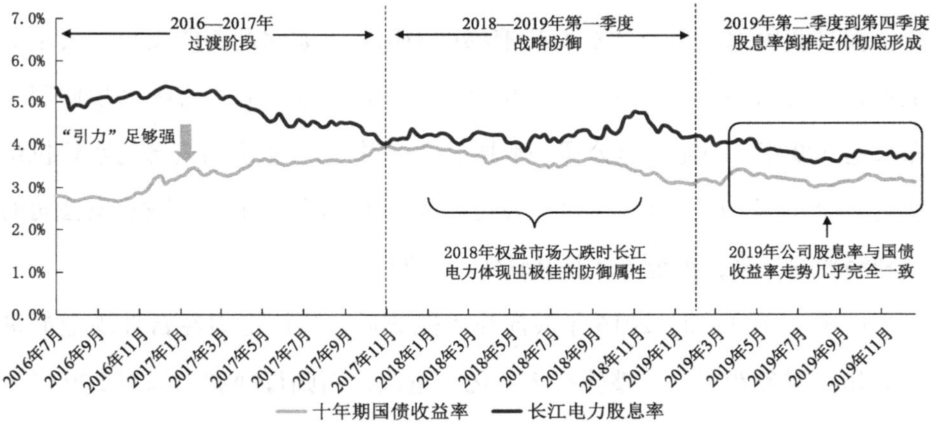

图 4-45　长江电力股息率与十年期国债收益率走势对比（2016 年 7 月—2019 年 11 月）

2016 年下半年至 2017 年年底为长江电力估值体系切换的过渡阶段。2016 年之前投资者不是特别关注长江电力的股息率，而是盯住 PE，2016 年二三季度时，长江电力股息率高出十年期国债收益率超过 2 个百分点。2016 年第四季度起随着股息率倒推定价方式逐渐受到市场认可，长江电力股息率与十年期国债收益率的差距迅速收窄，即便 2017 年十年期国债收益率转而上行，只要“引力”足够强，长江电力的股息率仍然稳定下行，带动股价及估值水平快速提升。

经过 2018 年的市场大跌，到 2019 年的时候，长江电力的类债属性得到了市场的一致认可。从长江电力股息率与十年期国债收益率的对比中可以看出，2019 年两者细微波动的走势几乎完全一致，市场彻底将长江电力的股票视为国债的替代品，股息率倒推定价正式形成。

然而，股息率倒推定价有一个很重要的暗含假设，即公司的业绩长期保持稳定，没有增长。2016 年长江电力的归母净利润为 208 亿元，2019 年为 215 亿元，三年仅涨了 7 亿元，增长较小。那么问题来了，水电站的大部分成本是折旧，把折旧加回来，长江电力的现金流远好于净利润。

而且我国水电公司的折旧政策都极为保守，如水利部明文规定大坝的最低设计使用寿命是 150 年，三峡总工程师接受采访时称三峡大坝使用寿命长达 500 年，但是水电公司一般按照 40 年折旧。水电站内部的水轮机组使用寿命长达 30 ～ 40 年，水电公司一般按照 18 年折旧，导致水电公司的净利润普遍失真，现金流才是其真实的利润。

由图 4–46 可知，2016 年溪向注入完成后，长江电力经营性现金流量净额扣除财务费用后，整体在 350 亿元量级，而归母净利润只有 200 亿元量级，剩下的钱去哪了？股息率倒推体系并没给这部分钱定价。

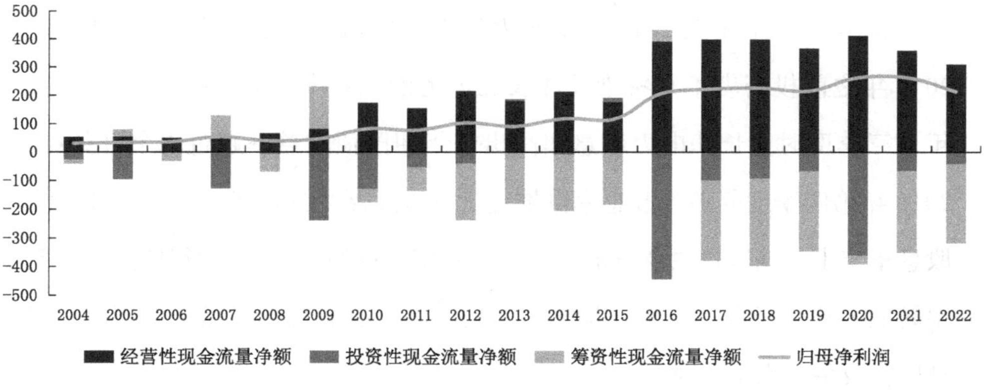

图 4–46　长江电力现金流及归母净利润情况（单元：亿元）

追踪去向可以发现，长江电力 2016 年之后把剩下的钱都用于还债和二级市场股权投资了。首先，长江电力在 2016 年收购溪洛渡、向家坝时承接了集团约 500 亿元的代垫工程款，在资产负债表中体现为“长期应付款”，这笔贷款的利率很高，长江电力 2016—2019 年基本保持每年还 100 亿元的节奏（含部分置换），带来了财务费用迅速下降（见图 4–47）。

其次，用于二级市场股权投资，凭借对水电行业的深刻理解，长江电力一直认为包括自己在内的我国整个水电板块被严重低估，所以从 2016 年开始就在二级市场疯狂“扫货”，把 A 股市场上的水电公司的股票几乎都买了一遍，长期股权投资规模逐年增加。在权益法核算下，投资收益 = 所投公司归母净利润 × 持股比例，随着持股比例提升，长江电力的投资收益稳步增长。长江电力投资收益情况如图 4–48 所示。

而且从长江流域水电站拓扑图来看，长江电力的水电站整体位于流域下游，长江电力买的水电公司多位于流域上游，如前文所说，上游可以帮助下游进行联合调度，靠着在二级市场持续增持，长江电力顺利拿到了上游公司的董事会席位，有力推动了流域联合调度工作。

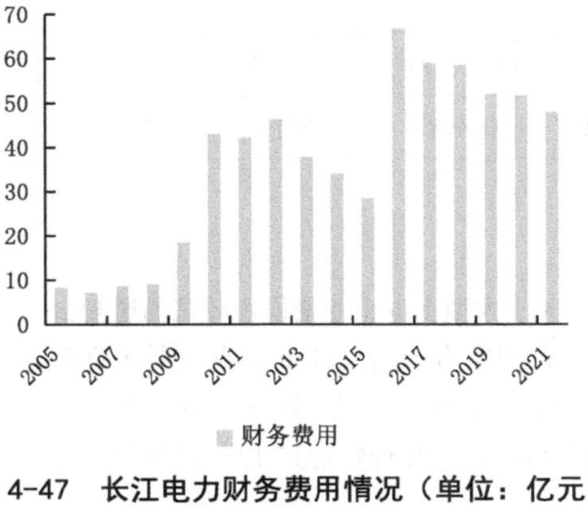

图 4-47　长江电力财务费用情况（单位：亿元）

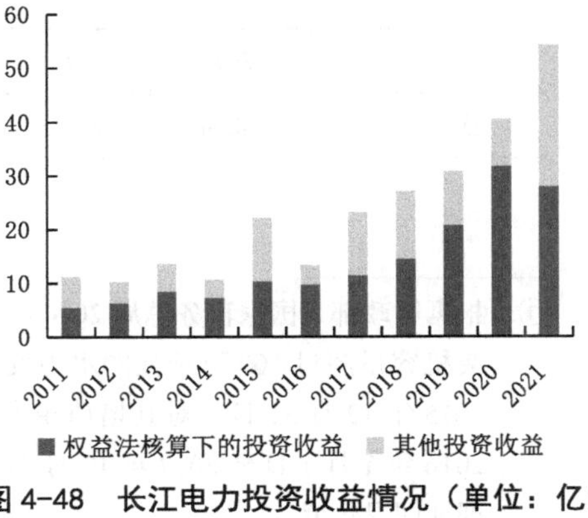

图 4-48　长江电力投资收益情况（单位：亿元）

然而，一面是财务费用下跌、投资收益高速增长，另一面却是归母净利润岿然不动，那么问题便出在税收优惠上。我国水电行业享受的税收优惠主要有两个，分别是大型水电增值税退税[①]及水电站投产后所得税“三免三减半”[②]。

其中，大型水电增值税退税属于会计意义上的“政府补助”，2016 年及之前记入“营业外收入”科目，2017 年及之后记入“其他收益”科目，按照收付实现制原则，在实际收到补助时确认收益。但是这项政策于 2017 年到期，长江水电 2017 年其他收益尚有 22.9 亿元，2018 年仅剩部分尾款 7.2 亿元，2019 年则完全归零。

所得税“三免三减半”不属于会计意义上的“政府补助”，直接减少所得税费用。长江电力溪洛渡、向家坝两座水电站大部分机组于 2013 年投产，由此计算 2016 年所得税“三免”到期，2019 年“三减半”到期。由表 4–3 可知，长江电力从 2016 年到 2019 年，每年到期一个税收优惠，“吃”掉了长江电力全部的内生增长，让长江电力显得业绩稳定。

表 4-3　长江电力 2016—2021 年归母净利润及利润表关键科目变化
（金额单位：亿元）

	2016	2017	2018	2019	2020	2021
营业收入	489.4	501.5	512.1	498.7	577.8	556.5

① 根据财政部、国家税务总局 2014 年发布的《关于大型水电企业增值税政策的通知》，装机容量超过 100 万千瓦的水力发电站销售自产电力产品，自 2013 年 1 月 1 日至 2015 年 12 月 31 日，对其增值税实际税负超过 8% 的部分实行即征即退政策；自 2016 年 1 月 1 日至 2017 年 12 月 31 日，对其增值税实际税负超过 12% 的部分实行即征即退政策。

② 前 3 年免征，第 4 ～ 6 年减半征收。

（续表）

	2016	2017	2018	2019	2020	2021
－财务费用	66.8	59.0	58.5	52.1	49.9	47.5
＋投资收益	13.3	23.1	27.1	30.8	40.5	54.3
＋其他收益		22.9	7.2	0	0.1	0
＋营业外收入	29.1	0	0.1	0.3	0.5	0.3
－所得税	42.2	43.8	43.6	50.6	59.5	59.2
归母净利润	207.8	222.6	226.1	215.4	263.0	262.7

当时间来到 2020 年时，长江电力所有的税收优惠都到期了，不再有边际负影响，但是长江电力的财务费用、投资收益仍然持续贡献增长动能，市场忽然发现长江电力并不是债券，业绩是有增长的，应该给没分红的现金流进行价值重估。于是长江电力的商业模式可以简化为，4 座水电站每年贡献 350 亿元权益可支配现金，然后至少分红 150 亿元，剩下的钱用于再投资（偿还贷款相当于投资债券）。2023 年乌东德、白鹤滩水电站注入后，预计长江电力每年权益现金流将达到 500 亿元。

长江电力在 2020 年启动了第二次估值体系的切换，从股息率倒推升级到权益现金流折现。长江电力在 2020 年 5 月—2022 年 9 月迎来了一轮业绩、估值双升行情，在 Wind 一致预期 EPS 持续上修的背景下，动态 PE 不降反升，带动长江电力股价持续创新高，如图 4-49 所示。

理论上，复盘到这里就可以了，在《穿透财报》出版后，从笔者收到的反馈来看，上述叙事也得到了相当一部分读者的认可。但是站在写本书的时点，笔者认为这套逻辑把市场想得太简单了。从前两节对光伏行业和煤炭行业的复盘中可以看出，即便在早期，A 股市场都是非常有效的，预期之内的东西，是不能带来超额收益的。

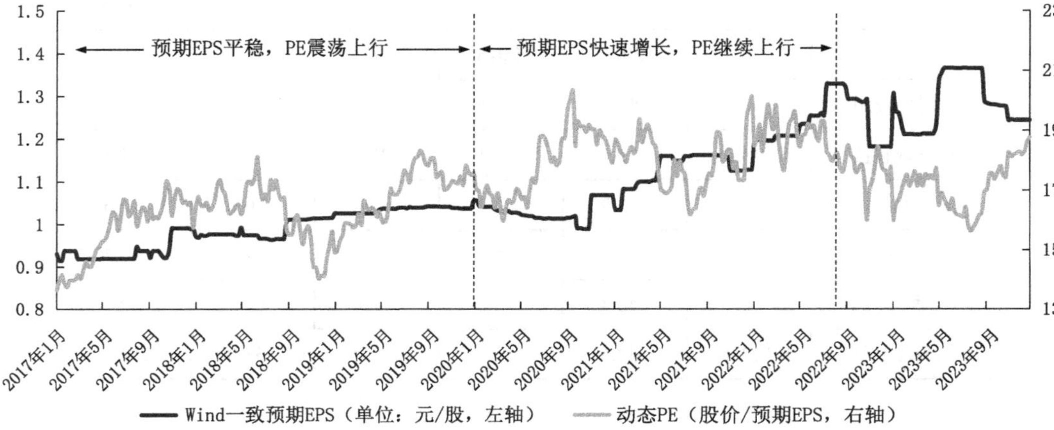

图 4-49　长江电力 Wind 一致预期 EPS 与动态 PE

例如，2016 年的溪向注入，即便 EPS 增厚非常显著，即便联合调度增益非常明显，三峡集团在建设溪洛渡、向家坝水电站时，就已经承诺了未来要注给长江电力，这件事情不存在预期差，也有足够的时间让市场消化，就算注入资产的实际盈利能力超过预期，也无法支撑趋势性行情。更别说 2020 年之后业绩开始增长，这是一个单纯的、通过分析财务报表就能得出的结论。

更直接的反驳证据在于川投能源（持有我国第三大水电公司雅砻江水电 48% 股权）的股价走势，川投能源在 2016 年没有资产注入，2020 年的归母净利润也没有出现拐点，甚至还没有 2018 年高；而且由于还有新水电站建设，分红比例也不算高，股息率远远赶不上长江电力。但是，2016 年之后川投能源的股价走势与长江电力基本相同（见图 4-50），市场并没有短视到只盯着股息率。

虽然说长江电力作为水电行业的龙头，权重占到水电指数的 2/3，其股价的上涨有可能带动其他水电公司一起涨，但是更大的可能性是，有一个更底层的逻辑驱动着水电板块整体重估，前文的解释，更多是重估过程的催化剂。

图 4-50　长江电力与川投能源 2012 年至 2023 年 7 月股价累计收益情况

因此，我们还是沿用前两节的思路，逐段对比长江电力（作为水电板块的代表）与沪深 300 的走势，找出长江电力的超额收益区间，还原当时的场景，总结超额收益原因。

由图 4–51 可知，长江电力从 2006 年 6 月到 2015 年 6 月，在长达 9 年的时间里，包括 2007 年和 2015 年两轮牛市，股价走势均与沪深 300 高度趋同，也不存在什么大盘股在牛市期间跑输市场的问题。其间还经历了 2009 年三峡机组整体注入、2011—2012 年收购三峡地下水电站等“重磅利好”，股价也没有任何趋势性的超额收益。也许并不是市场不够有效，反而是太有效了，市场并不觉得这些资产注入有什么超预期的地方，毕竟都是事前承诺过的。

长江电力甩开沪深 300 的第一个时点是 2015 年下半年到 2016 年年初

（见图 4–51），长江电力在 2015 年 6 月市场大跌期间因为资产重组停牌了，年底复盘后股价虽有补跌，但是跌幅远小于沪深 300，使得累计涨幅拉开沪深 300 一个身位。

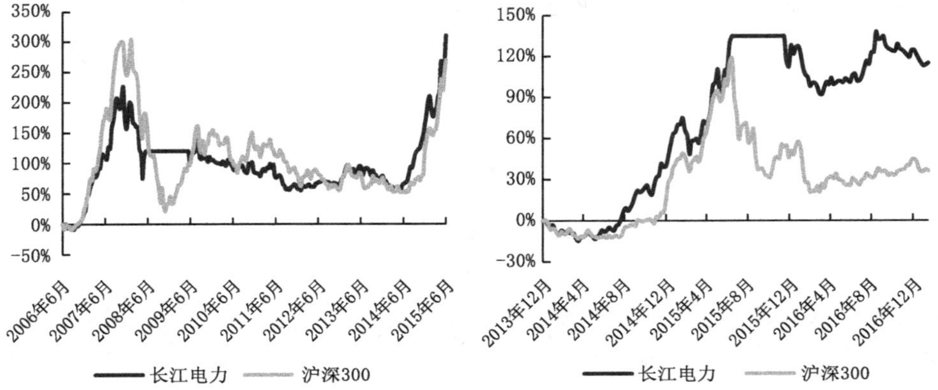

图 4–51　长江电力与沪深 300 走势对比（一）

如果以 2016 年 2 月为起点，等大盘企稳后，长江电力与沪深 300 的走势再度趋同，如图 4–52 所示，也就是说，之前靠跌得少拉开的差距被永久性保留下来了。

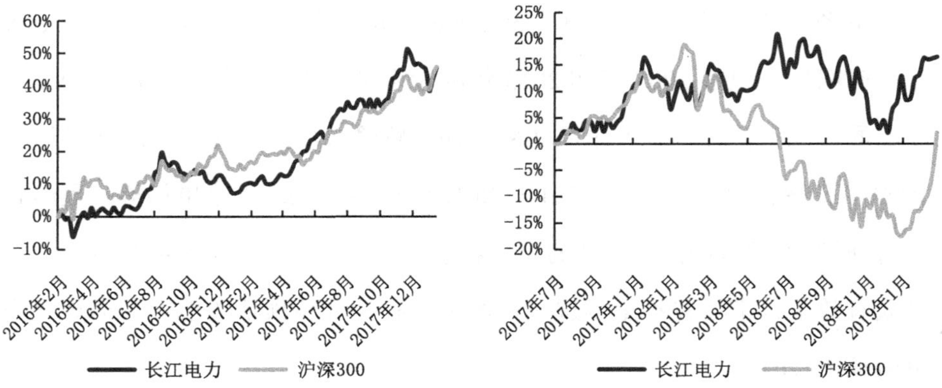

图 4–52　长江电力与沪深 300 走势对比（二）

长江电力甩开沪深 300 的第二个时点是 2018 年 3 月到 2018 年年底（见图 4–52），受中美经贸摩擦影响，沪深 300 在 2018 年 3 月急转而下，至年底累计下跌 30%。长江电力在 2018 年 3 月到 9 月反而震荡上行，直到 2018 年第四季度才出现回落，但是全年仍获得正收益，累计涨幅进一步拉开。

接下来，以 2019 年 2 月为起点，长江电力与沪深 300 的走势又趋同了（见图 4–53），仅在 2020 年年底至 2021 年年初，沪深 300 受益于消费、新能源等权重板块高景气度而阶段性冲高，但是很快就将涨幅回吐，截止到 2021 年 12 月，在接近 3 年的时间里，长江电力并没有跑输沪深 300，当然，也没有跑赢。

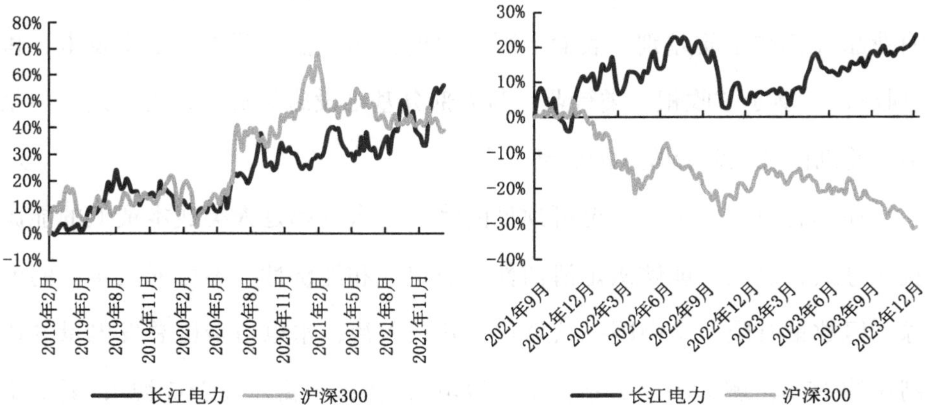

图 4–53　长江电力与沪深 300 走势对比（三）

不过，从 2022 年 1 月起，一模一样的剧本又上演了第三遍，受地缘政治冲突、经济复苏低于预期等因素影响，沪深 300 连续下跌了 2 年，而长江电力继续上涨。总结来看，水电板块的超额收益，其实是在三次熊市里实现的，大盘涨的时候一起涨，大盘跌的时候不跌。

从预期差理论上看，结合此前对光伏行业和煤炭行业的复盘，如果一只股票出现了超额收益，股价永久性上一个台阶后，后续走势和沪深300重新汇合，说明市场在这段时间里消灭了一个预期差，且这个预期差是被正确修正的，否则股价就会回吐。水电板块真正的预期差是什么？为何需要被重估三次，而且每次都是在市场大跌时才发现？

很显然，预期差不太可能来自分子端，如前文所述，无论是收入还是成本，水电板块的长周期可预测性都非常高。预期差更多来自分母端，这是一种罕见的预期差，即商业模式的抗风险能力，抗风险能力会影响到风险溢价，折现率下降会带动估值水平提升。

重新回顾水电行业的商业模式，长期以来，很多投资者将水电公司归为稳定价值类资产，但是水电公司的商业模式与高速公路 / 机场 / 港口 / 银行 / 消费品等存在本质差别。表面上看，水电公司“拦河蓄水、来水发电、售电收钱”，属于“收租”类行业，与大部分基础设施类资产并无差别，但是本质差别体现在营业收入的驱动力上。

在现有技术水平下乃至可预见的将来，水电都是人类成本最低的能源获取方式，是唯一能够满足清洁性、稳定性和经济性“不可能三角”的电源，但数量有限。全中国一共就这么几条大河，水电占全国总发电量的比例仅约15%，剩下的要么不清洁（煤电），要么不稳定（新能源），要么不经济（气电）。凭借绝对碾压的物理属性，水电电价远低于同区域内其他可比电源，在足够厚的安全垫下，水电的电价风险是所有电源类型中最低的。

在电价稳定甚至预期上涨的背景下，影响水电公司利润最关键的因素就是降雨。这是水电公司与众不同的地方，盈利能力与宏观经济脱钩，经济好坏不影响降雨，是全球范围内独一无二的商业模式。至于正常的来水波动，一方面，从DCF模型来看对水电公司长期价值的影响很小，另一方面，在初始定价中就已经“price in”了，不影响股价的后续走势。

而且，由于商业模式过于简单，经营过程“傻瓜化”，有水就有电，不需要太多经营决策，水流、电流、现金流全部明码标价、清晰可查，不仅带来了极高的财务报表质量，同时可以有效避免“跑冒滴漏”，杜绝了大部分管理层风险。此外，联合调度的聚流效应也可以被视为一种抗风险能力，购买了下游水电站的股权，投资者不用担心上游新建水电站对原有水电站产生不利影响，上游新建水电站只会带来单方面利好，使得水电公司满足 DCF 模型的永续现金流假设。

综合影响下，水电公司的抗风险能力是全方位的，尤其是“与宏观经济的低协方差”最为鲜明。按照夏老师的理论，在均衡状态下，任何一只股票的价格都是组合赋予的，个股为组合带来的贡献应该与组合为其付出的成本成正比。个股为组合带来的贡献就是边际收益率，组合为其付出的成本就是组合方差的变化，也就是个股为组合带来的、不能通过分散化抵消的波动，即个股收益率与组合收益率的协方差。

于是可以得到，对于任意股票 i，假设预期收益率为 r_i，无风险利率为 r_f，则个股的风险溢价（$r_i - r_f$）与其和市场协方差 $\sigma_{(i,M)}$ 的比值，都等于全市场平均的风险溢价（$r_M - r_f$）与全市场方差 $\sigma_M{}^2$ 的比值，即（$r_i - r_f$）/$\sigma_{(i,M)}$ =（$r_M - r_f$）/ $\sigma_M{}^2$。

对于上式，简单来说，协方差越低的资产，必要收益率越低，股价也就越高。对水电公司而言，水电的收益率高于无风险利率，显然是对组合有正贡献的，但是因为几乎没有协方差，组合不需要为其付出成本，所以水电的理论估值可以很高。只不过在经济高速发展阶段，低协方差属性不明显，而且由于时代红利，宏观经济总是超预期，高协方差资产反而更有优势。

但是，当外部环境发生变化时，如 2015 年下半年金融去杠杆、经济增长动能转换，2018 年中美经贸摩擦、并购商誉爆雷，2022 年后地缘政治冲突、消费地产不及预期等，很多市场原本认为的“低风险、高增长”资产逐渐掉队，水电的低协方差属性就被凸显出来了。市场每波动一次，投资者的认知就更深刻一次，折现率降低使得水电公司的股价慢慢甩开了大盘。

上述现象也可以作为法马和弗伦奇提出的“低风险异象”的印证。由于人类天性乐观，投资者容易高估高风险资产的胜率，导致市场对高风险资产的补偿力度远小于理论计算值。随着预期与现实逐渐并轨，高风险资产有着更高的低于预期的概率。相比之下，由于市场在一开始倾向于低估风险，没有给低风险资产充分定价，在经历一轮完整的周期后，反而是低风险资产类别的累计收益率更高。

【注】总结来看，对水电行业的复盘告诉我们，不仅业绩的增速、增速的持续时间可以成为预期差，分母端的风险溢价也可以是预期差的来源。

以上文字截稿于 2023 年年底，到 2024 年 6 月出版前校对时，水电股价的期间涨幅超过了大部分投资者的预期。以下笔者结合最新数据，对水电板块进行更定量的复盘。

记得 2020 年小牛市期间，市场上有一个非常流行的逻辑，即房地产下行与无风险收益率下行会驱动居民资产“搬家”，进而开启权益资产大时代，A 股从此迎来长牛。4 年时间转瞬即逝，站在当前的时间点，房地产确实下行了，无风险收益率也创新低了，但是宽基指数的长牛并没有到来，问题出在哪里？

如果将权益资产视为分红金额不固定的超长久期信用债，那么权益资产的折现率，或者说必要收益率可以分解为三部分，分别是无风险收益率、信用债收益率较无风险收益率的利差（简称信用利差）及权益收益率较信用债收益率的利差。

以沪深 300 为例，此轮大级别回调始于 2020 年年底，截至 2024 年 6 月，无风险收益率（取十年期国债收益率）从 3.3% 降至 2.3%，收窄 1 个百分点，背后的原因是长周期资产回报率下行，更底层的逻辑是逆全球化加剧及人口老龄化。十年期 AA 级企业债收益率从 5.2% 降至 3.0%，信用利差从 1.9% 降至 0.7%，收窄 1.2 个百分点，背后的原因是稳定收益型资产荒，与 M2 高增、社融需求偏弱有关。

近年信用债及国债收益率情况如图 4–54 所示，近年信用利差情况如图 4–55 所示。

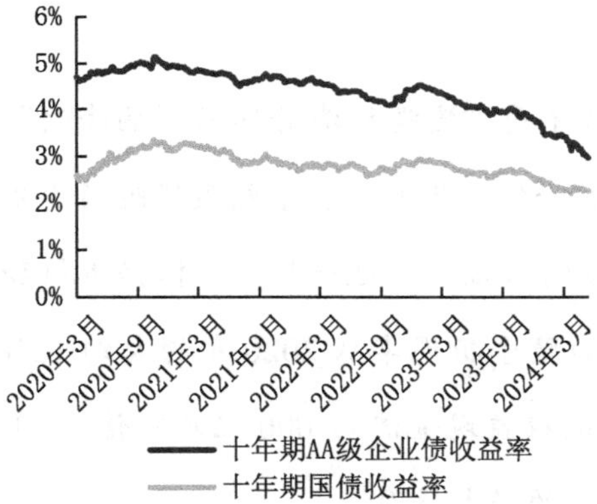

图 4–54　近年信用债及国债收益率情况

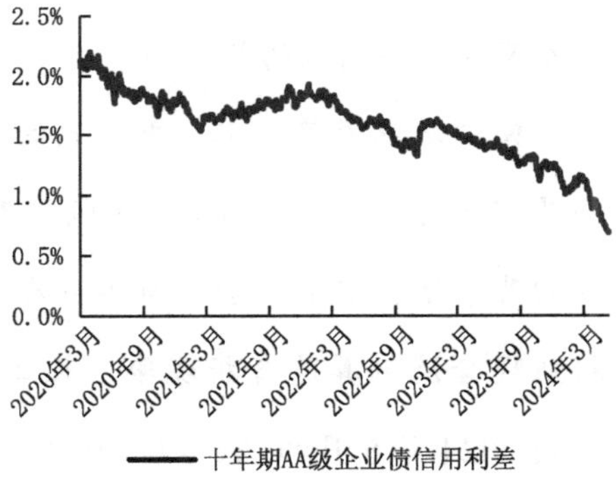

图 4–55　近年信用利差情况

按理说，在权益资产折现率三分法下，考虑到 DCF 模型估值结果对分母端异常敏感，无风险收益率和信用利差合计收窄 2.2 个百分点已经属于“天顶星”级利好了，但是以沪深 300 为代表的宽基指数仍大幅回调，说明对于市场整体而言，权益收益率较信用债收益率的利差大幅走扩，走扩程度超过了 2.2 个百分点，完全淹没了前两项收窄的利好。

权益利差走扩就是权益资产风险溢价增加，很多人将其归因为经济复苏不及预期，但是笔者认为这种说法并不准确。经济复苏高于预期也好，低于预期也罢，影响的更多是 DCF 模型的分子端。分母端反映的是风险，因此笔者认为市场实际上是在定价宏观经济的波动性。毫无疑问，在当下经济换挡、新旧动能转换期，宏观经济的波动性大幅增加，在市场风险偏好较弱的背景下，权益资产的风险溢价系统性扩张。

因此，居民资产“搬家”并没有带来权益资产的大时代，而是把低风险理财产品乃至分红储蓄险“买爆”了。然而，在权益资产内部，不同资产基本面与宏观经济波动的相关程度不同，只要权益利差走扩幅度低于 2.2 个百分点，这类资产就可以受益于无风险利率及信用利差收窄带来的利好，从而享受“结构性的长牛”。

回到水电资产，水电更准确的优势不是“宏观经济好坏不影响降雨”，而是“宏观经济的波动不会影响降雨的波动”，因此在宽基指数风险溢价扩张的背景下，水电风险溢价不存在扩张的基础。更进一步地，根据市值和权益现金流倒算隐含折现率，长江电力隐含折现率从 2020 年的大约 10% 降到 2024 年 6 月的 7.1%（500 亿元量级权益现金流 /7 000 亿元市值），下降 2.9 个百分点，这是水电板块股价上涨的根本原因。

按照上述折现率三分法分解，长江电力隐含折现率较信用债的利差不仅没有扩张，反而收窄 0.7 个百分点，本质上是稳定收益型资产荒的扩散。其中一个重要的实现路径是，无风险收益率下行及信用利差的收窄显著增加了银行理财及保险资金的资产端收益率压力，在负债相对刚性及久期匹配的要求下，配置低风险权益资产成了这类资金的必然选择，由此导致类债资产与真正债券之间的利差得以压缩。

定量分析来看，在三重利差收窄中，信用利差收窄贡献了最主要的动能，水电隐含折现率较信用债收益率的收窄提供了边际弹性。我们将图 4-55 倒过来，采用逆序刻度，得到图 4-56。与图 4-57 中的长江电力股价走势对比，可以看出两图高度一致，水电公司 2024 年上半年的加速上涨，有着非常坚实的“基本面”支撑。

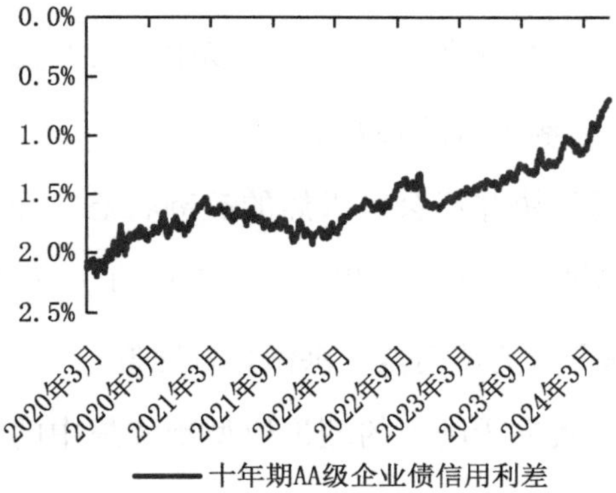

图 4-56　近年信用利差情况（逆序）

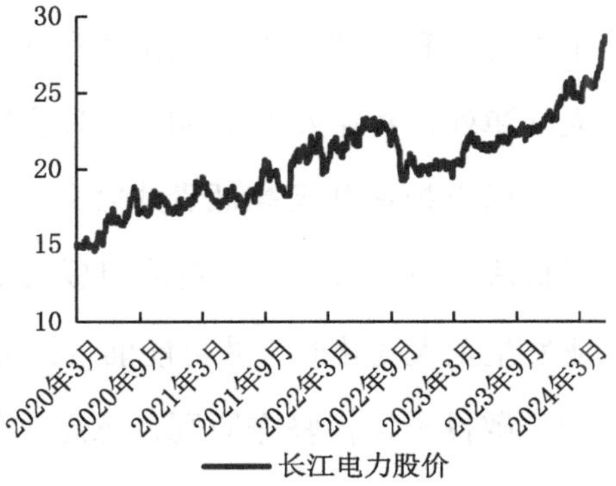

图 4-57　长江电力股价走势（单位：元 / 股）

4.5　小结：敬畏市场、坚守原则、感恩时代

超额收益来自预期差，持续的超额收益来自持续的预期差，从 DCF 模型来看，预期差无非来自业绩的增速、增速的持续时间及折现率，不同种类的预期差有着不同的验证信号、可预期性和可证伪性，从而可以导致截然不同的股价走势，但内在原理都是一样的。

从本章对成长股、周期股、稳定价值股的复盘来看，我们的市场非常有效，市场在大部分时候都是对的，只有小部分时候存在预期差。但是预期差一旦被发现，很难长时间存留，市场就是在经过漫长的“垃圾时间”后，一个关键的变化或者催化剂使股价在很短的时间内将全部的超额收益涨完，然后进入新的“垃圾时间”，等待行业的下一次变革。

因此，对于一些信号明确、可以迅速形成一致预期的预期差，只有深度研究、左侧布局才能获得高性价比的超额收益；相比之下，对于一些信号模糊、难以短期内形成一致预期的预期差，待股价启动后，右侧布局也不失为一种策略。但是无论哪种预期差，在越来越有效的市场中，买在无人问津处、卖在人声鼎沸时，都是获得超额收益的必要条件。

所有板块并无高低贵贱之分，热门板块并不会有天然的超额收益，冷门板块更不会有，只有在冷门板块变成热门板块的过程中（相对而言），行业发生重大变化时，才可能涌现出源源不断的预期差，供淘金者挖掘。

敬畏市场，坚守原则，感恩时代。从象牙塔中的理论模型到实战中的经验公式，从市场的交易规则到参与者的人性博弈，股市是一个非常复杂的系统，有无数人绞尽脑汁想获得超额收益。这个市场上一秒是羊群效应，下一秒又异常冷静，我们无法掌控市场，但是从一个理性人进行风险控制的角度看，我们必须敬畏市场，“众人皆醉我独醒”的情况一定有，只不过在统计意义上，绝大部分情况其实是“众人皆醒我独醉”。

由此，想要获得趋势性的超额收益，对商业模式、技术演进、空间格局的理解，一定要达到“洞穿历史”级别。短期的业绩超预期也好、低于预期也罢，从一个很长的时间维度来看，可能都只是股价大趋势里的一小段波动。大级别的行情一定是大逻辑驱动的，如光伏行业的单晶替代多晶、煤炭行业的供给侧结构性改革、水电行业的低协方差属性重估。

抓住核心矛盾，需要我们坚守原则。但是很多时候，坚守原则是敬畏市场的对立面，敬畏市场的本质是相信市场是对的，而坚守原则的本质是相信自己是对的。这里就需要投资研究过程中一个最重要的品质：知之为知之，不知为不知，尽量不要碰能力圈以外的东西，对自己能力圈内的事情负责，做好研究，等待机会。

最后要感恩时代，我们都是时代的产物，每个人的 alpha 本质都是时代的 beta。珍惜当下，看多中国。

后记

本书是笔者写的第二本书，聚焦于估值方法的讨论，可以作为《穿透财报》的姊妹篇。2023 年 8 月笔者的第一本书《穿透财报》出版后，市场反馈较佳，成为激励笔者继续创作的重要动力。在《穿透财报》中，笔者误打误撞地在第 2 章中涉及了对一些估值方法的探讨，出乎预料的是，相当部分读者反馈对这部分很感兴趣，希望笔者可以专门对估值方法进行讲解，并对经典案例进行复盘。

财务报表分析和估值方法讨论受到截然不同的待遇是很好理解的，财务报表分析比较死板，属于一些“硬核”知识，即便笔者已经尽最大努力写得生动了，但是很多内容读起来仍不免枯燥。估值方法就不一样了，属于“见仁见智”的内容，没有标准答案，讨论起来更加开放，对投资的影响也更为直接。

然而，对笔者而言，写估值的内容要比写财务报表的内容更有挑战性，一方面是笔者从 2018 年入行至今，从业年限较短，对很多行业的理解可能不够深入，也并非很多历史事件的亲历者，复盘时需要查询大量资料；另一方面是估值体系没有标准答案，写得太“事前视角”，容易显得没有高度；太“事后视角”，容易显得“站着说话不腰疼”，复盘、总结和展望的度不太好掌握，对文字功底的要求也更高。

但是无论如何，在2024年年初，写到后记部分时，看着已经写好的四章，笔者终于如释重负。在写第1章理论模型时，笔者将当年学过的金融学、经济学课本又重读了一遍，融合工作几年后的感悟，确有一番不同的体会。第2章的经验公式，以及第3章的交易制度等内容，更多是笔者从业以来的所见所闻，并融入了大量的原创性理解。

在前三章的梳理中，笔者对估值体系的认识也更上一层楼。最后一章是经典案例复盘，检验前三章方法论的有效性，在全书架构上，如前文所述，为避免幸存者偏差及预设结论，笔者从第一性原理出发，用案例检验逻辑，而不是从案例出发，从案例中总结经验。在写作过程中，笔者也给自己设置了一个挑战：写完前三章后，再进行案例检验。也就是说，在具体复盘之前，笔者也不知道前三章的推理在A股市场是否有效，因此复盘时还是有一点紧张，万一理论和实践对不上，前面相当一部分篇幅都要重写。

结果非常令人兴奋，无论是在成长股、周期股还是稳定价值股上，估值方法论都是统一的，我们的市场非常有效。“市场有效”的结论本身，也进一步增强了笔者对A股市场的信心，也希望本书能将这份信心传递给每一个读者。

就在本书的写作过程中，A股市场正在经历新一轮熊市，当然，熊市期间市场交易量萎缩、关注度降低也是笔者能有业余时间写书的重要原因，市场低迷的时候就应该多学习。

如果说“士别三日，即更刮目相待”，相比去年的此时此刻，写作两本书的过程确实让笔者对财务报表、估值体系有了更深的理解，相比《穿透财报》，本书在行文结构、思想深度甚至是文笔上，都可能更胜一筹，希望本书能给各位读者带来收获，希望每个人都能获得满意的收益（每个人都获得超额收益是不可能的，因为不可能每个人都比别人跑得更快）。

最后，感谢爱人一直以来给予的支持，感谢小伙伴们的长期信任，让我们并肩作战，携手前行。

邹佩轩

2024 年 1 月于上海